青少年传统文化教育创新研究

张良驯　刘胡权　主编

人民出版社

序　言

张良驯、刘胡权主编的《青少年传统文化教育创新研究》一书，是一本学术意义和实际意义兼具，值得青少年研究者和青少年工作者细读与思考的新作。本书将带给读者许多新颖且有益的启示。该书具有三个突出的特点。

一是政治站位高。已有关于青少年传统文化教育的研究，基本上都是从传统文化的传承角度来展开研究，强调青少年接纳传统文化对于传统文化传承的重要性。《青少年传统文化教育创新研究》一书，从“立德树人”的高度，全面系统地研究了青少年传统文化教育对于新时代“立德树人”的意义，把青少年传统文化教育上升到“立德树人”的战略高度，将它视为新时代“立德树人”的一种路径或手段。在“立德树人”的战略视域下，该书第一章深度挖掘了传统文化中存在的大量与“立德树人”相关的传统文化基因或符码。如中华传统文化中“以天下为己任”“内仁外礼”“孝亲敬老”“修身养德”等为主要标识的“立德”思想，以培养“‘君子’人格”“注重以文化人”等为主要内容的“树人”思想等。上述传统文化中的这些关于“立德”思想和“树人”思想，在新的时代，经过创造性转换，对于培养“有理想、有本领、有担当”，走在时代前列的奋进者、开拓者、奉献者，德智体美劳全面发展的社会主义建设者和接班人，担当实现中华民族伟大复兴大任的时代新人，具有极其重要的战略意义。

二是实践取向强。该书具有鲜明的实践导向，从第四章开始到第九章，分别从家庭、幼儿园、中小学、大学、社会机构等多个青少年传统文化教育的社会化设置或教育主体的角度，探索了几十种青少年传统文化教育的具体路径。例如，在家庭开展青少年传统文化教育方面，研究者详细分析了四种具体路径：一是“知：构建文化自豪，形成理性认识”；二是“情：培养文化情感，形成感性认同”；三是“意：加强文化传承，激活行为意向”；四是“行：利用文化载体，奠定行为习惯”。又如，在中小学开展青少年传统文化教育方面，研究者通过所掌握的大量案例，详细分析了七种具体路径：一是“体现传统文化元素的学校文化建设”；二是“班级授课教学传统文化”；三是“选修走班制教学传统文化”；四是“专题（专家）讲座传播传统文化”；五是“兴趣小组（社团）研讨传统文化”；六是“主题活动实践传统文化”；七是“外出研学探寻传统文化”。这表明，该书将重点放在了青少年传统文教育的实践层面，或传统文化对青少年主体的送达层面，实践取向强，对于青少年工作者开展青少年传统文化教育来说，此书可提供难得的参考。

三是研究有深度。该书对青少年传统文化教育的研究，没有停留在教育路径的层面，而是深入其内，探寻不同层级路径之间的内在融合机制，提出了许多富有创见性的观点或结论，研究有深度。例如，在以学校教育为主的融合机制方面，提出了教育内部融合、校家融合、校社融合等多种具体融合机制；在以家庭教育为主的融合机制方面，提出了家庭教育内部融合、家校融合、家社融合等多种具体融合机制；在以社会教育为主的融合机制方面，提出了传统文化进社区、公共文化机构开展青少年传统文化教育、家校一体开展传统文化教育、营造良好的社会风气等多种具体融合机制。特别值得一提的是，该书还提出了完善青少年传统文化教育路径衔接与融合的长效机制。如，构建强有力的领导、组织与协调机制，构建全方位的传统文化教育教学机制，构建科学有效的管理激励机制等。

中央团校青年发展战略研究院院长、教授　吴鲁平

前　言

青少年发展属于人的发展范畴，而人的发展不是一个纯自然的过程，而是一个人为干预的过程，必然会受到社会文化的深刻影响。促进当代青少年发展的是中国特色社会主义文化，包括中华优秀传统文化、革命文化、社会主义先进文化。这三种文化作为当代中国主流文化，构成了中国青少年发展的文化支点。

中华优秀传统文化是中华民族悠久历史的写照，是先辈们聪明才智和深远智慧的结晶，因而成为青少年发展的教科书和营养剂。中华优秀传统文化中蕴含的为人处世、学习成长、做人做事的道理，对于今天开展青少年立德树人工作具有重要的借鉴价值。因此，国家中长期青年发展规划在阐述青年思想道德发展的目标和措施时，提出要“引导青年传承弘扬中华优秀传统文化，增强文化自信和价值观自信”。无论是在学校教育还是在学校外教育中，青少年发展都受到中华优秀传统文化的教育影响，因而在中长期青年发展规划的学术研究中，有必要从立德树人的角度加强对青少年传统文化的理论研究。为了推进国家中长期青年发展规划的深入实施，夯实新时代中国青年发展的文化基础，中国青少年研究中心副主任张良驯研究员在中国青少年研究中心申请立项“立德树人视域下青少年传统文化教育实施路径与融合机制研究”课题（课题编号：20GH04）。

立德树人是青少年思想政治工作建设的重要依据，也是中华优秀传统文化教育的根本目标。传统文化教育的实施路径与融合机制研究是整个传统文化教育研究体系的重要组成部分，它的研究能够有效落实“五育并举”，增强青少年的思想文化底蕴，有利于整个传统文化教育体系的发展和完善，为面向2035年教育现代化的推进提供新思路。

本书以习近平新时代中国特色社会主义思想为指导，将中华优秀传统文化的理念思想、传统美德、人文精神与“以学生为本”的教育理念、实现中华民族伟大复兴中国梦、社会主义核心价值观教育、文化自信、创新型人才培养等相结合，构建立德树人的新内涵；通过探析和梳理当代传统文化教育的发展现状、类型、存在问题，分析政策和案例，探讨传统文化教育的实施路径，尊重教育科学，回应时代呼唤，推动传统文化教育的创造性转化与创新性发展；通过探讨家庭、幼儿园、中小学、大学、社会机构等主体开展中华优秀传统文化融入立德树人的新机制，构建合理的保障机制、实施机制和反馈机制，形成家庭、学校、社会共同参与的育人体系，培养德智体美劳全面发展的社会主义建设者和接班人。

本书是课题组全体研究人员集体智慧的结晶。全书共十章。第一章讨论了立德树人与青少年传统文化教育的关系，由中央团校副教授赵雷博士撰稿；第二章对青少年传统文化教育的政策进行了梳理，由南京信息工程大学助理研究员王坤博士撰稿；第三章对青少年传统文化教育的研究现状进行了分析，由北京教育学院副研究员刘胡权博士撰写；第四章调查并分析了中国公众对青少年传统文化教育的认知，由北京教育学院讲师董良博士撰写；第五章讨论了家庭开展传统文化教育的实施路径与融合机制，由中国青少年研究中心副研究员田宏杰博士撰写；第六章讨论了幼儿园开展传统文化教育的实施路径与融合机制，由北京教育学院副研究员刘胡权博士撰写；第七章讨论了中小学开展传统文化教育的实施路径与融合机制，由北京师范大学周颖研究员撰写；第八章讨论了大学开展传统文化教育的实施路径与融合机制，由 21 世纪教育研究院杨旻研究员撰稿；第九章讨论了社会机构开展传统文化教育的实施路径与融合机制，由兰州交通大学马克思主义学院副教授杜华伟撰稿；第十章集中分析了青少年传统文化教育的融合机制，由北京教育学院副研究员刘胡权博士撰写。全书由中国青少年研究中心副主任张良驯研究员和北京教育学院副研究员刘胡权博士研究确定写作框架和实施路径，并进行统稿。中国青少年研究中心青年研究所助理研究员周宇香博士协助做了课题的实施工作。

加强青少年传统文化教育，是“十四五”时期实现立德树人根本任务的重要举措。家庭、学校和社会在青少年传统文化教育中都扮演着重要的角色，具有各自的功能，应该能够相互融合、相得益彰。但事实上，长期以来，学校是实施青少年传统文化教育的主要场域，学校教育也没能与家庭教育、社会教育形成协同育人的有效机制。本书从立德树人的视角阐述青少年传统文化教育的实施路径与融合机制，是对青少年传统文化教育的一种创新性探讨，有利于进一步增强青少年传统文化教育的有效性，更好地促进青少年的健康成长和全面发展。

目　录

第一章　立德树人与青少年传统文化教育

赵　雷*

一、立德树人的科学内涵

明确立德树人的科学内涵，是有效落实立德树人教育根本任务的前提。自党的十八大报告首次明确提出“把立德树人作为教育的根本任务”以来，学界普遍将立德树人作为一个单一的专用概念进行表述和研究，但从词意进行分析，立德树人实际是一个包含立德和树人两个独立概念的复合概念。准确把握立德树人的科学内涵，首先要分别把握立德和树人各自的本质内涵，同时还要从整体上把握立德和树人二者之间的相互关系。只有这样，才能确保对立德树人的认识准确、完整。

（一）立德：立什么样的德

所谓立德，就是指树立什么样的道德规范。尽管立德是不同时代、不同社会所共同倡导的，但不同时代、不同社会所倡导的道德规范并不一样。因此，必须立足特定的时代和社会背景，去理解立德的内涵。党的十八大以来，习近平总书记高度重视“德”在国家、社会和个人成长发展中的重要作用，反复强调人才培养要“德才兼备、以德为先”，将立德作为培养人的首要目标和标准。他在 2014 年视察北京大学时的师生座谈会上、2014 年在上海考察时、2019 年纪念五四运动 100 周年大会上等不同场合，反复强调“一个人只有明大德、守

* 赵雷，中央团校青年发展战略研究院副院长，心理学博士，主要研究领域为青年价值观与思想引领、共青团与青年工作。

公德、严私德，其才方能用得其所”[①]。习近平总书记关于“明大德、守公德、严私德”的重要论述，指明了新时代教育落实立德树人根本任务中“德”的基本内容。

1. 明大德

德有不同的层次，不同的时代也有不同的内涵。例如，在中国古代，道德修养就体现在修身、齐家、治国、平天下这几个不同层面，修身指的是个性品德方面，齐家指的是家庭美德方面，治国平天下则指的是国家社会层面。习近平总书记指出：“德”既有个人的“德”，也有国家和社会的“德”，“人无德不立，国无德不兴”，“它们相互统一、协调发展”[②]。在不同层次的道德规范中，其地位作用并不完全一致，最重要的是国家社会层面的德，也就是大德。何为大德？习近平总书记指出，“要立志报效祖国、服务人民，这是大德”[③]。因此，明大德，就是要树立报效祖国、服务人民的远大志向，努力成为理想远大、信念坚定的爱国者。

正确的理想信念对于一个人特别是青年的成长成才至关重要。青年时期是广大青年理想信念确立和形成的关键时期。习近平总书记曾经用“拔节孕穗期”来形容这一时期的重要性。这一时期的青年思维活跃、兴趣广泛、求知欲强，这为教育青年、引领青年提供了有利的条件。但同时，这一时期的青年普遍社会阅历较少，在面对纷繁复杂的社会现象时，有的容易被表面现象和错误思想所迷惑，从而走向错误的人生道路。因此，必须帮助青年确立正确的理想、坚定的信念。2013 年，习近平总书记在同团中央新一届领导班子集体谈话时强调，“正确的理想、坚定的信念必须从青年抓起”[④]，2019年，在纪念五四运动 100 周年大会上指出，“青年志存高远，就能激发奋进潜力，青春岁月就不会像无舵之舟漂泊不定”[⑤]。总书记的系列重要论述，深刻揭示了理想信念对于青年成长成才的重要意义。这种信念和信仰，具有跨时空的精神力量，对于新时代的青年人尤为重要。

---

① 习近平：《青年要自觉践行社会主义核心价值观》，《人民日报》2014 年 5 月 5 日。

② 习近平：《青年要自觉践行社会主义核心价值观》，《人民日报》2014 年 5 月 5 日。

③ 习近平：《青年要自觉践行社会主义核心价值观》，《人民日报》2014 年 5 月 5 日。

④ 中共中央文献研究室：《习近平关于青少年和共青团工作论述摘编》，中央文献出版社 2017 年版，第 63 页。

⑤ 习近平：《在纪念五四运动 100 周年大会上的讲话》，《人民日报》2019 年 5 月 1 日。

新时代的青年应该树立何种理想信念？习近平总书记进一步指出："中国梦是全国各族人民的共同理想，也是青年一代应该牢固树立的远大理想。中国特色社会主义是我们党带领人民历经千辛万苦找到的实现中国梦的正确道路，也是广大青年应该牢固确立的人生信念"①。这是总书记在深刻分析、准确把握近代以来中国青年运动的时代主题基础上作出的重要论断。当代青年只有树立与这个时代主题同心同向的理想信念，才能在激情奋斗中绽放青春光芒、健康成长进步。对于当下的青年来说，坚定理想信念的立足点首先是要学会爱国。在纪念五四运动 100 周年大会上，习近平总书记曾引用孙中山的话指出，做人最大的事情，"就是要知道怎么样爱国"。爱国不需要理由，因为作为出生成长于特定国家的个体，每一个人的成长发展都与所处的国家紧密相连。无论是在物质层面，还是在精神层面，国家都在每一个人的身上留下了烙印，而不管你愿不愿意。因此，对每一个中国人来说，爱国是本分，也是职责，是心之所系、情之所归。习近平总书记还深刻指出，"当代中国，爱国主义的本质就是坚持爱国和爱党、爱社会主义高度统一。"② 爱国不是抽象的，而是具体的。只有中国共产党成立后，带领全国各族人民找到了社会主义道路，建立了新中国，中国人民才真正站起来了，中华民族才昂扬走在民族复兴的大道上。因此，新时代中国青年要自觉抵制"爱国不爱党"等错误言行，自觉在思想和行动上做到爱党、爱国和爱社会主义相统一。

2. 守公德

社会公德指的是存在于社会群体之中的道德规范，它是人们在长期社会生活实践中逐渐积累起来的、为社会公共生活所必需的、最简单、最起码的公共生活准则。社会公德作为人类社会生活中最起码、最简单的行为准则，是和广大人民群众的切身利益密切相关的，是适应社会和人的需要而产生的。一方面，随着社会阶级的出现和社会分工的细化，不同阶级、不同行业之间的社会成员迫切需要有一整套制度规范，来维护各阶级尤其是统治阶级的利益，来规定和约束各行业和领域社会成员之间的行为规范，从而确保整个社会的正常运行秩序。例如，封建社会所强调的"三纲五常"，就是为了维护封建统治者的地

① 中共中央文献研究室：《习近平关于青少年和共青团工作论述摘编》，中央文献出版社 2017 年版，第 21 页。

② 习近平：《在纪念五四运动 100 周年大会上的讲话》，《人民日报》2019 年 5 月 1 日。

位和利益而倡导的道德规范。另一方面，处于同一时代的同一社会环境里的全体社会成员，为了彼此的交往，为了维持社会的起码生活秩序，也需要遵守为这个时代和这个社会所必需的起码的简单生活规则。例如，早在春秋时期，儒家学派就强调做人要有“礼”。《论语》中说：“不学礼，无以立。”意思就是一个人不学会礼仪礼貌，就难以有立身之处。这里的“礼”，指的就是与他人交往时的社会公德。

遵守社会公德对于保障社会成员的正常交往、确保社会的正常运行、形成社会道德风尚具有重要的意义。首先，遵守社会公德是保障社会成员正常交往的最基本要求。社会公德发挥着扬善惩恶的功能，在社会生产和生活中起着强大的舆论监督作用和精神感召作用。社会公德一方面肯定、维护和促进一切有利于或有助于社会和个人生存、发展和完善的思想和行为，另一方面否定、抑制和阻止一切有碍于或有害于社会和个人生存、发展和完善的思想和行为。其次，遵守社会公德是维护社会正常运行的必要条件。社会的正常运转需要有良好的社会秩序、友好的人际关系、安定的生活环境等，只有每一个社会成员都遵守与他人、自然、社会交往时的基本道德准则，才能确保整个社会正常运行。最后，社会公德是社会道德的重要内容，也是社会文明程度的“窗口”。社会公德是社会道德的基石和支柱之一，社会公德对社会道德风尚的影响稳定而深刻、广泛而持久。如果社会公德遭到了践踏和破坏，整个社会的道德体系就可能会瓦解，整个社会的安定团结也将被破坏，整个社会的文明程度就会大幅下滑。

在新时代，守公德应该坚守哪些社会公德？中共中央、国务院 2019 年 10 月印发的《新时代公民道德建设实施纲要》强调，“推动践行以文明礼貌、助人为乐、爱护公物、保护环境、遵纪守法为主要内容的社会公德”。因此，中国特色社会主义进入新时代，公民应该坚守的社会公德主要包括：第一，文明礼貌。文明礼貌是文明社会的社会成员应该具备的基本道德素质。讲究文明礼貌，就应该在社会公共生活中与人和谐相处，举止文明，以礼相待。第二，助人为乐。助人为乐，既是中国传统美德，也是社会主义社会尤其需要提倡的公共道德。生活在以共同富裕为目标的社会主义社会中，人与人之间应该团结友爱，相互关心，相互帮助。第三，爱护公物。爱护公共财物是社会公德极其重要的内容。尤其在生产资料公有制的社会主义社会，更要爱护国家及公共财产使之不受侵犯。第四，保护环境。人类生活在同一个地球，水、空气等自然资源与每一个人都息息相关。为了人类共同生活的美好家园，每个公民都应当讲究公共卫生、保护生活环境，这也是社会公共生活中人们应当遵循的最基本的行为规范。第五，遵纪守法。法律是成文的道德，道德是内心的法律。法律和道德密不可分。在公共生活中，人们只有依照法律、法规及纪律的有关规定行事，才不妨碍他人的正常活动，也保障自己所要从事的某项活动。遵纪守法反映了人们的共同要求，体现了人们共同的利益。自觉遵守法律法规、纪律，是社会公德最基本的要求。

3. 严私德

私德是相对于公德而言的。如果说公德针对的是社会公共生活中的道德规范和道德准则，是人对于陌生人的公共生活准则，那么私德主要针对的是个人私人生活领域中的道德规范，它主要指个人品德、修养、作风、习惯以及个人生活中处理爱情、婚姻、家庭问题等的道德规范，是人对于除陌生人以外的所有人而言的另一种准则。私德与公德并不是绝对对立的两种道德规范，而是道德的一体两面，二者相辅相成，是整个社会道德状况分别在全社会和个体身上的两种表现。一方面，公德是个人私德在公共生活中的表现，反映的是人们共同生活的规律；另一方面，私德也不仅仅是纯粹私人的道德规范，从本质上说，它是公共规则在私人领域的体现和具体化。

私德无论是对个人的健康成长、生存交往，还是对社会公德的建立、促进社会和谐，都具有积极的意义。对于个人来说，私德是个人素质和修养的重要组成部分，与每一个人的生存和发展密切相关。梁启超说："私德者，人人之粮，而不可须臾离者也。"[①] 良好的个人私德，如诚实守信、勤俭节约、知恩图报、助人为乐等，一方面，能够促进个体道德境界的提升，推进人的身心健康、全面发展；另一方面，个人良好的道德品行，能够让个人在社会交往中留下好的印象、获得好的评价，从而为个人在社会的生存和发展赢得更多的机会。对于社会来说，一方面，私德是社会公德在个人的内化，公德是私德在社会上的外化。社会公德建立是以每一个人的思想道德素质的提高为前提和基础的，即以人们的私德的提高为前提和基础。因此，公德作用的发挥依赖于人们的私

① 梁启超：《新民说》，辽宁人民出版社 1994 年版，第 176 页。

德。叶圣陶曾经讲过:“私德不讲究的人,每每就成为妨碍公德的人,所以一个人私德更是要紧,私德更是公德的根本。”另一方面,私德有利于促进社会文明与进步。社会的文明与进步,需要社会建立起具有约束力的公共道德,而公共道德的建立又依赖于每个人的良好私德。因此,整个社会的文明程度,与每一个人的道德素质和水准密切相关。每个社会成员既是社会文明的受益者,也是社会文明的营造者。只有每个人努力提升自身的思想道德素质,整个社会的精神文明建设才能不断取得进步,从而提升整个社会的文明程度。

在新时代,严私德应该在哪些方面严?《新时代公民道德建设实施纲要》从家庭道德、个人品德方面,明确了严私德的主要内容。在家庭美德方面强调,“推动践行以尊老爱幼、男女平等、夫妻和睦、勤俭持家、邻里互助为主要内容的家庭美德,鼓励人们在家庭里做一个好成员”。在个人品德方面强调,“推动践行以爱国奉献、明礼遵规、勤劳善良、宽厚正直、自强自律为主要内容的个人品德,鼓励人们在日常生活中养成好品行”。因此,严私德就要将家庭美德与个人品德有机结合,既要在家庭生活中弘扬家庭美德,又要在日常生活中养成良好个人品行。

(二)树人:树什么样的人

培养什么样的人,关系国家和民族的未来,关系党的事业薪火相传。党的十八大以来,习近平总书记围绕“培养什么样的人”这一具有基础性和根本性的问题,明确提出培养担当民族复兴大任的时代新人这一育人目标,为教育实现立德树人根本任务提供了根本遵循。在党的十九大报告中,习近平总书记强调,培育和践行社会主义核心价值观“要以培养担当民族复兴大任的时代新人为着眼点”①。2018年8月,习近平总书记在全国宣传思想工作会议上强调:“宣传思想工作是做人的工作的,要把培养担当民族复兴大任的时代新人作为重要职责。”②2019年3月,习近平总书记在学校思想政治理论课教师座谈会上明确指出:“加快推进教育现代化、建设教育强国、办好人民满意的教育,努力培养

① 习近平:《决胜全面建成小康社会夺取新时代中国特色社会主义伟大胜利——在中国共产党第十九次全国代表大会上的报告》,《人民日报》2017年10月30日。

② 习近平:《举旗帜聚民心育新人兴文化展形象 更好完成新形势下宣传思想工作使命任务》,《人民日报》2018年8月23日。

担当民族复兴大任的时代新人，培养德智体美劳全面发展的社会主义建设者和接班人。”[①]从习近平总书记的系列重要论述中可以看出，培养担当民族复兴大任的时代新人是宣传、教育等领域工作的共同职责，是新时代育人工作的总目标。围绕这一总目标，习近平总书记在不同场合又对培养人的具体规格进行了论述，使得新时代的育人目标更加清晰和具体。

1. 有理想、有本领、有担当

党的十八大以来，以习近平同志为核心的党中央高度重视青年的成长和培养。早在 2013 年 5 月 4 日，习近平总书记在同各届优秀青年代表座谈时就讲过：“青年一代有理想、有担当，国家就有前途，民族就有希望，实现我们的发展目标就有源源不断的强大力量。”[②]要求青年“在改革开放和社会主义现代化建设的大熔炉中，在社会的大学校里，掌握真才实学，增益其所不能，努力成为可堪大用、能担重任的栋梁之材”[③]。2017 年 8 月 15 日，习近平总书记在给参加第三届中国“互联网 +”大学生创新创业大赛“青年红色筑梦之旅”的大学生回信中提出：“祖国的青年一代有理想、有追求、有担当，实现中华民族伟大复兴就有源源不断的青春力量。”[④]在此基础上，党的十九大报告进一步指出：“青年兴则国家兴，青年强则国家强。青年一代有理想、有本领、有担当，国家就有前途，民族就有希望。”此后，有理想、有本领、有担当，就成为了对青年培养规格的固定用法。如，2017 年 12 月 30 日，习近平在给莫斯科大学中国留学生的回信中指出，“青年一代有理想、有本领、有担当，国家就有前途，民族就有希望”，希望广大留学生“早日成长为可堪大任的优秀人才”[⑤]。2018 年 5 月 4 日，习近平在勉励中国政法大学民商经济法学院 1502 班团员青年时，希望同学们“努力成长为有理想、有本领、有担当的社会主义建设者和接班人”[⑥]。2020 年 3 月 15 日，习近平在给北京大学援鄂医疗队全体“90 后”党员

① 习近平：《用新时代中国特色社会主义思想铸魂育人 贯彻党的教育方针落实立德树人根本任务》，《人民日报》2019 年 3 月 19 日。

② 《习近平同各界优秀青年代表座谈时的讲话》，《人民日报》2013 年 5 月 5 日。

③ 《习近平同各界优秀青年代表座谈时的讲话》，《人民日报》2013 年 5 月 5 日。

④ 《习近平回信勉励第三届中国“互联网＋”大学生创新创业大赛“青年红色筑梦之旅”的大学生》，《人民日报》2017 年 8 月 16 日。

⑤ 《习近平给莫斯科大学中国留学生的回信》，《人民日报》2017 年 12 月 31 日。

⑥ 《习近平勉励中国政法大学民商经济法学院 1502 班团员青年 用一生来践行跟党走的理想追求》，《人民日报》2018 年 5 月 4 日。

的回信中，再一次强调“青年一代有理想、有本领、有担当，国家就有前途，民族就有希望”[①]。可见，要求青年一代“有理想、有本领、有担当”既是习近平总书记对青年健康成长的殷切期望，也反映了习近平总书记对青年培养规格的一贯思想。

2. 走在时代前列的奋进者、开拓者、奉献者

党的十八大之后，习近平总书记尤其重视青年一代的精神状态，对新时代的青年应该具有何种精神状态也作出了具体的论述。2013 年 5 月 2 日，习近平总书记在给北京大学考古文博学院 2009 级本科团支部全体同学的回信中写道：“希望你们珍惜韶华、奋发有为，勇做走在时代前面的奋进者、开拓者、奉献者，努力使自己成为祖国建设的有用之才、栋梁之材，为实现中国梦奉献智慧和力量。”[②] 在这里，不仅要求大学生要做“奋进者、开拓者、奉献者”，而且要求“走在时代前面”。2014 年 5 月 4 日，习近平总书记在北京大学师生座谈会上重申了这一表述：“广大青年对五四运动的最好纪念，就是在党的领导下，勇做走在时代前列的奋进者、开拓者、奉献者，以执着的信念、优良的品德、丰富的知识、过硬的本领，同全国各族人民一道，担负起历史重任，让五四精神放射出更加夺目的时代光芒。”[③] 在这一表述中，“时代前面”改为“时代前列”。此后，2016 年在庆祝中国共产党成立九十五周年大会上的讲话、2019 年纪念五四运动 100 周年大会上的讲话，习近平总书记都再次强调，青年要“勇做走在时代前列的奋进者、开拓者、奉献者”[④]。“走在时代前列的奋进者、开拓者、奉献者”这一表述，从精神状态的角度，明确了新时代应该培养什么样的人。

3. 德智体美劳全面发展的社会主义建设者和接班人

党的十九大后，习近平总书记在育人目标上突出强调了“德智体美劳全面发展的社会主义建设者和接班人”这一根本定位。2018 年 9 月在全国教育大会上，习近平总书记指出：“在党的坚强领导下，全面贯彻党的教育方针，坚持马克思主义指导地位，坚持中国特色社会主义教育发展道路，坚持社会主义办学方向，立足基本国情，遵循教育规律，坚持改革创新，以凝聚人心、完善人

---

① 《习近平回信勉励北京大学援鄂医疗队全体“90 后”党员》，《人民日报》2020 年 3 月 17 日。

② 《习近平给大学生回信：勇做走在时代前面的奋进者开拓者奉献者》，《人民日报》2013 年 5 月 5 日。

③ 习近平：《青年要自觉践行社会主义核心价值观》，《人民日报》2014 年 5 月 5 日。

④ 《习近平在庆祝中国共产党成立 95 周年大会上的讲话》，《人民日报》2016 年 7 月 2 日。

格、开发人力、培育人才、造福人民为工作目标，培养德智体美劳全面发展的社会主义建设者和接班人，加快推进教育现代化、建设教育强国、办好人民满意的教育。”[①]并指出：“培养什么人，是教育的首要问题。我国是中国共产党领导的社会主义国家，这就决定了我们的教育必须把培养社会主义建设者和接班人作为根本任务，培养一代又一代拥护中国共产党领导和我国社会主义制度、立志为中国特色社会主义奋斗终身的有用人才。”[②]2019年3月18日，习近平在主持召开学校思想政治理论课教师座谈会上的讲话中再一次强调，新时代贯彻党的教育方针，“努力培养担当民族复兴大任的时代新人，培养德智体美劳全面发展的社会主义建设者和接班人”。[③]“德智体美劳全面发展的社会主义建设者和接班人”的提出，从政治内涵和能力素质上细化了时代新人的培养规格。

（三）立德与树人的相互关系

1. 立德是树人的前提和基础

德者，本也。一方面，立德是社会对人才培养的首要要求。无论是在古代，还是在近现代，良好的道德都是社会对培养人的第一位的要求。《左传》有言“太上有立德”，说的是把培育高尚品德作为为人在世最高价值追求。《孟子》有言“人之所以异于禽兽者几希，庶民去之，君子存之”，说的是人和动物最根本的区别在于人有道德追求。近代蔡元培先生也说过：“若无德，则虽体魄智力发达，适足助其为恶”，强调的也是道德之于人的第一位的属性。中华人民共和国成立后，我们也先后提出了“德才兼备”“又红又专”等育人理念，无一例外都把立德放在了第一位。因此，立德是社会对社会成员第一位的要求。另一方面，从个体的成长发展看，德是基础，引领和规定着个体成长的方向。习近平总书记指出：“道德之于个人、之于社会，都具有基础性意义，做人

---

① 习近平：《坚持中国特色社会主义教育发展道路 培养德智体美劳全面发展的社会主义建设者和接班人》，《人民日报》2018年9月11日。

② 习近平：《坚持中国特色社会主义教育发展道路 培养德智体美劳全面发展的社会主义建设者和接班人》，《人民日报》2018年9月11日。

③ 习近平：《用新时代中国特色社会主义思想铸魂育人 贯彻党的教育方针落实立德树人根本任务》，《人民日报》2019年3月19日。

做事第一位的是崇德修身。”[①]一个人只有拥有了坚定的理想信念，深厚的爱国情怀和高尚的个人品德，才会心甘情愿为了国家富强、民族复兴和人民幸福去认真学习、努力工作，才会自觉地将个人小我融入祖国和人民的大我中去，努力成长为担当民族复兴大任的时代新人。反之，那种家国情怀淡薄、责任担当缺失、德行操守败坏的“人才”，就算技能再高，也只是“没有灵魂的专家”“精致的利己主义者”，他们绝不会为了国家、社会和人民的整体利益，而牺牲个人利益，更不可能主动承担起民族复兴的历史重任。俗语道：有德有才是正品，有德无才是次品，无德无才是废品，无德有才是毒品，说的就是这个道理。

2. 树人是立德的目标和指向

从人的素质构成看，人的素质是一个由价值信仰、知识能力、精神心理、道德品行等多层次、多维度要素构成的复合体。尽管道德是人的素质构成中非常关键的要素，但与人的整体素质比较也只是部分与整体的关系，部分要服务和服从于整体。对于立德来说，坚持“立德”是为了“树人”，“立德”要服务和服从于“树人”的总体目标。在新时代，强调“立德”的目的，是为了让青年一代成长为能够担当民族复兴大任的，德智体美劳全面发展的社会主义建设者与接班人。习近平总书记高度重视“德”的作用，但也不是孤立地强调“德”，而是将“德”与人的其他素质构成有机结合起来，强调德才兼备、全面发展。2014 年，他在同北京大学师生座谈会上的讲话中强调，广大青年要以“执着的信念、优良的品德、丰富的知识、过硬的本领”[②]担负起历史重任。在看望南京青奥会中国体育代表团时的讲话中强调，“青年强是多方面的，既包括思想品德、学习成绩、创新能力、动手能力，也包括身体健康、体魄强壮、体育精神”[③]。2015年，他在致全国青联十二届全委会和全国学联二十六大的贺信中强调，当代中国青年要“做到志存高远、德才并重、情理兼修、勇于开拓”[④]。2016 年，在全国高校思想政治工作会议上，习近平指出，高校思想政治工作要“不断提高学生思想水平、政治觉悟、道德品质、文化素养，让学生成为德才兼备、

① 习近平：《青年要自觉践行社会主义核心价值观》，《人民日报》2014 年 5 月 5 日。

② 习近平：《青年要自觉践行社会主义核心价值观》，《人民日报》2014 年 5 月 5 日。

③ 《习近平看望南京青奥会中国体育代表团》，《人民日报》2014 年 8 月 16 日。

④ 《全国青联十二届全委会全国学联二十六大在京开幕 习近平向大会发来贺信》，《人民日报》2015 年 7 月 25 日。

全面发展的人才”。[①] 由此可见，在党的育人目标中，德是其中的一部分，立德是为了树人，树人是立德最终的指向和归宿。

二、中华传统文化中的立德树人思想

中华民族是一个有着五千年悠久历史的伟大民族，在长期的实践中培育和形成了光辉灿烂的传统文化。中华优秀传统文化，蕴含着丰富的立德树人思想。既追求“大道之行也，天下为公”的远大理想，倡导“兼善天下”“利济苍生”“修身齐家治国平天下”，也强调坚守道德原则，恪守“己所不欲，勿施于人”“与人为善”“以己度人”“推己及人”，还追求崇高理想和完美人格，立志做君子、成圣贤。中华传统文化中的立德树人思想，无论是过去、现在，还是未来，都有其永不褪色的价值。

（一）中华传统文化中的“立德”思想

重视道德是中华传统文化的突出特征。学者钱穆认为，中国的文化精神，应称为道德的精神[②]。在长期的社会实践中，中华传统文化从国家、社会、家庭、个人等不同层面，形成了彰显中华文化特色的道德规范、原则和准则，集中体现了中华传统文化中的“立德”思想。

1. 以天下为己任

中华传统文化散发着浓浓的家国情怀。这种家国情怀首先体现为以天下为己任的远大追求。“以天下为己任”出自《南史·孔休源传》：“休源风范强正，明练政体，常以天下为己任”。意思是把国家的兴衰治乱作为自己的责任。《礼记·大学》中提到修身、齐家、治国、平天下，“平天下”是最终的目标和指向。孔子说：“士而怀居，不足以为士矣。”（《论语·宪问》）意思是，一个士人如果整天想着自己的家庭，不想着天下，那么他就不足以为士。明末顾炎武提出的“天下兴亡，匹夫有责”更是体现了古人心系国家、心系天下，随时准备为国家兴亡承担责任、贡献力量的广阔胸襟。在历史上，“天下兴亡，匹夫有责”是不同时代的人都坚守的道德信条。无论是古代陆游“死去元知万事空，但悲不见九州同。

---

① 习近平：《把思想政治工作贯穿教育教学全过程 开创我国高等教育事业发展新局面》，《人民日报》2016 年 12 月 9 日。

② 王霁主编：《中华传统文化导读》，中国人民大学出版社 2020 年版，第 49 页。

王师北定中原日，家祭无忘告乃翁”的经典诗句，还是近代林则徐的“苟利国家生死以，岂因祸福避趋之”的豪迈誓言，无不体现着一个普通民众对国家前途命运的深切关注和无限忧虑。范仲淹“先天下之忧而忧，后天下之乐而乐”的诗句，不仅折射出他吃苦在前，享乐在后，以天下百姓之忧为己忧，以天下众生之乐为己乐的伟大情怀，更是激励无数后人为国家、为民族勇于献身、甘于奉献。近代以来，在国破家亡的危急时刻，中国人民在这种精神的鼓舞和感召下，不畏强暴，前赴后继，同仇敌忾，舍生忘死，谱写了一曲曲可歌可泣的爱国华章。

尽忠报国是中华传统文化重视家国情怀的行动体现。在中华传统文化中，国和家紧密相连，不可分割。国是家的延伸，是千万个家的集合。在国和家的关系上，中华传统文化提倡先国后家，有国才有家，国破家必亡。在此道德观念的指引下，古人高度重视“尽忠报国”。南宋著名爱国将领岳飞将“精忠报国”四个大字刺于后背，就是古人忠于国家、报效国家的一个生动写照。古人认为，忠于祖国，就要时刻关心国家的命运、民族的前途，将自己的生命与祖国的兴亡、民族的盛衰紧紧联系在一起。著名诗人陆游“位卑未敢忘忧国”的诗句，体现的就是将个人前途命运与国家前途命运紧密联系在一起的爱国情感。忠于国家是中华民族最宝贵的品质之一，也是中华文明生生不息的重要原因。孙中山说，做人最大的事情，“就是要知道怎么样爱国”。习近平总书记也强调，“对每一个中国人来说，爱国是本分，也是职责，是心之所系、情之所归”①。这是中华文化一脉相承的文化基因和灵魂。

2. 内仁外礼

“仁”是儒家传统的道德精华，也是中国传统文化的精髓。“仁”的思想的提出者是孔子，孔子极为重视“仁”，据统计，《论语》中，谈到“仁”的地方共有 58 章，“仁”字出现 104 次之多。有人问孔子什么是“仁”，孔子回答：“仁者爱人。”“仁”最基本的含义就是爱人，要求我们在日常生活中与人交往时，要与人为善，有爱人之心。

孔子把“仁”作为处理人际关系的道德原则。其表现形式有两种，一是自爱，二是爱人。所谓自爱不是一己之爱，而是宗法血亲之爱，用孔子的话叫作“亲亲”。《中庸》引孔子语：“仁者人也，亲亲为大。”意思就是，仁者首先要爱

---

① 习近平：《在纪念五四运动 100 周年大会上的讲话》，《人民日报》2019 年 5 月 1 日。

自己的亲人。如果不懂得对亲人的爱，就谈不上对他人的爱。二是爱人。孔子认为，仅仅洁身自好还不足以构成“仁”，只有走向“爱人”，才算是“仁”。论语记载：“子路问君子。子曰：修己以敬。曰：如斯而已乎？曰：修己以安人。曰：如斯而已乎？曰：修己以安百姓。”（《论语·宪问》）可见，爱人的最高境界是“安百姓”，从爱人出发，孔子提出了忠恕之道。所谓“忠”，即“己欲立而立人，己欲达而达人”。所谓恕，就是“己所不欲，勿施于人”。

“仁爱”的外在表现就是“礼”。孔子说：“克己复礼为仁。一日克己复礼，天下归仁焉。”（《论语·颜渊》）意思是，克制自己，一切都照着礼的要求去做，这就是仁。一旦这样做了，天下的一切就都归于仁了。《礼记·曲礼》说：“礼者，所以定亲疏，觉嫌疑，别异同，明是非也。”可见，礼作为一种道德规范，主要强调的是社会秩序，作用是社会规则对人的制约，使人能够明辨是非曲直，遵守社会规则秩序，保持社会的稳定。孔子说：“人而不仁，如礼何？”（《论语·八佾》）但礼是外在的东西，仁才是内在的，没有仁，没有爱，就不会自动地去遵循礼。正如朱熹所言：“仁者，心之德，非外在也。”将“礼”融入“仁”中，“内仁外礼”是儒家思想的重要特征，也是中华传统道德观念的精髓。

3. 孝亲敬老

百善孝为先。在中华传统文化中，“孝”是最基础的道德，任何人都必须以“孝”为立身之本。同时，“孝”又是一门博大的学问，其内涵是十分丰富的。“孝”作为一个道德伦理观念正式提出是在西周。孔子对西周的“孝”进行了继承和创新，将“孝”与“敬”、行孝和守礼结合在一起。曾子是儒家“孝”理论的集大成者，他将“孝”发展为一种抽象的、具有普遍意义的准则。曾子说：“民之本教曰孝。”（《大戴礼记·曾子大孝》）孝成为了儒家最重要的道德准则，是实现一切善行的力量源泉和根本。

总的来说，中华传统文化的“孝”对子女有以下几个方面的要求。第一是赡养，即从物质上满足父母。《吕氏春秋》认为养有五道：“养体之道也，养目之道也，养耳之道也，养口之道也，养志之道也。”赡养父母之孝，用今天的话来说，就是让父母吃好、穿好、住好、用好。第二是孝敬，即让父母得到人格的尊重和精神的慰藉。孔子曾经批评那些以为给父母好的物质条件就是尽孝的人，说：“今之孝者，是谓能养。至于犬马，皆为能养，不敬，何以别乎？”（《论语·为政》）意思是，人们对于自己的犬马都舍得花钱，买一些好的用具和食物，如果“孝”仅仅意味着“养”的话，我们岂不是在对犬马尽孝，岂不是就变成了犬马的子女了？只有做到敬，才能使父母不仅获得物质上的满足，更能获得精神上的满足，这才是人类特有的孝道。第三是孝顺，即顺从父母的意思，不违背父母的意愿。古人特别强调“父母在，不远游，游必有方”（《论语·里仁》）。但不违背父母的意愿，并不是一味地顺从父母，当父母有不义的地方，就要设法委婉地劝阻他们。《弟子规》里讲：“亲有过，谏使更。怡吾色，柔吾声。”意思是，父母有过错要指出，但是要照顾父母的心情，和颜悦色地指出。

4. 修身养德

《礼记·大学》将修身作为第一位的道德要求，充分体现了中国传统文化对于提升个人道德修养的重视。在中华传统文化中，诚实守信、重义轻利、慎独知耻，是修身养德的重要方面。

诚实守信。《礼记·大学》说：“欲正其心者，先诚其意。”可见诚信是“正心”的前提。《礼记·中庸》说：“君子诚之以贵”“诚者天之道也，诚之者人之道也。”意思是，“诚”是天的根本属性，努力求诚则是为人之道。为什么诚信如此重要？因为诚信是一切道德的基础。诚信，归根结底就是要表里如一，坦坦荡荡，不能口是心非，言行不一。一个人只有对别人诚信，才能收获别人的诚信。所以，中国古人说，有诚才有德，无诚则无德。

重义轻利。“义利之辨”是古往今来讨论最多的道德命题。“义”是中华传统道德的“五常”之一，指思想行为符合一定的道德标准；利，指利益、功利。二者是道德标准与物质利益之间的关系。古人如何处理义和利之间的关系？《周易》提出：“利者，义之和也。”意思是，要得到真正的利益，就要讲求道义，达到符合“义”的和谐、和睦之利。《礼记·乐记》也说：“即见利而让，义也。”意思是，见到利益还能够谦虚想让，这就是讲求道义。追求利是以达到义为前提条件的，也就是说要先义而后利。由此可见，在中华传统文化中提倡的“义利观”是先义后利，义在利先。

慎独知耻。《礼记·大学》中说：“此谓诚于中，形于外，故君子必慎其独也。”所谓慎独，指的是人们在独自活动无人监督的情况下，凭着高度自觉，按照一定的道德规范行动。是否做到“慎独”是衡量人们能否坚持自我修身的重要尺度，也是提升自我修养的一个重要方法。明末思想家刘宗周说：“慎独外别无功夫。”清代康有为则说：“《中庸》首陈天性之本，极位育之能，而下手专在慎独。”只有坚持慎独，人们的修身才能真正有成效。慎独还与“知耻”密切相连。曾子说：“十目所视，十手所指，其严乎！”意思是，一个人独处时，也好像有十只眼睛看着你，有十双手在指着你，这难道不令人敬畏吗？所以，品德高尚的人哪怕在独处时，也要自觉谨慎。孟子说：“无耻之耻，无耻也。”意思是从不知羞耻到知道羞耻，就可以免于羞耻了。知耻，是中华传统文化中的道德底线，也是人能否分辨是非对错的前提和基础。

（二）中华传统文化中的“树人”思想

中华传统文化包含丰富的育人思想。无论是在育人目标上，还是在育人方式上，中华传统文化都是一座不可多得的思想宝库，值得新时代育人工作者认真借鉴、学习。

1. 培养“君子”人格

“君子”既是中华传统文化中一个极富特色的概念，也是古代社会对理想人格追求的一个标志性概念。在中国漫长的历史发展中，儒家思想始终是中国优秀的历史文化遗产，而君子更是中国人心目中的人格楷模。“君子”的人格特征主要表现在：

第一，君子要志向远大，有气节。孔子说：“君子怀德，小人怀土；君子怀刑，小人怀惠。”（《论语·里仁》）意思是，君子每天惦记着仁德，小人惦记着自己的切身利益；君子考虑刑典法纪，小人考虑自己得到的实惠。“君子怀德”，而能心忧天下，忧国忧民，明晓大义，这是君子的应有之德。历史上的仁德君子，大都具有心忧天下、兼济天下的情怀。所以，君子首先必须志向远大。君子还要有气节。程颐认为，“君子处世，事之无害于义者，从俗可也，害于义则不可从”（《河南程氏经说》）。“君子当明夷之时，利在知艰难而不失其贞正也。在昏暗艰难之时，而能不失其正，所以为明君子也”（《周易程氏传》）。气节是一种为坚持、维护道义而抗拒一切外在力量，并可以牺牲一切的高尚道德，是对人生价值、人格尊严的维护。在危难时刻，在面对大是大非等问题时的坚持和选择，往往才能显示君子的气节。

第二，君子要胸怀坦荡，品行高尚。孔子说：“君子坦荡荡，小人长戚戚。”意思是君子一定要胸怀坦荡，不斤斤计较；一定要注重自身修养，不苛责别人，即孔子所说的“躬自厚而薄责于人”。君子还要有高尚的品行。孔子曰：

"君子喻于义，小人喻于利。"(《论语·里仁》)孟子提出："去利，怀仁义以相接也。"(《孟子·告子下》)可见，儒家对君子的基本要求是做品德高尚的君子而不做追求私利的小人。

第三，君子要自强不息，坚毅有为。《周易》说："天行健，君子以自强不息。" 意思是说，君子效法天道的刚健，凭借刚毅坚强的精神而不停前行。"健"，就是要刚健有为、奋斗不止。君子应自强不息、刚健有为，以自己取得的成就去赢得大家的尊敬，在为社会作出贡献的同时，实现自身的价值。同时，这种自强精神需要砥砺意志和自我磨炼，要经受得起物质贫困和身体劳苦的考验，正如孟子所说："天将降大任于斯人也，必先苦其心志，劳其筋骨，饿其体肤，空乏其身，行拂乱其所为也，所以动心忍性，增益其所不能。"(《孟子·告子下》)孔子、孟子倡导进取有为的精神，重视人的主观能动性，重视激发人的意志和内在动力，它对于塑造和培养中华民族自强不息、奋发向上的精神起到了重要的作用。

第四，君子要内外兼修，文质彬彬。《论语·雍也》中说："质胜文则野，文胜质则史。文质彬彬，然后君子。" 意思是，质朴多于文采，就会显得粗野，文采多于质朴，就难免流于浮夸。只有质朴和文采配合适当，才能成为君子。在孔子看来，个人不通过文化教养检点自己，有可能流于"任性"的"野"，因此，仅仅拥有内在的道德品质是不够的。相反，个人忽视内在道德品质的提升最终可能流于虚饰，因此，仅仅拥有表面的"光鲜"也是不够的。因为前者有内容而无适当的表现形式，后者则是徒具外表而内涵空疏，所以，孔子认为真正的"君子"必须内外兼修，兼具"文"与"质"。

2. 注重以文化人

古人在长期的教育实践中，探索形成了一系列行之有效的育人方式与原则，比如因材施教、循循善诱、言传身教、教学相长等，成为中华传统文化中育人思想的重要内容。但在育人方式上，古人更重视发挥各类文化的隐性影响作用，注重"以文化人"。

首先，中华传统文化"以文化人"体现在中国古代学校没有设置专门的德育课程，但它却无处不在。如，在小学阶段的语文数学，除了完成识字、读书等任务外，还必须完成道德品质教育任务；而常识教学的内容则少不了立身处世、待人接物方面的知识。此外，中国古代还形成了"礼乐相济""美善相乐"

等思想。孔子认为道德教育应“兴于诗、立于礼、成于乐”，实现“成人”。荀子认为，“乐之入人也深，其化人也速”，故“君子明乐，乃其德也”。在古代的小学教育中，歌诗是一项十分重要的内容，它能潜移默化塑造人的道德观念，“使其乐习不倦”，从而增强德育效果。

其次，中华传统文化“以文化人”体现在各种仪式、礼仪和表达中。如，中国传统节日中蕴含着许多传统美德和思想精华。春节、清明节、中元节等，都有祭祖的仪式和内容，在祭奠与追思中，孕育着后人的感恩之心和责任意识。元宵节的花灯制作、灯谜竞猜，端午节的龙舟竞技，无不反映了中华儿女刚健有为、自强不息的进取精神。此外，还有不少节日是与民族气节和爱国传统直接相关联的，如清明节和端午节。正是通过节日这一载体，忧国忧民的爱国情怀，大义凛然的民族气节，不断接续传承并被发扬光大。

最后，中华传统文化“以文化人”还体现在书法、武术、绘画、碑刻、建筑、雕塑、戏剧等各种艺术和实物中。如，中国书法以汉字为根本，取象立意，蕴含自然情状；谋篇布局，契合天地神韵。书法不仅承载着中国人的审美修养，还体现了中国人的精神气质。中华武术追求内外合一、形神兼备，更强调武德。“未教武功，先教武德”，这是历代武术前辈必传精要。武术礼仪也是习武之人必须遵守的道德行为规范，体现了习武之人的文明礼貌。商周时期的青铜器，一方面是举世无双的高贵器物，另一方面则承载着中华礼乐文化。作为佩饰的玉器，不仅具有装饰美，更是一种人格化内在修养的表征。《礼记》记载：“君子无故，玉不去身。”表明佩玉人格化，成为君子为人处世、洁身自爱的象征。中华传统文化善于运用各种形式与不同载体，利用各种时机与场合，把文化育人融于日常生活中，构成立德树人实现方式的重要参照和借鉴。

三、开展传统文化教育是实现青少年立德树人目标的基本途径

教育是培养人的基本途径，也是文化传承的主要方式。传承中华优秀文化传统，实现立德树人育人目标，必须要发挥教育的作用。绵延流传五千年的中华传统文化，是一座巨大的思想宝库，蕴含着丰富而深刻的立德树人思想。只有在广大青少年中大力开展优秀传统文化教育，中华传统文化中的精髓才能得到传承，才能有效发挥优秀传统文化对青少年价值理念、思想观念和能力素质的涵养作用，最终实现立德树人目标。

（一）在教育途径上，推动学校教育、家庭教育、社会教育相互协同、形成合力

教育的途径多种多样，既包括正式的学校教育，还包括家庭教育、社会教育等。开展青少年优秀传统文化教育，必须发挥学校教育、家庭教育、社会教育各自的功能和作用，使三者相互协同、形成合力。

1. 学校教育

学校是传授知识、传承文化的主要场所，也是青少年社会化的重要驿站，应该成为开展青少年传统文化教育的主阵地。在学校中开展传统文化教育，应重点抓住课程、第二课堂、管理等重点环节，形成全程育人的教育体系。

第一，建立和完善弘扬优秀传统文化的课程育人体系。课程是学校传授知识、传递文化的主要载体。在学校中开展青少年传统文化教育，必须建立与之相适应的课程体系。一是要将优秀传统文化有机融入思想政治理论课，使思想政治理论课既能提升青少年的思想道德素质，又能提升其传统文化素养。尤其要充分挖掘传统文化中的“立德”元素和理念，找到传统文化中“立德”元素与新时代立德树人要求相连接的结合点，使优秀传统文化成为涵养青少年道德品质的重要源泉。二是要单独设立传统文化相关课程。目前，学校开展传统文化教育的基本方式是在多门课程中渗透传统文化的相关内容。在不同学科中碎片化地“渗透”传统文化内容，尽管能起到一定的教育作用，但难以取得很好的教育效果。传统文化是有内在逻辑、自成体系的，只有把握传统文化内在逻辑和体系，在不同年级、学段设立单独的传统文化课程，才能保持传统文化内容的完整性和教学的系统性。

第二，建立和完善蕴含优秀传统文化的“第二课堂”育人体系。除了课堂教学外，校园环境、社会实践等第二课堂也对学生的成长发展具有重要的影响。与课堂教学相比，校园环境等第二课堂对学生的影响是潜移默化的，更有利于学生接受。青少年传统文化教育，离不开第二课堂的配合。可以通过在相关校园场所镌刻传统格言、树立先贤雕像等，营造具有浓郁传统文化色彩的校园环境。可以充分发挥学生社团的作用，鼓励成立各类弘扬优秀传统文化的学生社团，大力开展诸如京剧进校园、经典诵读、历史名人足迹寻访等活动。还可以通过充分挖掘学校的校史资源和当地的名人馆、纪念馆、博物馆等传统文

化资源，在亲身参与、实际体验中更加深刻地理解中华优秀传统文化的精髓和价值。

第三，建立和完善彰显优秀传统文化的管理育人体系。在学校中，不仅教师承担教书育人的责任，管理和服务人员在管理服务工作中的一言一行、一举一动，对广大学生同样具有影响、示范和教育作用。在学校中开展青少年传统文化教育，内在要求将优秀传统文化中的相关理念有效融入学校的管理和服务体系中，让“以人为本”“诚信”“敬业”“奉献”等中华优秀道德理念在学校的管理服务工作中得到生动体现，借助实际的管理和服务形成对学生的良好影响和引导。

2. 家庭教育

家庭教育是最基础的教育，在青少年的教育中扮演着重要的角色，特别在青少年年幼期，家庭是他们认识和了解世界的唯一窗口，家长则是青少年的第一任老师，具有榜样的作用，能够对青少年的思想和行为起到关键的引导作用。因此，传统文化教育首先要发挥家庭教育的源头性和基础性作用。第一，要将优秀传统文化作为家庭教育的重要内容。当前，在社会用人导向和应试教育的驱动下，家庭教育更注重英语、语文、数学等学科和知识教育，传统文化在家庭教育中几乎没有生存空间。但是传统文化所强调和重视的文明礼仪、道德品质和人格养成等内容，正是青少年成长成才所必备的最基本素质。因此，家庭教育应将优秀传统文化作为家庭教育的重要内容。第二，要将优秀传统文化融入家庭生活。生活最能影响人和教育人。家庭应将爱国敬业、尊老爱幼、夫妻和睦、邻里互助等传统价值观，以实际行动体现在社区、邻里和家庭成员的交往中。还可以通过组织亲子参观古迹遗址、观看传统经典影视作品等活动，让接受传统文化熏陶成为青少年家庭生活的一部分。第三，发挥父母的榜样示范作用。父母是孩子的第一任老师，对青少年的成长有着巨大的影响。开展青少年传统文化家庭教育，父母必须首先接受传统文化教育，通过加强传统文化学习，不断提升自身传统文化修养，才能为孩子指点迷津、指引方向。父母还要注重自己在孩子面前的一言一行、一举一动，努力为青少年践行传统文化做出榜样和示范。

3. 社会教育

传统文化类型多样，既有典籍文化，也有民间文化。特别是内容众多、类型多样的民间传统文化，是开展青少年传统文化的重要内容和资源，因此必须更加重视通过社会教育的方式，开展青少年传统文化教育。第一，要充分发挥大众传媒在青少年传统文化教育中的重要作用。一方面，要充分发挥电视、广播、报纸杂志等传统媒体的作用，积极传播优秀传统文化。电视台可以设立传统文化节目，举办优秀传统文化的讲解和知识竞赛活动。报纸杂志可以开设传统文化专栏、专刊，营造浓厚的传统文化氛围。另一方面，要充分发挥互联网、手机等新媒体的作用，制作青少年喜闻乐见、适合传播的传统文化读物和视听产品，推动优秀传统文化的网络传播。第二，要发挥传统佳节在青少年传统文化教育中的载体作用。我国有丰富的传统节日，如春节、元宵节、清明节、端午节、中秋节等传统节日。这些传统节日都包含有价值的思想教育元素。例如，春节倡导家庭团聚、辞旧迎新，清明节倡导缅怀先人、感恩思源等。传统节日是我国传统文化的有机组成部分，也是进行青少年传统文化教育的好时机和好载体。第三，充分发挥青少年校外活动场所在传统文化教育中的独特作用。青少年宫是我国独具特色的教育场所。全国有数量众多、规模不等的青少年宫，这些青少年宫如果能够根据青少年的不同需求，举办经典名著学习班，开展传统文化教育实践活动，那么就会形成一股强大的传统文化社会教育力量。此外，博物馆、纪念馆、历史遗址等也是青少年传统文化教育的重要场所，充分利用这些场所，能够让青少年接受到实物、实地、模拟的优秀传统文化教育。

（二）在教育内容上，推动中华传统文化有取有舍、创新发展

中华传统文化内容极其丰富，对青少年进行传统文化教育必须坚持继承与创新相结合的原则，取其精华，弃其糟粕，既要坚持传统文化核心精神，又要根据时代和对象特点创新发展。

1. 去粗取精

在传统文化中，有很多优秀的内容和思想。但并非所有的内容和思想都适合现代社会。如，儒家文化中存在的一些中庸的思想观念，“枪打出头鸟”“出头的椽子先烂”等，不鼓励“出头”，在一定程度上不利于人的创新精神和创新能力的培养。再比如，封建社会中倡导的三纲：君为臣纲、父为子纲、夫为妻纲，明显与现代社会所倡导的民主法治、人人平等的观念相违背，是一种思想

糟粕，必须坚决摒弃和抵制。因此，开展青少年传统文化教育，必须对传统文化加以分析、有所取舍。要把真正反映中华传统文化内核和本质的内容挑选出来，作为青少年学习的基本素材。中共中央办公厅、国务院办公厅 2017 年发布了《关于实施中华优秀传统文化传承发展工程的意见》提出，传承发展中华优秀传统文化，“就要大力弘扬讲仁爱、重民本、守诚信、崇正义、尚和合、求大同等核心思想理念”，“大力弘扬自强不息、敬业乐群、扶危济困、见义勇为、孝老爱亲等中华传统美德”，“弘扬有利于促进社会和谐、鼓励人们向上向善的思想文化内容”，“如求同存异、和而不同的处世方法，文以载道、以文化人的教化思想，形神兼备、情景交融的美学追求，俭约自守、中和泰和的生活理念等”。这些基本理念和内容，应该成为青少年传统文化教育的重点内容。

2. 注重经典

中华传统文化历史悠久、源远流长，在汗牛充栋的传统文化典籍中，最值得读的是经过历史选择和检验的经典原著。经典原著是前人关于自然和社会的智慧认识的集中体现，是传统文化的浓缩和精华，对于青少年了解历史文化、加强道德修养、培养爱国情感等方面具有广泛的教育意义。一方面，要引导青少年阅读“原汁原味”的经典著作，而不能只是阅读、学习今人改编、阐释、演绎的著作。这些别人嚼过的东西，尽管好消化，但往往索然寡味，或者多少变味了。另一方面，经典著作汗牛充栋，经史子集非常繁多，面对这么多的文化典籍，即使专业学者穷其一生，也不可能阅读完，更不用说普通青少年了。况且在当今时代，青少年除了学习传统文化，还需要学习很多其他知识和技能。在有限的学习时间内，就有必要对经典原著进行筛选，从中挑选出一些具有较高教育价值的经典原著，有针对性地对青少年进行教育。例如，可以选择《三字经》《论语》《孟子》《老子》《庄子》等，对不同学段的青少年进行原原本本的传统文化教育。

3. 加强选编

青少年教育不是原封不动地传承传统文化，而是根据教育目的对传统文化进行筛选、编排和过滤。习近平总书记指出，“要坚持古为今用、以古鉴今，坚持有鉴别的对待、有扬弃的继承，而不能搞厚古薄今、以古非今，努力实现传统文化的创造性转化、创新性发展，使之与现实文化相融相通，共同服务以文化人的时代任务。[①]”一方面，选编要突出优秀传统文化的基本精神。在传统文化中，一些具体内容是随着历史发展而变化的，但传统文化所倡导的伦理原则、道德理念、人文精神等是长期不变的。例如，儒家提出的五常“仁义礼智信”，是通行几千年的道德原则。对这些传统文化的基本精神和核心内核，要原原本本地进行保留和阐释，使之成为提升青少年道德素养，涵养青少年道德情操的主要源泉。另一方面，选编要符合青少年的年龄和学习特点。在不同的年龄阶段，传统文化教育的内容应该是有所区别的。例如，小学、初中阶段可以通过对《三字经》《弟子规》及其他传统蒙学教材的选择，对孩子们进行礼仪教育、诚信教育、感恩教育、生命教育等；高中阶段则应该侧重于“君子人格”的养成教育，以及民族自豪感的提升、民族自信心的激发、爱国精神的培养等；大学阶段则应该着力夯实理想信念教育、价值观教育和全面自由发展教育等培养。

（三）在教育方式上，将显性教育和隐性教育结合起来

显性教育和隐性教育是两种最基本的教育方式。开展青少年传统文化教育，既要重视诵读经典等显性教育方法，也要重视实践体验、环境熏陶等隐性教育方法。

1. 重视经典诵读

所谓诵读就是大声、反复地朗读。诵读是非常适合青少年学习传统文化的方法。之所以适合青少年，既与古汉语的特点有关，也与青少年的学习特点有关。从古汉语的特点看，古汉语的音节界限分明，声调抑扬顿挫，韵律感强，因此，经典名篇非常适合诵读。南宋朱熹说：“凡读书，要读得字响亮，不可误一字，不可少一字，不可多一字，不可倒一字，不可牵强暗记，只要多诵数遍，自然上口，久远不忘。”（《训学斋规》）可见，诵读可以体会古代经典的节奏感，品味其情趣和神韵。从青少年的学习特点看，青少年记忆力强，接受新知识快，是诵读经典名篇的黄金时期。尤其是少年儿童，其思维能力、理解能力尽管没有得到充分发展，但是视听能力、记忆能力已经形成。少年儿童时期的记忆，以机械记忆为主，诵读可以充分发掘他们的记忆潜质。而且对小学生

---

① 《习近平在纪念孔子诞辰 2565 周年国际学术研讨会暨国际儒学联合会第五届会员大会开幕会上的讲话》，《人民日报》2014 年 9 月 24 日。

来说，全班人在同一教室里同声诵读经典名篇，能够很好地培养他们对古文美感的认知，使得他们轻松愉快地亲近经典、理解名篇。因此，诵读是一种少年儿童扬长避短的学习方法。中小学可以引领学生重点诵读一两部经典，长年累月，坚持啃读，深入反复地熟读、背诵和理解。诵读经典还要避免强制灌输。"最好的方法，就是把背诵古诗的教学，当作一门唱歌的课程来教，要孩子们只像唱歌一样地吟诵古诗。"[①]

2. 重视实践体验

传统文化的载体很多，除了适合诵读的典籍之外，更有戏曲、武术、书法、音乐、国画和陶瓷等众多文化载体。对于后者，则更适合体验式的教育方式。所谓体验，就是通过亲身参与、亲自实践，来直接感受传统文化魅力和意蕴的教育方式。在开展青少年体验教育时，要深入挖掘不同文化载体所蕴含的文化内涵和精神，针对性地开展体验。如，戏曲作为中国的国粹，吸收融合了音乐、美术、舞蹈、诗歌、服饰、武术等艺术精华，不仅集中体现了中华传统文化的艺术魅力，而且中国戏曲大部分是讲述中国道德故事，引人向真、向善、向美，传承中国精神，褒扬家国情怀。学校可通过开展"戏曲进校园"等活动，邀请地方戏曲专业或业余团体到校演出，并教授戏曲基本知识及唱段，让学生在学习体验中形成热爱家乡文化的积极情怀。武术不仅是一项体育运动，更是中华传统文化的精华。作为体育运动，武术一来可以强身健体，二来可以防身自卫。作为中华传统文化的重要组成部分，武术有着自成一体的礼仪系统，其强调"以礼始、以礼终"，推崇个人的自强、自立、自信，强调以德服人。学生在练习武术的过程中，可学会尊重他人、见义勇为等品行。因此，学校可将武术纳入体育教育课程，利用体育课、大课间、课外活动等在全校各年级中推广和普及武术操，提升学生的身体素质及道德素养。不论是戏曲，还是武术，这些活动均是通过体验式的教育方式来加深学生对传统文化的理解，培养学生自强不息、团结友爱、见义勇为的优秀品质。学校要根据实际情况，通过寓教于乐、灵活多样的活动，使中华传统文化在学生心中生根发芽，使中华民族传统文化得到传承。

---

① 冷玉斌：《做适合儿童的传统文化教育》，《中国教育报》2014 年 10 月 9 日。

3. 重视环境熏陶

文化是一种无形的资源，但同时又是一种无时无刻不在发挥作用的影响源。文化就像空气，平时感觉不到它的存在，但每时每刻都离不开它，都要接受它的影响。文化的影响主要是通过熏陶人、陶冶人来实现的，这实际上是一种隐性教育的方式。与诵读等显性教育方式相比，熏陶等隐性教育方式能让人在不知不觉中接受教育、提升素养、形成习惯。这种教育方式避免了个体可能产生的抵触等情绪，因此往往会取得更好的教育效果。对于青少年来说，开展传统文化教育的一个重要方法是环境熏陶，让传统文化像空气一样围绕在青少年周围。一是发挥传统节日的作用。学校可利用春节、元宵节、清明节、端午节等中华文化传统节日，在学生中开展传统文化教育活动和道德体验活动，引导学生认知传统，弘扬传统文化。另外，学校可利用“三八”妇女节、母亲节、父亲节等节日，开展“感恩父母，践行孝心”的实践活动；以劳动节、教师节、重阳节为契机，组织开展“感恩教师”“关爱长辈”的教育活动，让学生在实践中学会行孝感恩、尊重他人。二是营造彰显传统文化的学校环境。学校环境包括自然环境和人文环境。一方面，学校可以通过景观设计、景观打造等方式，营造体现传统文化精神的物理环境，让学生在日常的学习中就能处处感受到传统文化的魅力；另一方面，学校也要深入挖掘在学校历史、校训、价值观等方面与传统文化的契合点，让传统文化的影响既体现在物理环境中，也要体现在人文环境中。三是形成富含传统文化特色的家风。家风，承载着一个家庭或家族的文化氛围、理念、价值观和人生观等，是开展青少年传统文化教育的重要载体。好的家风能够让人明事非、知廉耻、懂礼让、守本分、致良知，如春风化雨润物无声，引导、影响、塑造着一代又一代。发挥家风对青少年传统文化教育的涵养和熏陶作用，首先要精选中华优秀传统文化中经典和精华，并通过家训、家庭格言等形式固定下来，并一代代传承下去，最终形成体现传统文化特色的家风。

第二章　立德树人视域下青少年传统文化教育的政策分析①

王　坤*

当下，青少年的健康成长深处在多元文化背景之中。互联网生活方式的深度卷入深化了青少年成长的多元价值观背景，呈现出信息庞杂、价值多样的基本样态，以价值观建设为主要线索的青少年道德与精神成长面临着巨大的挑战，然而，人只有与复杂的价值观情境共处、和谐共生，才可能触碰道德、养成坚定的道德信念，因此，当下的挑战又是青少年健全发展的资源和机遇。人不知根基而不立，中国青少年的成长无时无刻不处在文化传统的氛围中，受其影响、引导，致力于青少年成长的立德树人工作应当在中国传统文化线索中劳作，唯如此，才能帮助青少年认识其生活与学习的精神根脉，知道“我是谁”“我从哪里来”，使其认知、行为、道德、精神发展与真正的“我”自觉建立起深度关联，在日常学习与交往中，清醒自己将“走向哪里”并有意识改进。立德树人视域下的青少年传统文化教育具有心理与知识逻辑。我国的青少年传统文化教育浸透着国家期待，各级各类政策的制定与实施是青少年传统文化教育实践的主要动力，本章做以分析，明晰方向、改进实践。

一、中国当代青少年传统文化教育政策的历史比较

随着改革开放的持续深入发展，经济全球化进程中中国青少年的国家与民

---

① 本文作者曾在“中国传统文化教育发展报告2018”课题组的支持下撰文《当代中国推进传统文化教育的政策观察》，本文是在此文基础上侧重青少年教育学意义的接续。

* 王坤，南京信息工程大学教师教育学院，助理研究员，教育学博士，主要研究领域为情感教育、教师教育。

族意识、家国情怀、品德修养日益受到关注。宏观视野下的现代化本质是时间维度的古今文化角力以及空间维度的中外文化角力，作为一种精神品格的牵制力量与引导力量，中国传统文化必然在改革开放走向深入时再一次引起重视，建构专门的教育，确保中国青少年始终在中华民族根脉上成长。20 世纪末以来，因为各级各类政策的支持与引导，专门的青少年传统文化教育发展起来。

（一）中国当代青少年传统文化教育政策内容的历史演进

20 世纪末以来，中共中央、国务院以及各级各类机构出台了许多针对青少年传统文化教育的政策，有些是专门的传统文化教育政策，有些是在大的政策或法律、法规框架下针对传统文化教育的表述。本研究力图全面把握和梳理 20 世纪末以来的相关政策形式，以传统文化教育政策内容为研究对象做历史分析。立德树人视域下，中国当代青少年传统文化教育政策内容可分为学校教育类政策内容、社会教育类政策内容与家庭教育类政策内容三种类型。颁布主体可划分为中央与国家机关部门、地方政府及相关部门。其中，学校教育类政策内容主要指有关部门颁发的针对学校教育开展传统文化教育的一系列政策内容，社会教育类政策内容主要指有关部门颁发的在社会运行和发展视角下开展传统文化资源开发，优秀传统文化保护、修复与弘扬的一系列政策内容，家庭教育类政策内容主要指有关部门颁发的以优秀传统文化为内容和路径，致力于构建良好家风、家训，形成健康家庭教育关系的一系列政策内容。本部分以中央和国家层面政策为主体，以时间顺序做以概览。①

表 2-1　中央和国家层面学校教育类政策

颁布时间与颁布主体或方式	政策名称	学校教育类政策内容摘录
1993 年中共中央、国务院	《中国教育改革与发展纲要》	坚定建设有中国特色的社会主义的信念。要重视对学生进行中国优秀传统文化教育。对中小学生还要注重进行文明行为的养成教育

① 以下表格梳理内容主要参考、引自：杨东平主编，刘胡权、宝丽格副主编：《中国传统文化教育发展报告 2018》，社会科学文献出版社 2019 年版，第 287–303，382–432 页。由于地方政策多是中央和国家层面政策的落实，或是在中央和国家层面政策影响下突出区域特点的新建政策，加之地方政策庞杂、难以做有序梳理，本文不对地方政策做时间与内容梳理，只做宏观历史视角下的特征分析。

续表

颁布时间与颁布主体或方式	政策名称	学校教育类政策内容摘录
1995 年国家立法	《中华人民共和国教育法》	教育应当继承和弘扬中华民族优秀的历史文化传统，吸收人类文明发展的一切优秀成果等
1999 年中共中央、国务院	《中共中央国务院关于深化教育改革，全面推进素质教育的决定》	要有针对性地开展爱国主义、集体主义和社会主义教育，中华民族优秀文化传统和革命传统教育，理想、伦理道德以及文明习惯养成教育，中国近现代史、基本国情、国内外形势教育和民主法制教育。把发扬中华民族优良传统同积极学习世界上一切优秀文明成果结合起来
2004 年中宣部与教育部	《中小学开展弘扬和培育民族精神教育实施纲要》	民族精神是中华传统文化的重要核心内容。该文件指出爱国主义、中华传统美德、革命传统和创新精神是中小学开展弘扬和培育民族精神的主要内容，并提出了指导思想、实施原则和实施路径等
2006 年中共中央	《国家“十一五”时期文化发展规划纲要》	高度重视义务教育阶段的文化普及教育，使广大中小学生掌握基本的文化常识和传统文化技艺。在国民教育中加大人文社会科学知识的比重，加强哲学社会科学知识的普及教育等
2010 年教育部办公厅	《关于在中小学开展创建中华优秀文化艺术传承学校活动的通知》	该文件以评选中华优秀文化艺术传承学校的方式引导各地教育行政部门加强领导，鼓励并引导各地学校将中华优秀文化艺术教育作为美育的重要组成部分融入学校教育的全过程等
2013 年教育部	《中小学书法教育指导纲要》	汉字和以汉字为载体的中国书法是中华民族的文化瑰宝，是人类文明的宝贵财富，纲要对书法教育的管理、师资队伍建设、教材编写、教育目标与内容、教学建议与要求、评价建议等予以指导

续表

颁布时间与颁布主体或方式	政策名称	学校教育类政策内容摘录
2013年中共中央办公厅	《关于培育和践行社会主义核心价值观的意见》	意见指出，把培育和践行社会主义核心价值观融入国民教育全过程，并从从小抓起、从学校抓起，拓展有效途径，教师队伍建设等方面予以阐释和指导
2014年教育部	《完善中华优秀传统文化教育指导纲要》	纲要指出，中华优秀传统文化是中华民族语言习惯、文化传统、思想观念、情感认同的集中体现，凝聚着中华民族普遍认同和广泛接受的道德规范、思想品格和价值取向，具有极为丰富的思想内涵；并提出坚持中华优秀传统文化教育与践行社会主义核心价值观、时代精神教育、革命传统教育、学习借鉴国外优秀文化成果相结合，课堂教育与实践教育相结合，学校教育、家庭教育、社会教育相结合，针对性与系统性相结合；指出分学段有序推进中华优秀传统文化教育，把中华优秀传统文化教育系统融入课程和教材体系，全面提升师资队伍水平、增强多元支撑、加强组织实施和条件保障等
2015年国家中长期教育改革和发展规划纲要工作小组办公室	《国家中长期教育改革与发展规划纲要（2010–2020）》	立德树人，把社会主义核心价值体系融入国民教育全过程。加强马克思主义中国化最新成果教育，引导学生形成正确的世界观、人生观、价值观；加强理想信念教育和道德教育，坚定学生对中国共产党领导、社会主义制度的信念和信心；加强以爱国主义为核心的民族精神和以改革创新为核心的时代精神教育；加强社会主义荣辱观教育，培养学生团结互助、诚实守信、遵纪守法、艰苦奋斗的良好品质。加强公民意识教育，树立社会主义民主法治、自由平等、公平正义理念，培养社会主义合格公民。加强中华民族优秀文化传统教育和革命传统教育

续表

颁布时间与颁布主体或方式	政策名称	学校教育类政策内容摘录
2017年中共中央办公厅、国务院办公厅	《关于实施中华优秀传统文化传承发展工程的意见》	围绕立德树人根本任务，遵循学生认知规律和教育教学规律，按照一体化、分学段、有序推进的原则，把中华优秀传统文化全方位融入思想道德教育、文化知识教育、艺术体育教育、社会实践教育各环节，贯穿于启蒙教育、基础教育、职业教育、高等教育、继续教育各领域等
2018年教育部新闻发布会	介绍《普通高中课程方案和语文等学科课程标准（2017年版）》有关情况	加强中华优秀传统文化教育是这次课标修订的重点之一，各学科结合自身特点，丰富充实相关内容。其中，语文课标最突出，中华优秀传统文化方面的内容贯穿必修、选择性必修和选修各个部分。一是内容更全。在“课内外读物建议”部分，除保留原有《论语》《孟子》《庄子》外，增加了《老子》《史记》等文化经典著作，要求学生广泛阅读各类古诗文，覆盖先秦到清末各个时期。二是分量更多。明确规定“课内阅读篇目中，中国古代优秀作品应占1/2”。三是要求更高。在全面加强的同时，还设置中华优秀传统文化学习专题，进行中华传统文化经典作品深入学习研讨。将原标准“诵读篇目的建议”改为“古诗文背诵推荐篇目”，推荐篇目数量也从14篇（首）增加到72篇（首），提高了学习要求。此外，美术、音乐、体育与健康、数学等课标都增加了有关传统文化教育内容。如美术课标增设“中国书画”，内容涉及中国传统绘画、书法、篆刻等经典作品欣赏及传统画论，促进学生坚守中国文化立场，增强文化自信

续表

颁布时间与颁布主体或方式	政策名称	学校教育类政策内容摘录
2018 年教育部、国家语委	《中华经典诵读工程实施方案》	中华经典诵读工程以立德树人、培育社会主义核心价值观为根本任务，以传承弘扬中华优秀传统文化、革命文化和社会主义先进文化为核心内容，以诵读、书写、讲解等文化实践活动为主要形式，以课程教材、资源平台及人才培养建设为基础支撑，以广大青少年、教师、家长和中华文化爱好者为基本对象，充分发挥语言文字在传承发展中华优秀文化中的重要作用，为青少年的美好人生打下鲜明中国底色，为增强人民群众的文化自信提供有力支撑
2021 年教育部	《革命传统进中小学课程教材指南》	《指南》要求将革命传统全面融入课程教材，对中小学革命传统教育目标、内容、方式等进行顶层设计。秉持“覆盖全部革命历程，反映革命传统主要内容；遵循学生认知规律，坚持循序渐进；结合学科特点，注重有机融入”的原则，主要围绕“中国共产党的领导地位，共产主义理想信念，以人民为中心的立场，实事求是的思想路线，革命斗争精神，爱国主义情怀，艰苦奋斗传统”七方面内容开展革命传统教育，注重在反映革命传统内容的原始素材和基于原始素材创作的作品载体上开展教育。指南对小学、初中和高中学段的革命传统教育提出具体指导，并对以道德与法治（思想政治）、语文、历史为主，艺术重点纳入，其他学科有机渗透的“3+1+N”全科覆盖的革命传统教育作出安排，结合学段特点提出各科具体要求

续表

颁布时间与颁布主体或方式	政策名称	学校教育类政策内容摘录
2021 年教育部	《中华优秀传统文化进中小学课程教材指南》	《指南》指出，中华优秀传统文化进中小学课程教材，是强化中华优秀传统文化铸魂育人功能，落实以中华优秀传统文化涵养社会主义核心价值观，实现中华优秀传统文化传承发展系统化、长效化、制度化的重要举措。中小学课程教材主要围绕核心思想理念、中华人文精神、中华传统美德三大主题，遴选中华优秀传统文化教育内容。中小学课程教材反映中华优秀传统文化的载体形式包括经典篇目、人文典故、基本常识、科技成就、艺术与特色技能、其他文化遗产等。指南结合学段特点对以语文、历史、道德与法治（思想政治）为主的“3+2+N”全学科覆盖中华优秀传统文化教育提出要求

表 2-2　中央和国家层面社会教育类政策

颁布时间与机构	政策名称	社会教育类政策内容摘录
2013 年中共中央办公厅	《关于培育和践行社会主义核心价值观的意见》	《意见》指出，把培育和践行社会主义核心价值观的任务落实到基层，充分发挥工人、农民、知识分子的主力军作用，发挥党员、干部的模范带头作用，发挥青少年的生力军作用等。建设优秀传统文化传承体系，加大文物保护和非物质文化遗产保护力度，加强对优秀传统文化思想价值的挖掘，梳理和萃取中华文化中的思想精华，作出通俗易懂的当代表达，赋予新的时代内涵，使之与中国特色社会主义相适应，让优秀传统文化在新的时代条件下不断发扬光大。重视民族传统节日的思想熏陶和文化教育功能，丰富民族传统节日的文化内涵，开展优秀传统文化教育普及活动，培育特色鲜明、气氛浓郁的节日文化
2014 年中共中央、国务院	《关于加强和改进新形势下民族工作的意见》	要发展少数民族文化事业，坚持以社会主义先进文化为引领，促进各民族文化交融、创新，把尊重、继承和弘扬少数民族优秀传统文化，与传承、建设各民族共享的中华文化有机结合起来

续表

颁布时间与机构	政策名称	社会教育类政策内容摘录
2016年国务院	《中医药发展战略规划纲要（2016–2030年）》	要推动中医药进校园、进社区、进乡村、进家庭
2017年中共中央、国务院	《关于加强和改进新形势下高校思想政治工作的意见》	要弘扬中华优秀传统文化和革命文化、社会主义先进文化，实施中华文化传承工程，推动中华优秀传统文化融入教育教学，加强革命文化和社会主义先进文化教育，深化中国共产党史、中华人民共和国史、改革开放史和社会主义发展史学习教育，利用我国改革发展的伟大成就、重大历史事件纪念活动、爱国主义教育基地、国家公祭仪式等组织开展主题教育
2018年教育部办公厅	《关于开展“全国中小学生研学实践教育基（营）地”推荐工作的通知》	与革命传统教育、国情教育、国防科工、自然生态板块一起建设“优秀传统文化板块。包括旅游服务功能完善的文物保护单位、古籍保护单位、博物馆、非遗场所、优秀传统文化教育基地等单位”
2021年中宣部	《中华优秀传统文化传承发展工程“十四五”重点项目规划》	《规划》明确了23个重点项目，注重在记忆、传承、创新、传播四个方面着力：摸清文化家底，建立完善文化资源数据库，加强典籍整理编纂出版，深入研究阐释中华文化的历史渊源、发展脉络、基本走向；做好文化遗产保护传承工作，坚持保护为主、抢救第一、合理利用、加强管理的方针，加大投入力度，运用现代科技力量，提高保护传承水平；从中华文化资源宝库中提炼题材、获取灵感、汲取养分，推出一批优秀文艺作品，积极推动传统文化内涵更好更多地融入生产生活、贯穿国民教育始终；融通多媒体资源，主动设置议题，创新表达方式，注重转化利用，加大传播力度，增强传播效果，大力彰显中华文化魅力①

① 周玮：《让中华文化展现永久魅力和新时代风采——中华优秀传统文化传承发展工作取得重要进展》，2021年4月12日，见 http://www.gov.cn/xinwen/2021-04/12/content_5599130.htm。

表 2–3　中央和国家层面家庭教育类政策

颁布时间与机构	政策名称	家庭教育类政策内容摘录
2015 年教育部	《教育部关于加强家庭教育工作的指导意见》	充分发挥学校在家庭教育中的指导作用。各地教育部门和中小学幼儿园要坚持立德树人根本任务，将社会主义核心价值观融入家庭教育工作实践，将中华民族优秀传统家庭美德发扬光大。以重大纪念日、民族传统节日为契机，通过丰富多彩、生动活泼的文艺、体育等活动增进亲子沟通和交流
2016 年全国妇联联合教育部、中央文明办、民政部、文化部、国家卫生和计划生育委员会、国家新闻出版广电总局、中国科协、中国关心下一代工作委员会	《关于指导推进家庭教育的五年规划（2016–2020 年）》	注重弘扬中华优秀传统文化，引导家庭成员树立和坚持正确的家庭观、国家观和民族观。积极开展传家训、立家规、扬家风活动，让好的家风成为生活方式和生活常态

通过政策梳理发现，无论国家期待还是政策落实，学校依然是推进青少年传统文化教育的主要场域，即使相关政策会有专门的社会教育与家庭教育所指，但一方面在社会和家庭场域中开展传统文化教育缺乏系统化的课程与机构支撑；另一方面缺少质量监管与质量引导，社会与家庭中的青少年传统文化教育其实也主要依靠学校教育作为中介的引领与建设。同时可以看出，针对青少年传统文化教育的学校教育类政策已愈加操作化，走向基于不同学段要求的全学科覆盖，而社会教育类政策和家庭教育类政策目前还停留在政策指引层面，缺少系统化的操作指南引领、普遍的社会自觉与家庭自觉。另外，无论学校教育、社会教育，还是家庭教育，传统文化教育内容集中在优秀思想、传统人文精神与传统美德，载体形式多样，比如，语言文字、经典名篇、历史古籍（迹）、革命传统、民族传统、民风民俗、传统节日、科技成就、文艺作品、重要典故、仪式等，教育形式集中于以读写熏陶、活动实践、精神体验为路径的价值观教育，目的使中国青少年明晰中国根脉、具有中国灵魂，内化传统精神、美德且能知行一致。

（二）中国当代青少年传统文化教育政策的区域比较

青少年传统文化教育能够富有成效关键还在区域落实以及有针对性的学校教育、社会教育和家庭教育的系统关联，达成优秀传统文化价值观对青少年成长的系统性积极影响。近些年，我国推进传统文化教育的发力点依然在中央、部分省级政府和高校等相关机构层面，例如山东、湖北、浙江、江西等省份的深入探索，传统文化教育的积极进展也只是在国家层面或这几个省份中展现出来，尤其山东省推进传统文化教育的政策针对传统文化形式的探索更为精细化、专业化，而且编制专门的传统文化教材在全省中小学投入使用，对全国传统文化教育融入国民教育体系的实践起着引领作用。[①]同时，若以高校和地方政府做比较，高校对传统文化教育的落实大多停留在对上级政策的执行或对一些项目计划的申报，有着较好传统文化研究与推广传统的科研院所会有针对性地加强研究与传承工作，但高校基于人才培养要求和文化特色而创造性地开展青少年传统文化教育，乃至将传统文化教育有目的、有计划地融入人才培养过程中的努力还不够，在有些地方相比中小学的努力甚至还较弱，而高校因其优势科研成果与优秀文化的集聚效应，恰恰应当在上述作为中起到示范作用，引导、反哺地方政府、部门的青少年传统文化教育治理工作。

（三）中国当代青少年传统文化教育政策的历史特征分析

已有研究表明，中国当代传统文化教育政策发展经历了初步探索期（1990–2003 年）、深入发展期（2004–2016 年）和进一步专业化与体系化时期（2017–2018 年），其中的历史内容经历了实践先行、政治导向，理论发展、方法多元、专业倡导，到市场治理、精细推进、逐步建构专业体系的过程。[②]到 2021 年，随着中共中央印发《关于在全党开展党史学习教育的通知》，中国青少年的传统文化教育必然因此进入新发展阶段。传统文化教育的过程本质是学史明理、培根筑魂的过程，当代中国青少年尤为应当充分学习中国共产党艰

① 杨东平主编，刘胡权、宝丽格副主编：《中国传统文化教育发展报告 2018》，社会科学文献出版社 2019 年版，第 301–302 页。

② 杨东平主编，刘胡权、宝丽格副主编：《中国传统文化教育发展报告 2018》，社会科学文献出版社 2019 年版，第 301–302 页。

辛而辉煌的奋斗史、发展史，党史是青少年传统文化教育的重要内容与载体，在全党开展党史学习教育为青少年传统文化教育的深远发展提供了宝贵的学习契机和政策动员，同时，全党、全国和全社会浓厚的党史学习氛围有益于学校教育、社会教育与家庭教育的融合和整全的学习平台建设，助力广大青少年全面发展。事实上，中国传统文化中的教育观主要围绕学习展开，现代意义的教育理解与教育制度在戊戌变法时由他国引入，我国从古至今学统深厚，每一代的青少年是在格物、致知的学习古训中，学会诚意、正心，达致修身、齐家、治国、平天下。我国当代青少年传统文化教育政策在经历了近30年的发展后，逐渐指向以学校教育为重心连通社会教育和家庭教育的专业化教育体系建设，随着以革命传统、中华优秀传统文化为代表的优秀传统内容进入中小学课程教材，面向青少年的立德树人工作正在建立一种新形态的以筑牢学统为基础，用传统文化中优秀的思想、精神与品德建构适应新时代发展要求的伦理道德规范与精神，以广大青少年的自由全面发展阐发由优秀传统文化生根的时代价值。正如习近平总书记所要求的，“深入挖掘和阐发中华优秀传统文化讲仁爱、重民本、守诚信、崇正义、尚和合、求大同的时代精神，使中华优秀传统文化成为涵养社会主义核心价值观的重要源泉”①。

二、我国青少年传统文化教育政策空间探讨

（一）我国青少年传统文化教育政策面临的问题

1. 青少年传统文化教育学科专业平台缺失

清理我国青少年传统文化教育的问题是助力政策建设的前提。根据马克思主义人的全面发展学说，我国推行德育、智育、体育、美育、劳动教育五育并举的教育促进人的全面而自由发展。传统文化教育的思想性、价值性与精神性指向对于协调五育并在个体发展层面有针对性地强化某一类教育将起到黏合剂作用。但是，与长久以来自上而下的传统文化教育政策性重视与推动相比，面向青少年的传统文化教育还未在更广泛的范围内走向学科化、课程化，那么

① 习近平：《把培育和弘扬社会主义核心价值观作为凝魂聚气强基固本的基础工程》，《人民日报》2014年2月26日。

建立以学校教育为重心的全面的传统文化教育体系就缺少了学科专业平台与课程平台，学科专业平台与课程平台的欠缺恰恰是一线教师无从施教或施教失效的重要原因，也是一线教师欠缺传统文化教育者身份意识和从教动力的制度性原因，当然也是一线教师传统文化教育素养欠缺的制度性原因。

2. 青少年传统文化教育的形式主义与表现主义现实问题

如果说青少年传统文化教育的学科与课程平台建设是政策建设的未来取向，那么破解当前青少年传统文化教育的形式主义与表现主义问题则是政策建设的现实取向。无论国家与民族层面传统文化的优秀成分还是区域层面传统文化优秀成分都应当是青少年健全成长可资依赖的价值源泉，应当是支持青少年成长的价值基础。然而在现实教育情形中，为了传统文化而开展教育或将传统文化教育流于物化、口号、媒介传播则犯了教育的表现主义与形式主义惯病，或者说当前的传统文化教育常见一种以传统文化中应当被破解的习惯性虚伪方式开展教育，以及以经济市场化取向中文化资本化的方式开展教育。那么，青少年传统文化教育就出现了表现为传统文化超越人的成长需要的教育异化，形式复古超越优秀传统价值入脑入心的教育新闻化，传统价值的时代阐发在教育一线式微。

3. 青少年传统文化教育的心灵教育取向欠缺

当前传统文化教育的价值定位偏重国家取向与社会取向，在传统文化促进个体心灵成长的价值定位与内容阐述方面鲜少关注，然而事实上，无论从教育本质是促进自我教育以及中国传统文化讲求“学以为己”的价值本性与丰富养料看，青少年传统文化教育政策应当引领推进个体心灵成长的传统文化资源开发与教育阐释，促进传统文化教育引领人回溯良心、良知，学会过幸福、完善且正当的道德生活，与此同时，传统文化引领人的心灵建设也将是国家维度与社会维度教育目的达成的关键基础。

4. 关注教师队伍的传统文化教育素养提升

传统文化教育的制度问题、体系问题、知识整合与阐释问题都可以靠政策建设予以引导、纾解，但是青少年传统文化教育走向实效，最根本的困境是需要传统文化教育者需求与培养体系缺位的矛盾，尤其当越来越多在改革开放后经历中国社会文化价值深度转型的“90 后”教师走向教育职场，青少年传统文化教育首先面临着在教师身心层面现代价值与传统价值的断裂与鸿沟，如缺乏正面引导，青少年则很难真正身心一致、知行一致地承担起具有时代意义的传统价值。尤其当后现代文化、网络文化成为青少年风尚，传统文化中以往不可动摇、不容戏虐的严肃性、严谨性与正统性力量可以被重新解读甚至被轻松应对，那么传统文化价值致力于青少年成长的意义就应当被教师把握、理解，并从中寻找适切的教育路径。因此，我们必须承认，传统文化是宏观视野下个体全面发展的重要养分，而我们既缺在现代社会构成中的传统文化自觉行动者，也缺学校教育中的传统文化教师，首先应当有专业的培养体系支撑具有如此素养的老师系统性产生。

5. 需要在社会构建起传统文化教育认同与规范

学校教育能够真正有效地沟通起社会教育与家庭教育，承担起有目的、有组织、有计划的青少年传统文化教育重任，不仅需要政策引导、氛围重视、组织行为改进，关键也在引导优秀传统文化成为社会进步的需要，成为普遍的社会认同与社会规范，也只有当越来越多优秀的、引人心智进步的文艺作品、文化类传媒栏目等在社会被广为接受，传统文化成为普遍的学校认同与学校规范才会有更大的空间，届时，青少年传统文化教育就转化为了自觉、自在的学校文化和社会习惯，而非刻意的教育作为。

（二）我国青少年传统文化教育的政策建议

青少年传统文化教育政策所及社会教育路径与家庭教育路径本质是社会文化治理的问题，是漫长的社会文明改进的自然派生物，学校教育对于立德树人工作的全面达成具有不可替代的独特作用，因此，针对当代中国青少年传统文化教育政策的历史发展特质，尤其面对青少年传统文化教育的未来问题与现实问题，我们以学校教育为重心提出政策建议。

1. 加强青少年传统文化教育的专业平台建设

首先，既然青少年传统文化教育在国家整个教育政策体系中具有重大战略意义，那么就应该有专业建制来指导传统文化教育的学科与课程教学发展。教育部高等学校教学指导委员会是研究高等学校专业设置、课程建设与教材建设等教育教学工作的专家决策咨询机构，在整个国民教育系统迫切需要加强青少年传统文化教育研究并将高质量的研究成果转化为学科与专业知识基础与育人平台的情形下，可以在教育部高等学校教学指导委员会专设传统文化教育专业教学指导委员会或在相关委员会专门探讨国民教育体系中传统文化教育专业建设的一系列问题。同时，当前的教育部基础教育教学指导委员会的专委会几乎涵盖了所有涉及青少年成长的学科、评价、管理等领域，对基本的学科教学、专业教育、教学管理与评价都将起到帮扶作用，然而却没有迫切需要的传统文化教育指导专委会以及社会主义核心价值观教育指导专委会，当然这两项内容其实渗透在上述所有专委会工作中，但若集结权威专家专设两个专委会势必会对基础教育工作中的传统文化教育与社会主义核心价值观教育起到更为具体的引领与改进作用，这样与高校教指委的传统文化教育专业建制工作一体构建整个教育系统中的传统文化教育专业，由此催生科学化、专门化、专业化的传统文化教育学科、课程、教材以及师资培养体系。

2. 加强教师队伍传统文化教育素养建设

专业的文化教育需要专业的文化教师队伍。以提升整个教师队伍的传统文化教育素养为契机带动足以沟通学校教育、社会教育与家庭教育的传统文化教育体系建设迫在眉睫。不仅应在师范教育的专业门类中专设传统文化教育专业，以培养专门的传统文化教师，将来在学校承担专门的传统文化综合课程，而且应在师范教育课程体系中专设传统文化教育必修课，且将传统文化教育必修课程的建设质量作为师范专业认证的关键指标，因为整个师范生群体的传统文化学习质量反映和建基其从教情怀、从教信念及教育人生走向。同时，应当尽快在教师培训的国培计划、省培计划中增设专业的传统文化教育培训课程系统，引导教师培训向优秀传统思想梳理、优秀传统价值阐发、优秀传统品德积淀转向，由此引导校本教研、课程建设与教师培训重视传统文化教育价值，形成学校认同、产生价值共享。当以传统文化教育为价值基础的教师教育体系在已有基础之上逐渐成形，传统文化教育专业课程、教材以及教学问题便会由于越来越多专业文化教师的出现而改进、发展。

3. 加强青少年传统文化教育的绩效考核与质量保障系统建设

青少年传统文化教育的发展迫切需要政策激励与质量保障系统的维护、支持。由于缺少现行可用的学科专业平台，在整个学校教育管理系统中实际欠缺传统文化教育师资的绩效考核与晋升机制，这是市场化背景下开展传统文化教育难以走向深入、产生实效的关键原因，因此，多数的传统文化教育模式、现象流于肤浅和政策应对，并没有走向传统文化作用于人的健全发展、社会文明改进的内在价值关联路径。但就整个教育系统的传统文化教育推进而言，其积极的动力效应还是应当重视并在此基础上有所作为。同时，当前的传统文化教育欠缺质量监管与质量建设，没有质量保障系统支持的教育一定程度上有成为反教育的危险，尤其传统文化教育内容常常糟粕与精华一同出现，以及教师会对实为糟粕价值的文化常识集体无意识，不加价值清理与反思的传统文化教育很有可能以高尚的面貌走在错误的路上。国家应当尽快在上述专业指导委员会成立的基础上或在其他专业委员会中推动建设青少年传统文化教育的质量保障系统，加强传统文化教育类教材、读物的专业审查与研发，推进传统文化教育类课程的常规管理、动态监督与专业认证，在各级各类教育系统中强化专家团队的专业发展与专业监督，强化专业保障队伍与传统文化教育主体、课程建设的过程性互助，形成系统化助力青少年传统文化教育的质量监督与质量建设机制。

第三章　青少年传统文化教育的研究现状

刘胡权 *

全方位推动青少年学习中华优秀传统文化，是党的十九大提出的重要任务。习近平总书记高度重视中华优秀传统文化的传承和发扬，曾在多个场合发表关于中华优秀传统文化的重要讲话，提出“中华优秀传统文化是中华民族的突出优势，是我们最深厚的文化软实力”“中华民族的伟大复兴需要以中华文化发展繁荣为条件”等精辟论述，将对中华传统文化的认识推向一个新的历史阶段。2017 年 1 月，中共中央办公厅、国务院办公厅印发了《关于实施中华优秀传统文化传承发展工程的意见》（以下简称《意见》），对全面推进中华优秀传统文化的传承进行了整体规划。其中，《意见》提出的一个重要任务，就是要将中华优秀传统文化全方位融入青少年教育，增强青少年的国家认同、民族认同和文化认同。然而，随着全球化的深入发展和信息渠道的日益丰富多元，各种外来文化尤其是西方文化在我国社会的各个领域广泛传播，对中华传统文化的价值观念、核心内容和行为模式造成较为强烈的冲击。当代青少年在开放的文化环境和网络环境中成长，受到不同性质的文化的影响，他们的知识构成、思维方式和行为模式与前几代人大不相同。因此，相关研究主要关注新时代青少年对传统文化的认知和态度、青少年传统文化教育面临的困境、新时代推进青少年传统文化教育的关键问题、实施途径及策略，等等。

一、新时代开展青少年传统文化教育的意义

传统文化的复兴对民族发展的意义是不言而喻的，通过加强对青少年的传

---

* 刘胡权，北京教育学院副研究员，教育学博士，主要研究领域为传统文化教育、教育政策、教师教育等。

统文化教育继而实现传统文化的继承和传播，这是大多数学者的共识。有研究者指出，中华传统文化教育近代以来不断遭受冲击，多次处于中断状态。新中国成立后，由于特殊的时代背景，中华传统文化教育非常薄弱。虽然进入21世纪以来，“国学热”不断升温，但那主要是出于商业运作，实用主义非常强，而并非一种真正的中华优秀传统文化教育，不是“国民教育”。党的十八大以来，党和政府把中华优秀传统文化教育提到了空前的高度，并为此专门下发文件。这些文件尤其关注青少年的中华优秀传统文化教育，认为做好这一工作意义重大。①

一是有利于提高青少年的民族认同感。习近平总书记曾指出：“中华文化积淀着中华民族最深沉的精神追求，包含着中华民族最根本的精神基因，代表着中华民族独特的精神标识，是中华民族生生不息、发展壮大的丰厚滋养。”美国哈佛大学教授亨廷顿（S.P.Huntington）在他的“文明冲突理论”中指出，以文化认同为核心的文明冲突将是21世纪国际冲突的主要根源。文化是中华民族的主要标志和内核。要增强国人对中华民族的认同感，则必须使其学习和认同中华优秀传统文化，具有、掌握和了解中华民族的民族智慧、民族精神、民族心理等民族思维方式，以及民族气质、民族民俗等。“我是谁”主要取决于我的文化基因，也即思想观念、品格气质；“我为什么是现在的样子”，来自中华优秀传统文化长期的潜移默化的影响和“塑造”。中华优秀传统文化是中华民族的文化基因，坚定文化自信，是坚定道路自信、理论自信、制度自信的基础，其他三个自信归根结底都依赖于文化自信。因此，增强青少年的民族认同必须弘扬中华优秀传统文化。

二是有利于青少年树立正确“三观”。树立起科学的世界观、人生观、价值观是青少年接受教育的根本目的所在，经过教育，使其能够科学看待世界、合理把握人生、正确评价各种事物及现象。而中华优秀传统文化教育对于每一个中国人科学树立“三观”都具有特别重要的意义，它就是我们“日用而不觉”的人生指南，当然它也可以帮助青少年树立起科学的世界观、人生观、价值观。习近平在参观《复兴之路》展览时指出，“中华文明绵延数千年，有其独特的价

---

① 葛宇宁：《论加强青少年中华优秀传统文化教育》，《河北青年管理干部学院学报》2018年第1期。

值体系。中华优秀传统文化已经成为中华民族的基因，植根在中国人内心，潜移默化影响着中国人的思想方式和行为方式”。具体地说，中华优秀传统文化对国人思想方式和行为方式的影响，主要是在青少年时期。因为青少年时期是形成价值观和文化认同的关键时期，这即如有论者所指出的：“从文化传承的过程中可以看到，青少年作为文化传承的重要载体，对一个民族国家的文化特性的保存、延续和发展至关重要。”[①]

三是有利于提高青少年的核心素养。中华优秀传统文化蕴藏诸多人生智慧，铺设青少年平坦成长之路必须弘扬中华优秀传统文化。中华优秀传统文化教育本身就是人文素养教育，开设相关教育就是为了增强当代青少年的人文素养。当代青少年通过对中华优秀传统文化的研习，可以了解中国传统的哲学思想、伦理思想、政治思想等，知晓中华民族过去的精神面貌，熟悉我们的历史。在中华优秀传统文化的熏陶下，使自己的人文素养不断提高。此外，中华民族历来有重视德育的历史传统，著名哲学家张岱年曾指出，中国历来有着“以德育代替宗教的优良传统”。中华传统文化在历史长河中形成了较为完善的中国传统道德体系。从治国到治人，从孝道到伦理，从仁政到和谐，从感恩到人格构建，都是丰厚的道德资源库。青少年长期在这样的优秀传统文化中熏陶，汲取其思想精华和道德精髓，自然而然会潜移默化地形成高尚的道德情操观念。这正如习近平所指出的，青少年处在价值观形成和确立的时期，抓好这一时期的价值观养成十分重要。

二、青少年传统文化教育的理论困境

促进青少年走近传统文化，接受传统文化的哺育，既是青少年健康成长之必需，也是传承和发展文化传统之必需。近年来，人们对此已经达成共识，并付出了艰辛的努力。然而，实际成效却并不显著，近年来一些研究机构的调研显示，在现实生活中，很多青少年传统文化意识淡薄，历史文化常识欠缺；传统文化理性上认同，但兴趣不高；不排斥传统，也不拒绝现代；获取传统文化知识的途径多，但效果不一。一些深层次理论问题的长期存在，从根本上制约

① 沈芬：《中华优秀传统文化的弘扬与青少年教育》，《中共杭州市委党校学报》2017 年第 3 期。

了青少年传统文化教育的开展。[①]

一是关于文化和教育的关系问题。费孝通曾指出，文化就是“人为、为人”，前者着眼于文化的生产性，后者则揭示了文化的教育性。换言之，文化就是“人化”和“化人”的统一，而“化人”在教育上就是传播知识、塑造和影响人的精神与行为。关于传统文化，习近平总书记指出其时代任务就是实现“以文化人”。其实，“以文化人”就包含了“以文育人”的内涵。[②]对于青少年而言，要实现立德树人的根本任务，就需要考虑或深度挖掘文化的“教育性”，即“化人”。如果没有了教育性，只是作为产品的消费，育人的价值如何实现？

二是传统文化教育的核心问题，即教什么。对青少年进行传统文化教育，首先必须解决一个“教什么”的问题。目前人们对其内涵和外延，还缺少必要的、科学的梳理，使得实践领域往往莫衷一是，难以入手。这与人们对传统文化认识和理解上的局限有关。目前，人们一般把传统文化界定为社会历史长期沿袭、传承形成的物质与精神文化现象的总和。包括风俗、道德、思想、艺术、制度、生活方式等方面。总体上看，这些界定过于原则，甚至还比较含混，未能揭示出传统文化的本质属性。经过数千年发展，中国传统文化已经成为一个内容极其丰富、庞杂、博大精深的系统，人们难以窥其全貌。因此，在对文化等概念进行界定时，人们往往只能先把它们二分为物质和精神这两大部分，再列举出风俗、道德、思想、艺术、制度、生活方式等几个重要方面，最后加上“等等”，以示无法穷尽。[③]由此，如何在浩如烟海的传统文化中合理选择和取舍，就成了青少年传统文化教育中的首要问题。

习近平总书记指出，“要处理好继承和创造性发展的关系，重点做好创造性转化和创新性发展”，这可以作为传统文化教育的纲领性指导。再具体来

---

① 刘宏森：《青少年传统文化教育的四大障碍》，《中国青年政治学院学报》2014 年第 3 期。

② 徐娜娜：《转型、构建与认同——新文化生产空间中的青少年传统文化教育》，《中国青年研究》2019 年第 4 期。

③ 例如有研究者认为，“中华优秀传统文化”指的是中华民族历史上创造的、流传至今仍然还在发挥作用的那些关于生存生活生命智慧的结晶，它以儒家为内核，还包括道家、佛家等文化形态，见之于古文、诗、词、曲、赋、民族音乐、民族戏剧、曲艺、国画、书法、对联、灯谜、射覆、酒令、歇后语等诸多文化形式之中。学校教育所讲的中华优秀传统文化，是狭义的，包括传统的制度文化、民族心理、思维结构等。如何判断“优秀”？研究者认为，要遵循价值的标准、实践的标准、人民的标准、时代的标准和民族的标准。中华优秀传统文化最根本的精神可以归结为“向上”与“向善”两个方面：“自强不息”，即奋发向上的精神；“厚德载物”，即崇德向善的精神。详见彭菊花：《中华优秀传统文化融入青少年德育研究》，湖北大学博士学位论文，2015 年，第 27 页。

说，就是在对待传统文化时，应当根据时代的需要和条件进行挖掘与阐发，并使之显示出时代意义。文化的继承并不是对其原始内容的复制或复述，而是将其意义纳入时代语境，以寻求时代人所共感的知识和精神，这也是创造性和创新性的路径所在。有研究者指出，对于青少年而言，在观念上，他们往往对时代性的、创新性的和外来的知识文化内容具有更强的敏感性和包容度；在技术上，他们也乐于紧跟时代，利用新技术、新载体进行文化知识的再生产和传播；在时间上，青少年既是今天的新文化生产主体，也是未来的文化主体。因此，充分利用其生产和传播机制，将传统文化教育纳入新文化生产空间，不仅有助于传统文化的创造性转化和创新性发展，也有利于实现对青少年的传统文化教育，在挖掘与阐发中实现继承与发扬。①

三是主体地位和文化认同的问题。传统文化教育在大的层面归属于中华民族的文化共同体，在内部又有“大传统”和“小传统”、主流文化和亚文化的基本文化形态。王元化先生认为传统文化可以分为大传统和小传统。大传统是指上层士绅、知识分子代表的文化，这多半是经由思想家或宗教家反省、深思所产生的精英文化。小传统，是指一般社会大众特别是乡民、俗民所代表的生活文化、民间文化。这也就是雅文化与俗文化、高层文化与大众文化、贵族文化与平民文化之分。有研究者指出，大小传统的划分启示我们，加强青少年传统文化教育，不仅要让青少年接触和学习诸子百家的各种经典，更要从小传统教育入手，创造条件，使青少年通过接触、了解和理解寓含在世代老百姓日常生活中的种种器物、规制、习俗、理念等，逐步认识和了解大传统。这有利于青少年由浅入深，更加全面地了解、理解、学习和把握传统文化。

小传统是世俗生产和生活的产物，人们的世俗生产和生活是文化依存的基本载体和基础。小传统教育就是一种情境教育。种种文化载体、遗存、场域，往往都能以非常直观的形式使青少年置身其中，直接感受到传统文化的内涵和魅力，有助于增强传统文化教育的有效性。然而，伴随历史的发展，中国社会生产方式、经济基础、社会意识等方面的巨大变化，直接影响着中国传统文化生存和发展的基础，不可避免地给青少年传统文化教育带来了新的问题。无论

① 徐娜娜：《转型、构建与认同——新文化生产空间中的青少年传统文化教育》，《中国青年研究》2019 年第 4 期。

是物质文化还是精神文化，传统文化载体严重受损，难以通过情境教育增强青少年传统文化教育的实效。[①] 今天我们所认可和提倡的传统文化内容，有很大一部分已经脱离了它们的原始文化土壤。传统文化教育应是“承百代之流，而汇乎当今之变”，所谓“当今之变”就包括今天的新型教育场景和教育关系。

四是教育者的问题，即“谁教育”。教育者自身不具备传统文化素养、相关教育者传统文化教育的合力远未形成，难以增强传统文化教育的有效性。有研究者指出，促进青少年传统文化教育，需要既对大传统满腹经纶，又对小传统如数家珍的教育者。在实际生活中，许多传统文化的研究者往往只熟悉经史子集，而对民间的种种文化形态和传统知之甚少。他们往往既不熟悉京昆的堂奥之妙，也不熟悉许多民间风俗的来龙去脉，但他们常常不自觉地轻视种种小传统，甚至不屑一顾。现如今的教师队伍中，熟悉传统文化者可谓凤毛麟角。2008 年教育部推进京剧进课堂以来，京津鄂等试点省市反映最强烈的问题就是师资力量严重匮乏。即使是音乐教师，对京剧也知之甚少，更别说其他学科的教师了。师资力量薄弱的状况同样体现于中国传统文化的教材中。多年来，中国传统文化的教材五花八门，重复出版了很多，但这些教材往往简单照搬经典原文，既无对先贤思想来龙去脉的必要介绍，又无以现代视野对先贤思想感情的精妙阐释。

在家庭中，年长者实际上承担着引导青少年接触和学习传统文化的责任。问题在于，当今的年长者自身对传统文化的了解、理解十分有限，认识难免偏颇，出现了“文化断层”现象。他们是在传统文化的残垣断壁甚至废墟上成长起来的，很多人既不了解唐尧虞舜以来历朝历代的变迁脉络，更不熟悉“四书五经”“六艺”的基本内涵，甚至既说不全天干地支、二十四节气的内容，也搞不清生、旦、净、丑的区别。这就使他们难以直接、间接地对下一代进行传统文化的哺育。因此，传统文化保护意识不强，保护不力；传统文化教育意识不强；传统文化素养，特别是小传统文化素养欠缺……这些问题的存在，使得包括政府官员、学界精英、教师、家庭长者在内的教育者，难以担起传统文化教育者的责任。

五是教育对象的问题，即“教育谁”？青少年是传统文化教育的主要对象，

---

① 刘宏森：《青少年传统文化教育的四大障碍》，《中国青年政治学院学报》2014 年第 3 期。

也是传承传统文化的未来主力军。然而，现实生活中，青少年对传统文化兴趣不高、意识淡薄等现实，使得“教育谁”成了传统文化教育过程中经常使人产生困惑的问题。近年来，在国家的大力推动下，促进青少年学习传统文化成为学术界和教育界关注的热点话题，围绕青少年学习传统文化的现状开展了不少调查研究。从近五年来国内相关的调查数据来看，当前青少年对传统文化的认知、态度与行为呈现以下特点：态度上普遍认同，但缺乏深入理解；学习意愿浓厚，但实际践行有限；学习方式多元，更青睐参与体验。新生代的青少年并非刻意排斥传统文化内容，而是传统文化内容在当下的表现形式过于单一和枯燥，无法与青少年的现实生活接轨，无法让青少年产生对传统文化的正向体验感，进而难以接受传统文化的精神内核。[①]

三、青少年传统文化教育面临的实践困境

要实现对优秀传统文化的有效传承，教育是非常重要的手段。但是一直以来优秀传统文化教育始终处于边缘化的层面。对优秀传统文化内容缺乏全面客观的认识，什么是“优秀”的传统文化，“优秀”的标准从何而来？优秀传统文化的教材内容单一枯燥，优秀传统文化师资队伍薄弱，课程体系设计不合理，教师教育手段单一，教育途径陈旧缺乏创新。在当今青少年的社会化过程中，对青少年进行传统文化教育面临着许多困难。无论是学校、家庭还是社会，都缺乏对青少年学习、理解、践行传统文化的机制与环境。[②]

一是传统文化进入国民教育体系的方式有待进一步明确。2017 年 1 月 25 日，中共中央办公厅、国务院办公厅印发的《意见》提出，“中华优秀传统文化传承要贯穿国民教育始终”，“以幼儿、小学、中学教材为重点，构建中华文化课程和教材体系”。可见，传统文化进入国民教育势在必行，但如何进入国民教育体系，目前并没有清晰的规划，有待进一步明确。对于传统文化融入学校教育的方式，一般认为有两种：一种方式是将传统文化融入相关课程，即《意见》中所说的“把中华优秀传统文化全方位融入思想道德教育、文化知识教育、艺术体育教育、社会实践教育各环节”。这种方式有利于学生在学科学习

---

① 何芳：《青少年传统文化教育的现实、困境与对策》，《当代青年研究》2018 年第 4 期。
② 何芳：《青少年传统文化教育的现实、困境与对策》，《当代青年研究》2018 年第 4 期。

中潜移默化，逐渐领悟传统文化的精神内涵，是传统文化渗入学校教育的理想方式。但是，这种方式对各学科教材的内容和任课教师的教学能力都有较高的要求，短期内较难实现；另一种方式则是开设传统文化的专门课程，编制专门教材，配备专职教师讲授。这种方式的优点是有利于学生系统学习传统文化知识，且可以较快推行，但这种方式容易将传统文化教育变成知识教育，甚至变成应试科目，不仅加重青少年学业负担，也未必能真正实现价值观的内化，达到知行合一的目的。可见，传统文化教育究竟采用何种方式进入学校教育，是当前传统文化教育面临的一个困境。在学校中开展传统文化教育的目的是要让新一代青少年学习传承中华优秀传统文化，复兴中华文化，建立文化自信，而不仅仅是传统文化知识点的学习。要实现这一目标，现行教学内容、教育方法、考试制度等都要进行相应调整，无法一蹴而就，必须经历一个循序渐进的过程。

二是学科地位和建设薄弱。长期以来，受工具理性主义的影响，中国教育始终以功利主义为自身的价值取向，高考成为教育的指挥棒，一切教育的形式、手段和方法都围绕高考而进行；大学的办学则围绕市场，根据社会、市场需要什么学科专业、哪个学科专业热门，就设置什么学科，办什么专业，开设什么课程。教育过程的安排一切都是围绕升学和就业而进行。至于“人文修养”“社会道德”“国家责任”往往被当作可有可无、无足轻重的修饰。对于公民责任和社会担当则忽略带过，根本无法将知识、情感、心智三者放在一个平等的地位，进行有机结合。已经充分形成社会行为惯性和思维心理惯性的文化逻辑，一时难以改变。优秀传统文化一直以来都没有形成独立、系统、完整学科体系，长期依托于其他艺术、政治、美学、文化学等学科，尽管这些学科是研究和传承中国优秀传统文化的重要基础和学术背景，但依然无法代表中国优秀传统文化的全部。例如，生命科学、艺术学、民族学、人类学等学科对中国优秀传统文化同样具有重要背景和支撑。优秀传统文化学科有其一定的独立性，与各个学科相互依存、相互支撑，然而在国内的学科分类体系中却始终没有自己的位置，因此也就不会有优秀传统文化教育的系统课程设置体系和专业人才培养体系，这对优秀传统文化教育教学的理论和实践指导影响重大。①

三是课程结构体系不尽合理，教材内容单一枯燥。一些中小学校对传统文化教育在理念上还比较缺乏，对教育内容缺少全面规划，对教学环节缺乏整体设计。主要表现是众多课程各自为战，没有统一的传统文化主线；课内课外无法衔接，缺乏传统文化实践环节，导致课程门类孤立化、传统文化内容碎片化单薄化、教学设计随意化现象的出现，大大降低了教学效果；课程如何安排，课程实施的进度如何把握，传统文化课程与现代的语文、历史、地理如何协调安排都面临一系列的问题；传统文化教育的教学方法还停留在就事论事的较低层次。这些都是目前在全社会开展优秀传统文化教育教学所面临的各种问题。

近几年来，关于优秀传统教材五花八门、层出不穷。归纳起来主要集中在，《三字经》《弟子规》《围炉夜话》等蒙学类教材；一些古代经典选编的教材，例如，人教版《中国传统文化教育全国中小学实验教材》（1–12 册）等。这些教材尽管数量和种类繁多，但是都存在一致的问题。首先是没有很好地对经典文本选择进行施教，传统文化中的部分内容严重脱离现代社会的实际、违背现代的价值理念。其次是对传统经典文本的选择仅仅局限于儒家学说，对于其他流派的经典文本很少选择，严重限制了优秀传统文化的广度和深度。最后就是传统文化教材内容没能与受众进行互动，传统文化教育的目的是为了提高受众的道德品质，实现其健康成长，但是现在传统文化教材往往只重视对文化的传承，忽视教育的互动作用，从而脱离受众实际生活，教育难以达成良好的效果。②

四是中小学校传统文化教育的师资力量严重不足。国学教育中断，中华优秀传统文化师资缺乏。五四运动以后，由于激进主义思潮和反传统潮流的影响，特别是由于“文化大革命”和“破四旧”的冲击，以儒学为核心的国学被边缘化，受到大批判，不仅许多传统文化典籍被焚毁，许多院校与传统文化相关的专业被停招停教，就连许多有着深厚传统文化素养的知识分子也另择他途，不再从事传统文化的研究和教学工作。随着时间的推移，其导致的一个直接结果就是合格的传统文化师资力量过于缺乏。目前，我国中小学校的传统文

① 董成雄：《中国优秀传统文化的系统解读和传承建构》，华侨大学博士学位论文，2016 年，第 119–120 页。

② 沈芬：《中华优秀传统文化的弘扬与青少年教育》，《中共杭州市委党校学报》2017 年第 3 期。

化教育主要依托于语文、历史等学科中的古代诗词、国学经典、历史故事等内容，由语文、历史教师承担相应的教学任务。尽管中小学不乏优秀的语文、历史学科教师，但总体上传统文化教育的师资力量非常缺乏。教师水平和素质的高低，直接影响着教学的效果和质量。如果传统文化教育的师资问题得不到解决，很难在中小学层面顺利进行传统文化教育教学活动。

究其原因，首先，中华优秀传统文化具有丰富的内涵，不仅仅有古文、诗、词、曲、赋，还包括民族音乐、民族戏剧、曲艺、国画、书法、武术等，中小学中能够胜任这些传统文化教学的教师可谓凤毛麟角。目前，我国的中小学校教师队伍中，那种具有综合传统文化学养、有能力将传统文化作为一门课程开发实施的教师非常少见。其次，过去几十年来的师范教育不重视传统文化教育，没有培养传统文化教育教学的师资队伍的机制。从事传统文化教育和从事传统文化研究不同，它不但要求教师具有传统文化的基本素养，还要求其受过教育学的基本训练，才能将传统文化转化为传统文化教育。目前，无论是在师范院校还是综合性大学，都未将培养传统文化教育师资作为重要的教育目标。最后，和城市中小学相比，广大的农村中小学教育资源相对匮乏，传统文化教育的师资就更无从谈起。可见，加强传统文化教育师资的教育和培训，已成为当前一项十分紧迫的任务。

五是家庭与社会缺乏学习传统文化的环境氛围。“90 后”“00 后”青少年的成长嵌入中国现代化与全球化的进程之中，他们习惯于通过网站、即时通信工具、移动智能终端等渠道获取信息，网络游戏、欧美大片、日韩时尚、西式快餐等已成为这一代人驾轻就熟的生活方式。伴随中国的全球化发展趋势与大众媒体商业化的发展走向，文化的“洋化”“西化”十分活跃，“西化”“韩流”的宣传使得我国传统文化的民族特色日益淡化。处于认知成长阶段的青少年无论从思想认知还是生活习惯上都在极度模仿和推崇外来文化，这在一定程度上造成了民族文化的认同危机。外来文化的新奇、快餐式体验，使得广大青少年很少愿意去投入一定时间和精力来理解、体会、传承和发扬博大精深的传统文化。青少年在消费外来产品的同时，隐匿在物质产品中的包括文化观、人生价值观和宗教信仰等西方意识形态也在影响着青少年，从而加剧青少年对传统文化的信仰危机。

在家庭中，受“应试教育”的影响，家长往往没有认识到传统文化教育的重要性，只加强对学生统考科目的辅导，不关注传统文化教育，更有甚者扼杀青少年对传统文化的兴趣。近年来，全国各地的大中小学纷纷推出“传统戏曲进校园”“非物质文化遗产进校园”“民俗艺术进校园”等活动，都在青少年中广受欢迎。“诗词大会”“诗书中华”“国家宝藏”等致力于传播中华优秀传统文化的电视节目也在青少年群体中收获了大批拥趸。但是，传统文化的传承不能仅靠一时的活动、节目来实现，必须形成可持续的、常态化的、生活化的环境和氛围，而这正是当前的家庭与社会所缺乏的。

四、青少年传统文化教育的实施路径

推进青少年传统文化教育是一项长期的系统工程，需要调动青少年社会化过程中的各种资源，以学校为主阵地，形成学校、家庭、社会三者之间的合力，构建中华优秀传统文化大教育体系，营造整合的传统文化教育氛围，实现“学校、家庭、社会”一体化联动，将传统文化渗透到青少年成长的方方面面。

（一）以家庭教育为载体，大力推动家庭参与传统文化教育

家庭是中华优秀传统文化教育的重要环节。家庭是整个社会组织的细胞，上承国家意志，下属家庭成员。家庭生活对一个人的教育主要是“熏陶”，是一种“隐性教育”，比如父母孝敬老人、和睦邻居、清廉做事等，这些都会对青少年产生潜移默化的影响。为使传统文化教育能有良好的开端和基础，家庭教育的质量必须得以保证。家庭教育的主要内容是道德、伦理。有相当一部分家庭对传统道德毫无概念，认为其无关紧要；大多数家庭意识到了传统道德教育的重要作用，但限于时间、精力未能对子女进行足够的教育；仅有少数家庭在传统道德教育方面做了实际工作。家庭教育无须固定的教育计划，不必遵循呆板的教育模式，因此具有“灵活”“多样”的特点。

有研究者建议，一是在国家层面设立家庭教育指导委员会，统筹家庭教育立法。立法的主要功能是明确政府、社会、学校、家庭在家庭教育中的责任义务，规范健全家庭教育服务与支持系统。 通过家庭教育立法，将传统文化中优秀的家风、家训、家规、礼仪传承下去。要重视发挥中小学家长委员会以及各级各类家长学校、家庭教育指导机构的作用，把学校教育与家庭教育紧密结合起来，积极组织开展学生和家长共同参与的传统文化体验、主题教育实践活

动、志愿者服务和公益性活动，践行中华优秀传统美德，弘扬中华优秀传统文化。倡导家长通过言传身教，形成爱国守法、遵守公德、珍视亲情、勤俭持家、邻里和睦的良好家风，营造弘扬中华优秀传统文化的家庭教育氛围。二是建设社区书院，打造贴近青少年和家长的传统文化普及平台。中央文明办等职能部门可出台有关鼓励创办社区书院的政策，支持民间机构和社区自主建设社区书院。目前，各地已有不少优秀的现代书院活跃在社区之中，如上海的江东书院，以家教家风课堂、国学讲堂、琴棋书画课程、文化体验活动、游学活动、读书交流活动等课程和活动为载体，不只让青少年学习传统文化，亦要让家长学习传统文化，让每个家庭形成良好的家教家风。同时，推动社区书院与学校的互动，在社区书院中建立青少年学习基地，形成社区、学校和家庭的整体合力。三是创建仁爱社区，培养青少年的仁爱之心和社会责任感。社区党组织以开展公益活动的形式，把仁爱社区的建设与党建工作结合起来，让社区形成仁爱文化氛围。通过仁爱社区的创建，让传统文化的精神走进家庭、走近青少年。①

（二）以学校为主阵地，在全国大中小学开展传统文化教育

学校是传统文化教育的主阵地，必须重视中华优秀传统文化教育，组织编写课程标准，完善教材、课程体系，增加课外实践机会，选派优秀教师讲授相关课程，同时整合各种中华优秀传统文化资源。一些地方的传统文化资源必须合理利用起来，比如历史名人故居、地方风俗传统等都要利用起来。学校教师要对学生进行言传身教，弱化说教，增加体验教育。净化校园环境，校园环境是学生的第二课堂，对青少年的学习成长有着较大影响，一定要多做些中华优秀传统文化的宣传板报等，通过宣传载体让青少年在一定的视野之内都可以看到中华优秀传统文化。

一是组织编制《中小学中华优秀传统文化课程标准》，力争把中华传统文化课程列为中小学必修课。2014 年教育部印发的《完善中华优秀传统文化教育指导纲要》也基本上是持这种观点，文件提出的主要途径就是“在课程建设和课程标准修订中强化中华优秀传统文化内容”，要求“围绕中华优秀传统文

---

① 何芳:《青少年传统文化教育的现实、困境与对策》,《当代青年研究》2018 年第 4 期。

化教育的主要任务，适时启动课程标准修订和课程开发的研究论证、试点探索和推广评估工作。在中小学德育、语文、历史、艺术、体育等课程标准修订中，增加中华优秀传统文化内容比重。地理、数学、物理、化学、生物等课程，应结合教学环节渗透中华优秀传统文化相关内容”。这应该是一种基于现实的无奈之举，而不是未来的努力方向。

只是把中华传统文化内容“掺入”其他课程之中效果一定不会理想，达不到青少年学习中华优秀传统文化的目的。这种解决途径具有以下局限性：其一，学生接受的中华优秀传统文化只能是碎片化的，无法把握中华优秀传统文化的基本精神和整体性。其二，会扰乱其他课程的体系结构。在中小学德育、语文、历史、艺术等人文学科（文科课程）中加入中华优秀传统文化方面的知识有其可能性，而在数学、物理、化学、生物等自然科学（理科课程）中加入中华优秀传统文化方面的知识却有不妥，能够添加的内容也很有限。自然科学课以讲授最近最新的科学发现为主，其对历史的关注十分有限，在其中加入大量中华优秀传统文化方面的知识反而会扰乱其体系，有可能会喧宾夺主，甚至把其变成文学课。①

从现实情况来看，中小学单独开设中华优秀传统文化的必修课程面临着以下三大困境：一是缺乏相应的师资。既然是单独开设中华优秀传统文化的必修课程，那么就需要相关方面的专任教师来讲授，否则达不到效果。二是课程体系面临重建。目前的中小学课程体系基本固定，课程较多，学生的课业压力很大，在有限的时间内，若想“挤进”中华优秀传统文化的必修课，显然就要压缩甚至删除其他课程，为其腾出时间，因此，课程体系面临重建。三是面临考试改革。目前的中招考试和高招考试都没有单列中华优秀传统文化的考试课程，既然要把其作为必修课，如果不列入中招考试和高招考试的范围，显然学生、家长、学校都不会重视，会对其进行“虚无化”处理。

二是完善教材体系。2014 年 3 月，教育部发布了《完善中华优秀传统文化教育指导纲要》，提出要把中华优秀传统文化教育系统融入课程和教材体系，进一步加强有关学科教材传统文化内容，体现到教材编写和课程开发等环节，

---

① 葛宇宁：《论加强青少年中华优秀传统文化教育》，《河北青年管理干部学院学报》2018 年第 1 期。

引导青少年学生树立和培养正确的世界观、人生观、价值观、国家观、民族观、文化观，不断增强中华民族的归属感、认同感、尊严感、荣誉感。但就整个传统文化教材内容体系而言，还应包括以下内容：文本类、知识类和技艺类。为此，有研究者建议由国家教材委员会牵头，会同传统文化专家、教育科研机构、优秀一线教师、专业出版机构，在评估、借鉴民国以来以及全球“汉字文化圈”的传统文化教材的基础上，编撰出一套分学段的中华优秀传统文化教材。在小学低、中年级段，选取蒙学经典《弟子规》《三字经》《千字文》《声律启蒙》等内容，同时辅以传统节日、节气、民间艺术等。在小学高年级段，选取“四书”等儒家文化经典，并辅以书法、国画等。在初中阶段，选取诸子百家思想，并辅以戏曲、民乐等。高中阶段则为传统文化通识教育，着重提升文学艺术修养，更为深入地学习经典文献。在编排方式上，尽量以历史文化发展为线索，选取不同时代具有广泛社会影响及文学代表意义的经典之作，使学生了解到我国历史的演进与文明的传承。①

三是完善课程体系。开设传统文化通识课：课程目标设置注重培养青少年的自主学习能力，课堂教学模式加重传统文化通识教育的比重，采用“公修课 + 公选课”模式，从学分制度上加强管理，不足学分不得由所学专业选修或必修课程代替，以此来确保青少年学生的自主选择权。课堂执行可以小组讨论。同时，结合传承与创新原则，按照青少年认识规律，在小学、初中、高中、大学不同阶段，构建不同学段的课程内容体系，分别突出“兴趣”“亲切”“理解”“理性”等不同维度。

四是增加课外实践机会。具体而言，活动开展形式可以多种多样，可以借助媒体、社团、各类竞赛和传统文化节等生动活泼的各类活动来激发青少年的学习热情，刺激他们化被动接收理论知识为主动吸收接纳传统文化。利用学校博物馆、校史馆、图书馆、档案馆等，结合校史、院史、学科史和人物史的挖掘、整理和研究，发挥其独特的文化育人作用。深入开展创建中华优秀传统文化艺术传承学校活动，邀请传统文化名家、非物质文化遗产传承人等进校园、进课堂。依托少先队、共青团、学生党支部、学生会、学生社团等，开展主题教育、理论研讨、社会实践、志愿服务、文艺体育等形式多样、丰富多彩的活动。

---

① 何芳：《青少年传统文化教育的现实、困境与对策》，《当代青年研究》2018 年第 4 期。

有研究者建议在全国大中小学设立“传统文化周”，以每年端午节和中秋节所处的星期来开展传统文化教育活动。活动内容可包括民俗文化学习、中华诗词诵读、传统礼仪讲座、传统曲艺演出、汉服唐装表演，邀请皮影、剪纸、编织、绣花、舞狮等，以这些活动来丰富学生的传统文化知识，丰富学生的传统文化体验。①

五是加强师资培训。学校教育是传统文化教育的主阵地，要让传统文化回归，让中华优秀传统文化传承下去，关键在教师。教师在学校教育中发挥着主体作用，只有提高教师的思想认识，增强他们对传统文化的认同和情感，在认识上加强，在思想上重视，才能将优秀的传统文化传达给青少年。这就需要对教师进行职业培训，把“人文、艺术和科学素养，传统文化与教育现代化”纳入教师“教育改革与素养”的培训领域，不断提升教师的传统文化素养，从而进一步提高其对传统文化的鉴赏和品味能力，更好地传承和发扬传统文化精神。此外，由于传统文化内容庞杂，与现实结合不是很紧密，导致教师教学手段单一，教学感染力和教学效果欠佳。这就需要教师不断探索传统文化新的教学方法，可以采用纪录片、故事片、电影、音乐、视频等方式，大力创新课堂教学模式，力求让青少年身临其境地感受传统文化内涵。有研究者建议，在有条件的综合性大学和师范院校开设国学院或传统文化本科专业，培养一批精通传统文化的教师后备人才。从中小学教师队伍中选拔一批具有传统文化基本修养和学养的教师，组织传统文化专家对他们进行系统培训，探索对学生有效地进行传统文化教学的方式方法，从而解决传统文化师资队伍不足的难题。

（三）以社会教育为平台，营造传统文化教育的氛围

中共中央办公厅、国务院办公厅印发的《关于实施中华优秀传统文化传承发展工程的意见》强调，要改善青少年学习中华优秀传统文化的环境，比如鼓励出版大量的中华文化幼儿读物，开展青少年传承中华传统美德主题教育活动等。目前，网络对青少年的影响比较大，党和政府要借助互联网等载体，提供大量的有关中华优秀传统文化的文章、影视作品等；要设立专项资金，支持面

---

① 何芳：《青少年传统文化教育的现实、困境与对策》，《当代青年研究》2018 年第 4 期。

向青少年的公共文化服务。[①]

一是要支持博物馆、美术馆、展览馆、纪念馆等公共文化场馆建立，完善面向青少年的长效教育机制。资助市级以上场馆实现展现方式的数字化、网络化展示传播。要求博物馆通过微博和微信公众平台、手机应用等方式，加强与青少年的互动，如故宫博物院推出的系列手机应用，让用户以现代的方式体验传统文化生活，广受青少年喜爱。建设传统文化传播基地和青少年教育基地，各地中小学将学生定期参观有关传统文化的公共文化场馆纳入教育教学活动计划。重点扶持贫困地区的公共文化场馆，努力实现青少年传统文化教育的均等化、便利化和全覆盖。

二是要对传承优秀传统文化的电影、电视、动漫、音乐、绘本、文学作品等文化创意产品给予资金支持。对运用戏曲、音乐、美术等多种文艺创作样式传承中华优秀传统文化的项目加大资助力度。对有利于推进戏曲和高雅艺术进校园的相关创作项目予以大力支持和扶植；鼓励文艺工作者在新媒体上利用动漫、音乐、短文章、短视频等形式传播介绍优秀传统文化。支持传统文化在传播形式上与其他文化创意行业结合，增加传统文化的娱乐性和吸引力，如近期中央电视台热播的《中国诗词大会》《朗读者》，就是在娱乐的基础上，吸引大众对文化原典产生兴趣并予以关注。要以社会公众需求为导向，增强文化创意产品的趣味性和实用性，设计生活化且包含中华传统文化元素的文创产品，从而让中华优秀传统文化能够融入日常生活，让更多日常生活用品拥有文化价值，通过这个媒介让传统文化变得更加生动、轻松和亲切，从而发挥更大的文化影响力。

三是要扶持资助致力于向青少年传播传统文化的社会组织和企业。把传统戏曲演出、书法国画讲座、传统节日庆典、经典阅读推广等优秀的文化活动纳入政府购买范围。简化审批登记流程，促进自发从事传统文化传播的团队升级成为具备较强文化公共服务供给能力的社会组织；提供税收减免优惠政策，鼓励文化类企业参与开展各种形式的传统文化传播活动。

四是要构建传统文化教育内容的“微体系”。[②]随着微博、微信与微电影等

---

① 何芳：《青少年传统文化教育的现实、困境与对策》，《当代青年研究》2018 年第 4 期。

② 王慧青、高霄：《“微时代”对青少年传统文化教育的影响与对策研究》，《中国教育学刊》2019 年 S1 期。

新媒体的快速发展，人类社会进入一个全新的“微时代”。微时代信息传播具有主体的大众性和交互性、内容的多元性和碎片性、方式的便捷性和灵活性等特点，深刻改变了作为网络主力军的青少年的生活学习方式，为青少年传统文化教育带来机遇，拓宽了青少年传统文化教育渠道，丰富了青少年传统文化教育内容，同时也带来严峻挑战。传播内容的多元性弱化了青少年对传统文化的认同，传播信息的碎片性消解了传统文化的系统性，传播主体的大众性、互动性消减了主流媒体话语的权威性。“微时代”由于微平台的准入门槛低、信息传播量大，导致信息巨大而庞杂，面对良莠不齐的海量信息，就需要青少年提升媒介素养，增强文化判断能力，来进行筛选。[①] 在“微时代”背景下，传统文化传播方式要与时俱进，积极推进传统文化与微媒体技术的创新融合。一方面，充分利用微媒体图文并茂，如音频、视频、动漫等表现形式多样的特点，增强传统文化内容的趣味性、观赏性，用寓教于乐、生动鲜活的方式吸引青少年的关注，提高他们学习传统文化的兴趣；另一方面，根据“微时代”碎片化、浅阅读特点，对传统文化教育内容进行再解构与整合，以构建传统文化教育内容的“微体系”。

传统文化教育工作者应主动抢占建设网络教育新平台，以加强对青少年传统文化的教育和引导。首先，充分利用微媒体，建设以微博、微信等为载体的多层次传统文化教育平台，如政府文化部门层面的微平台、社会文化单位层面的微平台、学校层面的微平台、研究传统文化的集体或专家层面的微平台等，以青少年喜闻乐见的形式，展示中华民族优秀传统文化的博大精深。此外，各级微平台之间可以加强合作，一方面实现资源整合优化共享，另一方面可以群策群力展开线上活动，如诗歌朗诵、戏剧演出、最美古建筑等丰富多彩的比赛，使更多的人参与其中，加强对青少年的传统文化教育。其次，要加强微平台运营人员建设，各部门要选拔德才兼备、勇于创新的人才成立微平台管理团队，并不断加强团队成员培训，提高专业水平、媒介素养，增强运用新媒体的能力，从而扩大微平台影响力，更好地发挥微平台传统文化宣传教育阵地的作用。最后，要利用好现有全国文化资源共享工程、公共电子阅览室建设工程、数字图书馆推广计划等数字文化惠民工程的数据资源成果，推动优秀传统文化

① 夏磊:《新媒体对青少年传统文化学习的影响》,《北京青年研究》2019 年第 3 期。

网络传播，制作适合互联网、手机等新兴媒体传播的传统文化精品佳作。重点打造一批有广泛影响的传统文化特色网站，支持和鼓励学校网站开设传统文化专栏。加强校园网络建设，依托高校网络文化示范中心、大学生网络文化工作室等，拓宽适合青少年学生学习特点的线上教育平台。选取一批有代表性的中华优秀传统文化经典诗文，建设“中华经典资源库”。在中国大学生在线、易班网等设立中华优秀传统文化教育专栏，进行形式活泼、内容丰富的在线学习。①

五、推进青少年传统文化教育的对策建议

在国际化、网络化、文化多样性的基本环境下，传统文化教育承担起了整合文化，连接过去、现在、未来，糅合民族与世界的历史任务。目前我国在开展优秀传统文化教育上还有一些显著问题，例如，尚未在全社会范围内形成加强开展中国优秀传统文化教育的氛围和共识，对中国优秀传统文化内容和体系本身的认知和理解还比较繁乱，传统文化教育内容的安排和设计系统性和整体性不足，教育过程中过多侧重进行知识性普及，而对文化精神实质阐述和文化结构解析相对较弱，传统文化课程设置的系统性和教材编写的体系化有待完善，从事传统文化教育教学的师资队伍整体水平有待提高，全社会共同参与的教育合力有待加强等。

（一）完善教育内容

我们必须坚持习近平总书记系列讲话精神为指导，围绕立德树人的根本任务，以人的全面自由发展为最终目标，以优秀传统文化仁爱精神为主线，在教育过程中注重自然科学知识和传统人文知识两者有机和谐统一，不断培养学生科学理性思维和人文关怀；要积极探索青少年成长成才的规律，充分掌握青少年群体心理趋势和需求，寻找传统文化教育契合点；注重加强基础教育和高等教育的有机衔接和联系，加强优秀传统文化教育的针对性，既做到因材施教又能实现不同层次教育的一体化；不断繁荣哲学社会科学，以哲学社会科学为基础，为优秀传统文化教育教学奠定良好学科背景和基础；加强优秀传统文化与

① 周松峰：《在新形势下强化优秀传统文化教育的框架与途径》，《福建省社会主义学院学报》2017年第5期。

公民理性思维培养和公民社会建设相结合，推进社会伦理道德的层层落实，为建设美风良俗的公民社会打下基础；不断深化传统文化教育教学改革，加强传统文化课程体系的系统性设计安排，建立优秀传统文化课程标准，有针对性、系统性地编写优秀传统文化专业教材，并组织编写优秀传统文化具有大众性趣味性普及读物，加强优秀传统文化教学方法的改革与创新，鼓励教师在传统文化授课方式上充分运用现代数字媒体技术，提高优秀传统文化的教育能力；加强对传统文化教师队伍的进修与培训，建设一支素质高、专业强的传统文化师资队伍；充分利用青少年学生年龄特点，依托学生社团组织开展形式多样的传统文化活动，在学校校园内营造传承优秀传统文化浓厚氛围。通过各种形式，最终实现优秀传统文化的代代传承。①

（二）更新传承方式

新时代，我们要不断更新传承方式。在向现代社会转型的过程中，优秀传统文化的传承方式既包含了过去传统的一些传承方式，同时也囊括着蕴含时代特征的现代传承方式。传统的传承方式有：教育、文献记载、群体活动和口传身授等方式，现代传承方式则已经增加了电子媒体、场馆等传承方式。尽管到了今天科技已经高速发展，教育也呈现多种多样的形式，但是对于孩童至青少年的群体而言，学校教育依旧是文化传承的主要形式；传统文化中许多精粹在历史的发展中逐渐沉淀在了风俗礼俗、岁时节令以及大型民俗活动上，因此通过这些群体性活动进行文化传承也是极其直接有效的一种方式；在科技高速发展的今天，各类资讯充斥于我们身边，各种媒体蓬勃发展，所以在现代社会中传承优秀传统文化还要充分利用媒体传承，既包括传统的纸质媒体，也包括现代网络、手机等现代媒介。所以，我们要重视电子媒介的传承方式，不断完善和提高科技发展能力，充分依托现代数字化多媒体技术，加大对传统文化内容的挖掘，创造生产出更多令人喜闻乐见的优秀作品。

首先，政府要充分关心和支持依托数字媒体技术对优秀传统文化的创造开发，在国家行政立法、政策制定、体制保障、制度完善、管理优化等多个方面

---

① 董成雄：《中国优秀传统文化的系统解读和传承建构》，华侨大学博士学位论文，2016年，第163页。

进行支持；其次，要积极将中国古代文化典籍资源开发挖掘进行数字化工作，并且积极推进将国家非物质文化遗产进行数字化工作，要积极培育和鼓励发展中国优秀传统文化创意创新产业；再次，要不断探索挖掘出利用电子媒介传承传统文化的新途径新方法；最后，认真学习西方部分发达国家充分利用电子媒介技术传承优秀传统文化的方式方法。但同时，我们也应看到，技术也是有限的，技术仅仅只能作为辅助的手段，只有人自身才是最主要的传统文化的承载者。

（三）加强公共文化服务

优秀传统文化的传承离不开一定的场所，因此加强图书馆、展览馆、博物馆等传承场所的建设也非常有必要。文化场馆是传统文化传承的集散地，提供一种可触摸的、具象化的、体验式的现实载体，是人与传统文化交互碰撞影响的传承空间，是展品、参观者和社会文化交互碰撞的学习空间，可以在相对有限的实体空间内，囊括传统文化精髓，以丰富多彩的形式展示传统文化精髓，切实增加参与者的了解度和亲近感。文化场馆具有范围广、内容短小精练、简单直观、氛围浓厚、场域独特、周期长、影响大等特点，在传承优秀传统文化方面发挥不可替代的作用。文化场馆或传统文化体验馆的建立，为传承艺人们技能的发挥、文化的传承提供了更广阔的平台，保护了优秀传统文化传承的积极性。文化场馆还能为热爱传统文化的青少年提供一定的实习、就业机会，让更多的年轻人亲身参与优秀传统文化的传播与发扬。

所以我们要高度重视文化场馆在优秀传统文化传承中的作用，积极研究和制定充分利用文化场馆进行文化传承的方案和制度。第一，是积极增加场馆数量，政府要加大文化场馆建设的支持力度，扶持和鼓励民间文化场馆的建设。第二，要科学规划、主题明确，充分加强文化场馆的内涵建设，根据文化场馆的不同功能和主题进行设计，不断增强文化场馆的内涵、特色和吸引力，提升文化场馆开展文化传承的效率和作用，使市民自觉自愿地接受传统文化的熏陶。第三，实行鼓励引导多元投入的建设投入方针，试行“政府总负责，全社会总动员和广泛筹资”的建设投入机制，为文化场馆建设提供资金保障，针对市民实行免费开放的政策，体现公益性和市场性的有机结合。第四，在文化场馆建设中还要城乡统筹，有所侧重，和谐统一。在城市中注重建设高规格、高品位具有标志性的文化场馆，增强城市在文化传承中的辐射力、影响力和竞争力，成为优秀传统文化传承的主要基地；同时还要考虑乡村群众对传统文化的需求，加强农村文化场馆建设，重点建设反映中国传统文化中美风良俗的场馆建设；另外还要积极与学校、科研院所、家庭社区以及其他机构合作，使文化场馆融入社会之中。第五，根据文化场馆的特点，政府要不断提高管理效率，完善管理制度，确保文化场馆的健康稳定运行。①

总之，在新时代推进青少年传统文化教育，是当代人与中华优秀传统文化的“相遇”，不是胶柱鼓瑟地背诵传统文化经典，而是立足中华传统文化之“道”，在过去、现在、未来的时空隧道中与传统文化展开对话，在理解传统文化中理解自己，在理解世界中塑造自己，从而由内而外地创造美好的至善世界。所以，新时代的青少年传统文化教育，既需要我们回到过去，领略传统的精髓，同时还需要不断与之对话、不断发掘其现代价值和意义，真正用“传统之道”走进当代的中华优秀传统文化教育。②

---

① 董成雄：《中国优秀传统文化的系统解读和传承建构》，华侨大学博士学位论文，2016 年，第 165–166 页。

② 赵晓霞：《诗礼之教：走进青少年传统文化教育》，《中国德育》2018 年第 23 期。

第四章　中国公众对青少年传统文化教育的认知调查

董　良*

为了解广大民众对青少年传统文化教育实施路径和融合机制的认识和态度，中国青少年研究中心“立德树人视域下青少年传统文化教育实施路径与融合机制研究”课题组于2021年3月1日到4月8日通过网络问卷的形式开展调研。问卷面向中国的广大公众，采用“滚雪球”的方法抽取样本，即由课题组相关成员将问卷链接定向发送给认识的被填答者，并请填答者邀请其所认识的可填答人员填答。截至2021年4月8日，共收到426份问卷，考虑到问卷中部分题目的填答存在缺失和不必填答的情况，所以，对不同题目的分析会存在被调查对象人数不一致的情况。由于问卷的抽样方法不是概率抽样，所以，本调查得出的结论不具有推论全国的意义，但对进一步了解公众对青少年的传统文化教育具有一定的参考价值。

一、被调查对象的基本情况

（一）被调查对象的性别比例分析

参与的被调查对象以女性居多，其中男性135人，占被调查对象总数的31.7%，女性291人，占被调查对象总数的68.3%。详见表4–1。

* 董良，北京教育学院基础教育人才研究院讲师，主要研究方向：教育社会学、学校社会工作。

表 4–1　被调查对象的性别比例

	人数（人）	百分比（%）
男	135	31.7
女	291	68.3
合计	426	100.0

（二）被调查对象的年龄状况

课题组在问卷中请被调查者填写的是出生年，在计算年龄时，用 2021 减去被调查对象的出生年。根据计算的结果，被调查对象最小为 15 岁，最大为 67 岁，平均年龄 38.26 岁，标准差为 9.22。详见表 4–2。

表 4–2　被调查对象的年龄状况

	N	极小值	极大值	均值	标准差
年龄	364	15	67	38.26	9.22

（三）被调查对象的收入状况

课题组调查了被调查对象两方面的收入，是被调查对象填答问卷时，上个月的个人收入和家庭收入。被调查对象个人上个月的最少收入为 0 元，最高收入为 20 万元，平均收入为 11399.24 元，标准差为 18370.99；被调查对象家庭上个月的最少收入为 0 元，最高收入为 100 万元，平均收入为 36631.66 元，标准差为 81076.14。详见表 4–3。

表 4–3　被调查对象上个月的收入状况

	N	极小值	极大值	均值	标准差
个人收入	403	0	200000	11399.24	18370.99
家庭收入	397	0	1000000	36631.66	81076.14

（四）被调查对象所在地区的行政级别

被调查对象主要分布在直辖市 / 省会城市 / 自治区首府，有 218 人，占 51.2%；处于地级市的被调查者有 116 人，占 27.2%，二者合计达 78.4%。处于县城 / 县级市、乡镇和农村的被调查者较少，详见表 4–4。

表 4–4 被调查对象所在地区的行政级别

	人数（人）	百分比（%）
直辖市 / 省会城市 / 自治区首府	218	51.2
地级市	116	27.2
县城 / 县级市	67	15.7
乡镇	16	3.8
农村	9	2.1
合计	426	100.0

（五）被调查对象所在的省份

被调查对象所在的省份（包括省、直辖市、自治区）覆盖了全国25个省份，以北京和江苏居多，来自北京的被调查对象有 188 人，占 44%；来自江苏的被调查对象有 109 人，占 25.5%。二者合计达 69.5%。关于被调查对象所在省份的情况，详见表 4–5。

表 4–5 被调查对象所在的省份

	人数（人）	百分比（%）
缺失	7	1.6
北京	188	44.0
福建	6	1.4
甘肃	6	1.4
广东	11	2.6
贵州	3	0.7
河北	7	1.6
河南	5	1.2
黑龙江	2	0.5
湖北	1	0.2
吉林	2	0.5
江苏	109	25.5

续表

	人数（人）	百分比（%）
江西	1	0.2
辽宁	12	2.8
内蒙古	1	0.2
宁夏	8	1.9
山东	31	7.3
山西	6	1.4
陕西	5	1.2
上海	1	0.2
四川	2	0.5
天津	1	0.2
西藏	1	0.2
云南	5	1.2
浙江	4	0.9
重庆	2	0.5
合计	427	99.9

（六）被调查对象的政治面貌

被调查对象的政治面貌以中共党员居多，有 194 人，占 45.6%；共青团员 45 人，占 10.6%；民主党派 9 人，占 2.1%；群众 177 人，占 41.6%。

表 4–6 被调查对象的政治面貌

	人数（人）	百分比（%）
中共党员	194	45.6
共青团员	45	10.6
民主党派	9	2.1
群众	177	41.6
合计	425	99.9

（七）被调查对象的学历

被调查对象的学历以本科及以上为主，其中大学本科有 205 人，占 48.3%；研究生及以上有 144 人，占 34%，二者合计达 82.3%。关于被调查对象学历的详细信息见表 4–7。

表 4–7　被调查对象的学历

	人数（人）	百分比（%）
初中及以下	8	1.9
高中（中专 / 技校 / 职业高中 / 普通高中）	35	8.3
大学专科	32	7.5
大学本科	205	48.3
研究生及以上	144	34.0
合计	424	100.0

（八）被调查对象的职业类型

被调查对象的职业类型主要有两大类，其中工程师、会计、医生、律师、教师、科研工作者、金融从业者等专业技术人员最多，有 218 人，占 51.2%；国家机关、党群组织、企业、事业单位负责人有 72 人，占 16.9%。关于被调查对象职业类型的详细信息见表 4–8。

表 4–8　被调查对象的职业类型

	人数（人）	百分比（%）
国家机关、党群组织、企业、事业单位负责人	72	16.9
工程师、会计、医生、律师、教师、科研工作者、金融从业者等专业技术人员	218	51.2
行政办公、安全保卫与消防、邮政电信等办事人员和有关人员	18	4.2
购销、仓储、餐饮、娱乐、运输、医疗卫生辅助等商业服务业人员	29	6.8

续表

	人数（人）	百分比（%）
农、林、牧、渔、水利业生产人员	2	0.5
生产、运输设备操作人员及有关人员	15	3.5
军人	1	0.2
在校学生	26	6.1
其他	45	10.6
合计	426	100.0

二、被调查对象对青少年传统文化教育内容的认识

（一）被调查对象对青少年传统文化教育内容的一般认识

关于被调查对象所认为的青少年传统文化教育的内容，课题组以多选题的形式开展调查，分析结果表明，被调查对象所认为的青少年传统文化教育所包含的内容选择最多的前四项依次为古代历史文学（83.1%）、传统礼仪（81.5%）、古代先哲思想（75.6%）、传统书画艺术（71.0%），关于被调查对象所认为的青少年传统文化教育的内容更为详细的信息见表 4–9。

表 4–9　被调查者所认为的青少年传统文化教育的内容

	人数（人）	百分比（%）
古代先哲思想	323	75.6
古代历史文学	355	83.1
传统书画艺术	303	71.0
传统戏曲音乐	235	55.0
传统礼仪	348	81.5
饮食（八大菜系、民间小吃）	192	45.0
古代建筑、服饰	205	48.0

续表

	人数（人）	百分比（%）
传统科学（中医药、天文、地理、农业等）	257	60.2
舞蹈、武术、气功	185	43.3
民俗文化（民族地区文化、风水文化等）	285	66.7
中国象棋或围棋等棋类	231	54.1
民间工艺（如剪纸、刺绣、陶瓷等）	210	49.2
其他	11	2.6

（二）被调查对象的青少年子女或其他有血缘关系的青少年学习传统文化的情况

被调查对象的青少年子女或其他有血缘关系的青少年并非都学习过传统文化，问卷调查发现，青少年子女或其他有血缘关系的青少年学习过传统文化的被调查对象有 230 人，占 54.1%，仅仅是一半多一点，详见表 4–10。

表 4–10　被调查者的青少年子女或其他有血缘关系的青少年是否学习过传统文化

	人数（人）	百分比（%）
没有学习过	195	45.9
学习过	230	54.1
合计	425	100.0

而关于被调查对象的青少年子女或其他有血缘关系的青少年学习过的传统文化涉及的内容，课题组以三个问题开展了调研：最重要的内容、第二重要的内容和第三重要的内容。其中青少年学习传统文化最重要的内容，被调查对象选择比较多的是古代历史文学（30.6%）、古代先哲思想（27.6%）、传统书画艺术（13.8%），详见表 4–11。

表 4–11　青少年学习传统文化最重要的内容

	人数（人）	百分比（%）
古代先哲思想	64	27.6
古代历史文学	71	30.6
传统书画艺术	32	13.8
传统戏曲音乐	7	3.0
传统礼仪	22	9.5
饮食（八大菜系、民间小吃）	1	0.4
古代建筑、服饰	2	0.9
传统科学（中医药、天文、地理、农业等）	3	1.3
舞蹈、武术、气功	20	8.6
民俗文化（民族地区文化、风水文化等）	3	1.3
中国象棋或围棋等棋类	7	3.0
合计	232	100.0

青少年学习传统文化第二重要的内容，被调查对象选择比较多的是古代历史文学（26.7%）、传统书画艺术（17.7%）、古代先哲思想（13.4%）、传统礼仪（12.5%），详见表 4–12。

表 4–12　青少年学习传统文化第二重要的内容

	人数（人）	百分比（%）
古代先哲思想	31	13.4
古代历史文学	62	26.7
传统书画艺术	41	17.7
传统戏曲音乐	8	3.4
传统礼仪	29	12.5

续表

	人数（人）	百分比（%）
饮食（八大菜系、民间小吃）	5	2.2
古代建筑、服饰	1	0.4
传统科学（中医药、天文、地理、农业等）	17	7.3
舞蹈、武术、气功	8	3.4
民俗文化（民族地区文化、风水文化等）	11	4.7
中国象棋或围棋等棋类	16	6.9
民间工艺（如剪纸、刺绣、陶瓷等）	3	1.3
合计	232	99.9

青少年学习传统文化第三重要的内容，被调查对象选择比较多的是传统书画艺术（20.7%）、传统礼仪（15.1%）、传统科学（中医药、天文、地理、农业等）（10.8%）。详见表 4–13。

表 4–13　青少年学习传统文化第三重要的内容

	人数（人）	百分比（%）
古代先哲思想	21	9.1
古代历史文学	20	8.6
传统书画艺术	48	20.7
传统戏曲音乐	16	6.9
传统礼仪	35	15.1
饮食（八大菜系、民间小吃）	8	3.4
古代建筑、服饰	4	1.7
传统科学（中医药、天文、地理、农业等）	25	10.8

续表

	人数（人）	百分比（%）
舞蹈、武术、气功	10	4.3
民俗文化（民族地区文化、风水文化等）	21	9.1
中国象棋或围棋等棋类	16	6.9
民间工艺（如剪纸、刺绣、陶瓷等）	5	2.2
其他（请注明）	1	0.4
不知道	2	0.9
合计	232	100.1

三、关于青少年传统文化教育作用的认识

关于被调查对象对青少年传统文化教育作用的认识，最重要的作用，选择最多的是：有利于青少年学生更加全面准确地认识中华民族的历史传统、文化积淀、基本国情（71.0%）；第二重要的作用，选择最多的是：有利于青少年继承和弘扬中华优秀传统文化（54.1%）；第三重要的作用，选择最多的是：有利于推动青少年的文化创新（31.9%）。详细的情况见表 4–14 至表 4–16。

表 4–14　青少年传统文化教育最重要的作用

	人数（人）	百分比（%）
有利于青少年学生更加全面准确地认识中华民族的历史传统、文化积淀、基本国情	303	71.0
有利于青少年继承和弘扬中华优秀传统文化	44	10.3
有利于推动青少年的文化创新	7	1.6
有利于引导青少年增强文化自信	28	6.6
有利于青少年自身能力和素质的提高	45	10.5
合计	427	100.0

表 4-15　青少年传统文化教育第二重要的作用

	人数（人）	百分比（%）
有利于青少年学生更加全面准确地认识中华民族的历史传统、文化积淀、基本国情	38	8.9
有利于青少年继承和弘扬中华优秀传统文化	231	54.1
有利于推动青少年的文化创新	41	9.6
有利于引导青少年增强文化自信	69	16.2
有利于青少年自身能力和素质的提高	48	11.2
合计	427	100.0

表 4-16　青少年传统文化教育第三重要的作用

	人数（人）	百分比（%）
有利于青少年学生更加全面准确地认识中华民族的历史传统、文化积淀、基本国情	32	7.5
有利于青少年继承和弘扬中华优秀传统文化	55	12.9
有利于推动青少年的文化创新	136	31.9
有利于引导青少年增强文化自信	97	22.7
有利于青少年自身能力和素质的提高	104	24.4
其他	3	0.7
合计	427	100.1

四、对青少年传统文化教育不同说法的认识

课题组在调查被调查对象对青少年传统文化教育的不同说法时，采用打分的形式。即按最低分 1 分，最高分 10 分来算，被调查者给有关青少年传统文化教育的不同说法打分。除了最后一种说法外，各种说法的平均分相差不大，其中平均分排在前三位的说法分别是："青少年传统文化教育应坚持学校教育、家庭教育、社会教育相结合"（平均分 9.31）、"青少年传统文化教育要系统设计，贯穿青少年教育的各个阶段"（平均分 9.26）、"青少年传统文化教育应根据青少年的身心特点分学段开展"（平均分 9.22），得分最低的说法是"传统

文化多与时代脱节，没必要专门开展对青少年的传统文化教育”，其平均分只有 3.65，这说明被调查对象对青少年开展传统文化教育的必要性的认识非常到位，重要的是如何开展青少年的传统文化教育。

表 4–17　对青少年传统文化教育不同说法的打分

	N	极小值	极大值	均值	标准差
青少年传统文化教育应与培育和践行社会主义核心价值观相结合	402	1	10	8.88	2.035
青少年传统文化教育应与时代精神教育和革命传统教育相结合	395	1	10	8.82	2.014
青少年传统文化教育应与学习借鉴国外优秀文化成果相结合	393	1	10	8.13	2.162
青少年传统文化教育应坚持课堂教育与实践教育相结合	393	1	10	9.16	1.395
青少年传统文化教育应坚持学校教育、家庭教育、社会教育相结合	395	1	10	9.31	1.270
青少年传统文化教育应根据青少年的身心特点分学段开展	390	1	10	9.22	1.433
青少年传统文化教育要系统设计，贯穿青少年教育的各个阶段	396	1	10	9.26	1.361
青少年传统文化教育应融入日常生产生活中	394	1	10	9.11	1.562
传统文化多与时代脱节，没必要专门开展对青少年的传统文化教育	387	1	10	3.65	3.630

五、对青少年传统文化教育执行者和教育方式效果的认识

（一）青少年传统文化教育的主要执行者

关于被调查对象对青少年传统文化教育主要执行者的认识，有 274 人选择学校，占 65.1%，有 119 人选择家庭，占 28.3%，选择社会机构和其他的分别都是 3.3%。这说明，在被调查对象的认识中，学校和家庭是青少年传统文化教育最主要的执行者。详见表 4–18。

表 4–18　青少年传统文化教育的主要执行者

	人数（人）	百分比（%）
家庭	119	28.3
学校	274	65.1
社会机构	14	3.3
其他	14	3.3
合计	421	100.0

（二）青少年传统文化教育方式的效果

与被调查者认为的青少年传统文化教育的主要执行者类似，认为青少年传统文化教育效果最好的方式，选择学校教育的有 252 人，占 59.7%；选择家庭教育的有 137 人，占 32.5%，选择社会机构教育和其他的分别占 4.0% 和 3.8%。所以，被调查者认为青少年传统文化教育效果最好的教育方式是学校教育和家庭教育。详见表 4–19。

表 4–19　青少年传统文化教育效果最好的教育方式

	人数（人）	百分比（%）
家庭教育	137	32.5
学校教育	252	59.7
社会机构教育	17	4.0
其他	16	3.8
合计	422	100.0

六、对不同教育主体在青少年传统文化教育中做法的认识

（一）家庭在加强青少年传统文化教育中的做法

家庭在加强青少年传统文化教育中的最重要的做法，被调查者选择较多的是“家长要言传身教，将传统文化教育融入日常生活中”（39.9%），“家长可以带领子女参观博物馆、纪念馆、文化馆（站）、图书馆、美术馆、音乐厅、剧院、故居旧址、文化遗产、具有历史文化风貌的街区等”（33.5%）。其他做法的选

择情况见表 4–20。

表 4–20 家庭在加强青少年传统文化教育中最重要的做法

	人数（人）	百分比（%）
家长要积极参与学校组织的青少年传统文化教育活动	75	17.8
家长可以鼓励和支持子女参加校外传统文化教育活动和相关培训	35	8.3
家长可以带领子女参观博物馆、纪念馆、文化馆（站）、图书馆、美术馆、音乐厅、剧院、故居旧址、文化遗产、具有历史文化风貌的街区等	141	33.5
家长要言传身教，将传统文化教育融入日常生活中	168	39.9
其他	2	0.5
合计	421	100.0

（二）学校在加强青少年传统文化教育中的做法

由于学校在加强青少年传统文化教育中的做法比较多，课题组在问卷调查中将这些做法按最重要的做法、第二重要的做法和第三重要的做法，让被调查对象来选择。对于学校在加强青少年传统文化教育中最重要的做法选择比较多的有："利用学校博物馆、校史馆、图书馆、档案馆等开展优秀传统文化教育"（32.3%）；"组织学生参观博物馆、纪念馆、文化馆（站）、图书馆、美术馆、音乐厅、剧院、故居旧址、文化遗产、具有历史文化风貌的街区等"（17.1%）；"加强青少年传统文化教育的师资队伍建设，培训和培养青少年传统文化教育的专兼职教师队伍。"（14.3%）；"邀请传统文化名家、非物质文化遗产传承人等进校园、进课堂"（13.1%）。详见表 4–21。

表 4–21　学校在加强青少年传统文化教育中最重要的做法

	人数（人）	百分比（%）
利用学校博物馆、校史馆、图书馆、档案馆等开展优秀传统文化教育	138	32.3
邀请传统文化名家、非物质文化遗产传承人等进校园、进课堂	56	13.1
依托少先队、共青团、学生党支部、学生会、学生社团等开展传统文化教育活动	32	7.5
开展亲子活动，和家庭合作共同开展青少年传统文化教育	34	8.0
依托传统节假日，组织或鼓励学生及其家长参与社区的传统文化活动	18	4.2
组织学生参观博物馆、纪念馆、文化馆（站）、图书馆、美术馆、音乐厅、剧院、故居旧址、文化遗产、具有历史文化风貌的街区等	73	17.1
利用网络，开发和使用针对青少年的传统文化网络资源	4	0.9
加强青少年传统文化教育科研工作	7	1.6
加强青少年传统文化教育的师资队伍建设，培训和培养青少年传统文化教育的专兼职教师队伍	61	14.3
其他	4	0.9
合计	427	99.9

对于学校在加强青少年传统文化教育中第二重要的做法选择比较多的有："邀请传统文化名家、非物质文化遗产传承人等进校园、进课堂"（26.5%）；"组织学生参观博物馆、纪念馆、文化馆（站）、图书馆、美术馆、音乐厅、剧院、故居旧址、文化遗产、具有历史文化风貌的街区等"（14.5%）；"开展亲子活动，和家庭合作共同开展青少年传统文化教育"（13.8%）；"依托少先队、共青团、学生党支部、学生会、学生社团等开展传统文化教育活动"（13.1%）。详见表4–22。

表 4–22 学校在加强青少年传统文化教育中第二重要的做法

	人数（人）	百分比（%）
利用学校博物馆、校史馆、图书馆、档案馆等开展优秀传统文化教育	39	9.1
邀请传统文化名家、非物质文化遗产传承人等进校园、进课堂	113	26.5
依托少先队、共青团、学生党支部、学生会、学生社团等开展传统文化教育活动	56	13.1
开展亲子活动，和家庭合作共同开展青少年传统文化教育	59	13.8
依托传统节假日，组织或鼓励学生及其家长参与社区的传统文化活动。	28	6.6
组织学生参观博物馆、纪念馆、文化馆（站）、图书馆、美术馆、音乐厅、剧院、故居旧址、文化遗产、具有历史文化风貌的街区等	62	14.5
利用网络，开发和使用针对青少年的传统文化网络资源	15	3.5
加强青少年传统文化教育科研工作	16	3.7
加强青少年传统文化教育的师资队伍建设，培训和培养青少年传统文化教育的专兼职教师队伍	35	8.2
其他	4	0.9
合计	427	99.9

对于学校在加强青少年传统文化教育中第三重要的做法选择比较多的有：“依托少先队、共青团、学生党支部、学生会、学生社团等开展传统文化教育活动”（23.9%）；“依托传统节假日，组织或鼓励学生及其家长参与社区的传统文化活动”（12.4%）；“组织学生参观博物馆、纪念馆、文化馆（站）、图书馆、美术馆、音乐厅、剧院、故居旧址、文化遗产、具有历史文化风貌的街区等”（11.9%）；“开展亲子活动，和家庭合作共同开展青少年传统文化教育”（11.7%）。详见表 4–23。

表 4–23　学校在加强青少年传统文化教育中第三重要的做法

	人数（人）	百分比（%）
利用学校博物馆、校史馆、图书馆、档案馆等开展优秀传统文化教育	28	6.6
邀请传统文化名家、非物质文化遗产传承人等进校园、进课堂	41	9.6
依托少先队、共青团、学生党支部、学生会、学生社团等开展传统文化教育活动	102	23.9
开展亲子活动，和家庭合作共同开展青少年传统文化教育	50	11.7
依托传统节假日，组织或鼓励学生及其家长参与社区的传统文化活动	53	12.4
组织学生参观博物馆、纪念馆、文化馆（站）、图书馆、美术馆、音乐厅、剧院、故居旧址、文化遗产、具有历史文化风貌的街区等	51	11.9
利用网络，开发和使用针对青少年的传统文化网络资源	27	6.3
加强青少年传统文化教育科研工作	27	6.3
加强青少年传统文化教育的师资队伍建设，培训和培养青少年传统文化教育的专兼职教师队伍	42	9.8
其他	6	1.4
合计	427	99.9

（三）社会在加强青少年传统文化教育中的做法

对社会在加强青少年传统文化教育中的最重要的做法，被调查者选择明显比较多的是："对青少年免费或低收费开放博物馆、纪念馆、文化馆（站）、图书馆、美术馆、音乐厅、剧院、故居旧址、名胜古迹、文化遗产"（71.6%）；"创作和出版一批青少年喜爱的以传统文化为主题的影视片、音像制品和文学艺术作品"（21.5%）。详见表 4–24。

表 4–24 社会在加强青少年传统文化教育中的最重要的做法

	人数（人）	百分比（%）
对青少年免费或低收费开放博物馆、纪念馆、文化馆（站）、图书馆、美术馆、音乐厅、剧院、故居旧址、名胜古迹、文化遗产	300	71.6
创作和出版一批青少年喜爱的以传统文化为主题的影视片、音像制品和文学艺术作品	90	21.5
创办以青少年为对象的传统文化网站	10	2.4
办好以青少年为对象的传统文化类电视节目	15	3.6
其他	4	1.0
合计	419	100

（四）政府在加强青少年传统文化教育中的做法

政府在加强青少年传统文化教育中的做法也比较多，与学校的做法一样，课题组也通过问卷调查了被调查者认为政府在加强青少年传统文化教育中的最重要的做法、第二重要的做法和第三重要的做法。

对于政府在加强青少年传统文化教育中的最重要的做法，选择比较多的有："教育部门与相关部门合作共同推进优秀传统文化的教育和传播"（47.5%）；"教育部门统筹规划和推进传统文化教育课程、教材、师资等建设"（13.8%）；"将中华优秀传统文化教育纳入课程实施和教材使用的督导范围，定期开展评估和督导工作"（12.9%）。详见表 4–25。

表 4–25 政府在加强青少年传统文化教育中的最重要的做法

	人数（人）	百分比（%）
教育部门与相关部门合作共同推进优秀传统文化的教育和传播	203	47.5
教育部门统筹规划和推进传统文化教育课程、教材、师资等建设	59	13.8
充分发挥专家咨询作用，为开展青少年传统文化教育提供智力支持	28	6.6
鼓励和支持社会力量和市场力量参与青少年传统文化教育	22	5.2

续表

	人数（人）	百分比（%）
鼓励和引导多途径增加传统文化教育的投入	21	4.9
研究制定青少年传统文化教育的标准	14	3.3
增加传统文化内容在中考、高考升学考试中的比重	18	4.2
将中华优秀传统文化教育纳入课程实施和教材使用的督导范围，定期开展评估和督导工作	55	12.9
组织力量加强对青少年传统文化教育科研	7	1.6
合计	427	100.0

对于政府在加强青少年传统文化教育中的第二重要的做法，选择比较多的有："教育部门统筹规划和推进传统文化教育课程、教材、师资等建设"（36.5%）；"充分发挥专家咨询作用，为开展青少年传统文化教育提供智力支持"（11.9%）；"鼓励和支持社会力量和市场力量参与青少年传统文化教育"（11.7%）；"教育部门与相关部门合作共同推进优秀传统文化的教育和传播"（11.0%）。详见表 4–26。

表 4–26　政府在加强青少年传统文化教育中的第二重要的做法

	人数（人）	百分比（%）
教育部门与相关部门合作共同推进优秀传统文化的教育和传播	47	11.0
教育部门统筹规划和推进传统文化教育课程、教材、师资等建设	156	36.5
充分发挥专家咨询作用，为开展青少年传统文化教育提供智力支持	51	11.9
鼓励和支持社会力量和市场力量参与青少年传统文化教育	50	11.7
鼓励和引导多途径增加传统文化教育的投入	40	9.4
研究制定青少年传统文化教育的标准	23	5.4
增加传统文化内容在中考、高考升学考试中的比重	29	6.8

续表

	人数（人）	百分比（%）
将中华优秀传统文化教育纳入课程实施和教材使用的督导范围，定期开展评估和督导工作	25	5.9
组织力量加强对青少年传统文化教育科研	6	1.4
合计	427	100.0

对政府在加强青少年传统文化教育中的第三重要的做法，选择比较多的有："充分发挥专家咨询作用，为开展青少年传统文化教育提供智力支持"（24.1%）；"鼓励和支持社会力量和市场力量参与青少年传统文化教育"（14.8%）；"鼓励和引导多途径增加传统文化教育的投入"（14.8%）；"将中华优秀传统文化教育纳入课程实施和教材使用的督导范围，定期开展评估和督导工作"（10.3%）。详见表 4–27

表 4–27 政府在加强青少年传统文化教育中的第三重要的做法

	人数（人）	百分比（%）
教育部门与相关部门合作共同推进优秀传统文化的教育和传播	33	7.7
教育部门统筹规划和推进传统文化教育课程、教材、师资等建设	39	9.1
充分发挥专家咨询作用，为开展青少年传统文化教育提供智力支持	103	24.1
鼓励和支持社会力量和市场力量参与青少年传统文化教育	63	14.8
鼓励和引导多途径增加传统文化教育的投入	63	14.8
研究制定青少年传统文化教育的标准	26	6.1
增加传统文化内容在中考、高考升学考试中的比重	28	6.6
将中华优秀传统文化教育纳入课程实施和教材使用的督导范围，定期开展评估和督导工作	44	10.3
组织力量加强对青少年传统文化教育科研	27	6.3
其他	1	0.2
合计	427	100.0

七、青少年传统文化教育面临的问题

对于青少年传统文化教育面临的问题，课题组向被调查者调查了最重要的问题、第二重要的问题和第三重要的问题。

对青少年传统文化教育面临的最重要的问题，选择比较多的有："公众对开展青少年优秀传统文化教育重要性的认识不足"（50.6%）；"对青少年开展优秀传统文化教育的内容缺乏系统性"（20.1%）。详见表4–28。

表4–28　青少年传统文化教育面临的最重要的问题

	人数（人）	百分比（%）
公众对开展青少年优秀传统文化教育重要性的认识不足	216	50.6
对青少年开展优秀传统文化教育的内容缺乏系统性	86	20.1
优秀传统文化的知识讲授容易，实践有困难	35	8.2
课程和教材体系不完善	29	6.8
教师队伍素质不高	8	1.9
全社会共同参与的教育合力有待加强	24	5.6
政府的支持力度不够	26	6.1
其他	3	0.7
合计	427	100.0

对青少年传统文化教育面临的第二重要的问题，选择比较多的有："对青少年开展优秀传统文化教育的内容缺乏系统性"（39.6%）；"优秀传统文化的知识讲授容易，实践有困难"（18.5%）。详见表4–29。

表4–29　青少年传统文化教育面临的第二重要的问题

	人数（人）	百分比（%）
公众对开展青少年优秀传统文化教育重要性的认识不足	35	8.2
对青少年开展优秀传统文化教育的内容缺乏系统性	169	39.6
优秀传统文化的知识讲授容易，实践有困难	79	18.5

续表

	人数（人）	百分比（%）
课程和教材体系不完善	52	12.2
教师队伍素质不高	25	5.9
全社会共同参与的教育合力有待加强	52	12.2
政府的支持力度不够	14	3.3
其他	1	0.2
合计	427	100.1

对青少年传统文化教育面临的第三重要的问题，选择比较多的有："优秀传统文化的知识讲授容易，实践有困难"（33.3%）；"全社会共同参与的教育合力有待加强"（20.4%）。详见表 4–30。

表 4–30　青少年传统文化教育面临的第三重要的问题

	人数（人）	百分比（%）
公众对开展青少年优秀传统文化教育重要性的认识不足	24	5.6
对青少年开展优秀传统文化教育的内容缺乏系统性	54	12.6
优秀传统文化的知识讲授容易，实践有困难	142	33.3
课程和教材体系不完善	49	11.5
教师队伍素质不高	34	8.0
全社会共同参与的教育合力有待加强	87	20.4
政府的支持力度不够	34	8.0
其他	3	0.7
合计	427	100.1

八、结论

（一）青少年传统文化教育是大城市中产阶级家庭的关注

通过本章关于被调查对象基本情况的分析可以发现，参与调查的主体是中产阶级，能够对青少年传统文化教育发表意见、表达态度的主体是中产阶级。所谓中产阶级主要是拥有较高文化水平、中等及以上收入水平，从事白领职业的人，可以从职业、教育和收入三个指标来定义中国的中产阶级。在当今的中国社会，有条件成为中产阶级的人，是从事白领职业、具有中等或中等以上文化水平，并且收入高于当地人均收入水平（各省/直辖市城镇单位职工平均收入）的人。中国的中产阶级主要集中于城市——特别是大城市之中[①]。本文的调查对象个人上月的平均收入为11399.24元，家庭上月的平均收入为36631.66元；主要分布在直辖市/省会城市/自治区首府，如北京等大城市；在学历上以本科及本科以上为主；职业以工程师、会计、医生、律师、教师、科研工作者、金融从业者等专业技术人员为主，这一系列指标表明青少年传统文化教育是大城市中产阶级家庭的关注。

（二）青少年传统文化教育在理论上涉及的内容较多，但实际被公众认知和学习的相对集中

通过被调查对象对青少年传统文化教育内容的一般认识和其青少年子女或其他有血缘关系的青少年学习的传统文化来看，青少年传统文化教育的内容主要涉及古代历史文学、传统礼仪、古代先哲思想、传统书画艺术。这说明我们对青少年传统文化教育并没有系统全面地开展。

（三）青少年传统文化教育的作用突出地表现在三个方面

课题组在调查中列举了五个方面的青少年传统文化教育的作用，然而公众对此的认知，突出地表现在三个方面，第一个作用，也是受到最广泛认可的作用是有利于青少年学生更加全面准确地认识中华民族的历史传统、文化积淀、基本国情。其他两个比较突出的作用是有利于青少年继承和弘扬中华优秀传统文化和有利于推动青少年的文化创新。

---

① 李春玲：《中产阶级的消费水平和消费方式》，《广东社会科学》2011年第4期。

（四）对青少年开展传统文化教育受到被调查者的广泛认可，重要的是如何开展对青少年的传统文化教育

在课题组的调查中，被调查者对“传统文化多与时代脱节，没必要专门开展对青少年的传统文化教育”的打分极低，说明他们对青少年开展传统文化教育是认可的。而在如何开展对青少年的传统文化教育方面“青少年传统文化教育应坚持学校教育、家庭教育、社会教育相结合”“青少年传统文化教育要系统设计，贯穿青少年教育的各个阶段”“青少年传统文化教育应根据青少年的身心特点分学段开展”更受青睐。

（五）家庭和学校是对青少年开展传统文化教育的主阵地，学校重于家庭

在课题组的调查中，被调查者认为学校和家庭是青少年传统文化教育的主要执行者，青少年传统文化教育效果比较好的方式也主要是学校教育和家庭教育。对青少年开展传统文化教育要强调家庭的作用，同时更应注重学校的作用，毕竟学校是对青少年系统全面地开展传统文化教育的场所。

（六）不同教育主体对青少年开展传统文化教育的具体做法各有侧重

调查显示，家庭在加强青少年传统文化教育中比较认可的做法是：“家长要言传身教，将传统文化教育融入日常生活中”“家长可以带领子女参观博物馆、纪念馆、文化馆（站）、图书馆、美术馆、音乐厅、剧院、故居旧址、文化遗产、具有历史文化风貌的街区等”。

学校在加强青少年传统文化教育中比较受认可的做法是：“利用学校博物馆、校史馆、图书馆、档案馆等开展优秀传统文化教育”“组织学生参观博物馆、纪念馆、文化馆（站）、图书馆、美术馆、音乐厅、剧院、故居旧址、文化遗产、具有历史文化风貌的街区等”“加强青少年传统文化教育的师资队伍建设，培训和培养青少年传统文化教育的专兼职教师队伍”“邀请传统文化名家、非物质文化遗产传承人等进校园、进课堂”。

社会在加强青少年传统文化教育中比较受认可的做法是：“对青少年免费或低收费开放博物馆、纪念馆、文化馆（站）、图书馆、美术馆、音乐厅、剧院、

故居旧址、名胜古迹、文化遗产”“创作和出版一批青少年喜爱的以传统文化为主题的影视片、音像制品和文学艺术作品”。

政府在加强青少年传统文化教育中比较受认可的做法是：“教育部门与相关部门合作共同推进优秀传统文化的教育和传播”，“教育部门统筹规划和推进传统文化教育课程、教材、师资等建设”，“将中华优秀传统文化教育纳入课程实施和教材使用的督导范围，定期开展评估和督导工作”，“充分发挥专家咨询作用，为开展青少年传统文化教育提供智力支持”，“鼓励和支持社会力量和市场力量参与青少年传统文化教育”。

（七）明确青少年传统文化教育面临的主要问题

应当说，青少年传统文化教育面临诸多问题，课题组在调查中列举了七大问题，而被调查者认为这七大问题中更为重要的问题主要是：“公众对开展青少年优秀传统文化教育重要性的认识不足”，“对青少年开展优秀传统文化教育的内容缺乏系统性”，“优秀传统文化的知识讲授容易，实践有困难”，“全社会共同参与的教育合力有待加强”。

第五章　家庭如何开展青少年传统文化教育

田宏杰*

“化人”“育人”是传统文化教育的核心功能。党的十八大以来，围绕传承和弘扬优秀传统文化以及发挥优秀传统文化在“以文化人”中的作用，习近平总书记发表了一系列重要论述，赋予中华优秀传统文化时代内涵：“中华文明绵延数千年，有其独特的价值体系。中华优秀传统文化已经成为中华民族的基因，植根在中国人内心，潜移默化影响着中国人的思想方式和行为方式。”① 青少年期是人生观、世界观、价值观形成的关键时期，教育部《关于完善中华优秀传统文化教育指导纲要（2014）》指出“青少年学生是祖国的未来、民族的希望，加强对青少年学生的中华优秀传统文化教育，对于培养中华优秀传统文化的继承者和弘扬者，推动文化传承创新，建设社会主义先进文化具有基础作用”。在这一时期，青少年以最开放的态度与社会互动，并在与社会互动的过程中形成对世界、情境和事件的丰富的、真实的、辩证的认识；在这一时期文化对青少年潜移默化的影响开始深化，文化基因在青少年思想和行为上打下的烙印开始显现，青少年开始建立对国家的文化认同和文化自信。

家庭教育是对青少年进行传统文化教育的最天然、最重要的环节。但近年来随着信息化、全球化浪潮扑面而来，青少年传统文化家庭教育面临着诸多困境，中国经济社会结构以及人口家庭形态发生急剧变化，使得传统农耕文化、乡土逻辑、伦理色彩发生转变，传统文化传承的土壤体系呈现新的特点；家长认知能力与文化资本的限制以及教育的功利主义倾向使得家庭对文化行为底

---

* 田宏杰，中国青少年研究中心副教授、心理学博士，主要研究领域为青少年心理发展与青年工作。

① 《习近平谈治国理政》第一卷，外文出版社 2018 年版，第 170 页。

层内涵的理解和感受不足，传承传统文化中的教化功能淡化，出现“传不精，承不实”的弊病；同时由于社会分工细化和信息技术革新，使得传统文化的自上而下传承方式的作用式微，去中心化和后喻文化的特征日益凸显，传统文化传承的前喻性主导路径日渐消解。文化及其在青少年家庭中的传承问题在当今特定的时代、社会背景及其发展变迁中变得更加艰难，更加具有挑战性，我们需要正视这些困境，将文化传承的设计与特定的时代、社会背景及其发展变迁相联系，进行积极的框架转换和路径重构。

一、家庭开展青少年传统文化教育的当前困境

文化是在人类社会生活中不断被丰富发展的动态范畴，它既表现为人们思想观念的共识，也表现为人们稳定的行为模式[①]。文化是稳定的，但同时也是动态变化的；传统文化也一样，它既有稳定的特征，但随着时代的变迁也会出现新的时代特征。当前中国正处于百年未有之大变局，鸦片战争以来人们在文化上的落后感和桎梏感开始消融，大国崛起激发民族的文化自信。我们的国家、社会、家庭比任何一代都更重视传统文化的传承，尤其是中国梦的实现更需要广大青少年能够与时俱进地走进传统文化，传承文化基因，树立文化人格。物质生活的富足稳定也让更多家庭将目光从在工作中找寻价值转移到在内心中找寻意义，这些都为传统文化教育带来新的发展契机。但同时我们也要看到社会结构转型和文化环境变迁带来的困境，看到传统文化在家族代际传承中的思想断裂和文化断层问题，看到当前教育的功利性倾向与工具性价值取向对传统文化基因传承的胁迫；看到信息化社会中亲子关系传承模式的后喻化倾向所带来的挑战，只有厘清这些困境的社会、历史、文化根源，才能为解释和解决传统文化教育问题找准切入点，为构建传统文化教育模式建立有效路径。

（一）家庭结构形态变迁与传统文化传承土壤转变

1. 社会经济结构的变迁削弱了文化传承的家族影响力

家族在中国几千年的文化传承中具有着重要的地位。中国人的家族观念

---

① 吴海涛、王晶：《从传统到现代——积极养老视域下养老文化的思考》，《东北师大学报（哲学社会科学版）》2014 年第 4 期。

是中国传统农耕文化的直接产物，一个家族就是一个劳作单位或者说是一个小型社会，它包括整个家族中的父子、兄弟、夫妻、姐妹等各种关系，所有的人聚集在一起形成一个基层的劳作单位才能够保证整个家族的生存，满足集体的农业灌溉、种植等生产需求，保障集体的对外利益诉求。同时为了维护整个家族的正常运转，每个家族都会生成一整套家风、家规、家训去规范每个家族成员的行为方式；每个家族的长辈也有对下一代进行文化传承的权利和义务，他们通过树立和执行家规、讲家族故事，潜移默化地对家族文化进行传承，让家族文化以及以家族文化为核心的中国优秀传统文化深入到每位家庭成员的内在思想和行为方式中。比如，传统家风中以孝悌之道为仁之本，《论语·学而》要求“弟子入则孝，出则弟，谨而信，泛爱众，而亲仁。行有余力，则以学文”①，要求尊尊、亲亲、长幼有序。这样整个家族通过各种特定的形式和途径，对家族成员进行道德的教化和传统文化的教育。在这样的家族文化中，每个家族成员只有被家族接纳才有获得生产资料的权利，才能在社会中有立身之处，所以每个成员会主动用传统文化中的“仁义理智信”来规范和指导个人的行为。

由亲缘关系连接而成的家族在整个中国传统社会生活中都起着重要的根基作用，它向下可以联结每位家族成员，向上可以联结国家。“家国情怀”“家国同构”成为中国传统文化中的显著特征，“所谓家国同构，是指家与国在组织结构上的共通性：父为家之君，君为民之父，君父同伦与家国同构相辅相成”②。家与国在中国传统文化中常常是联结出现的，如《孟子·离娄上》“天下之本在国，国之本在家，家之本在身”③，《礼记·大学》“治国、齐家、修身”，每一位家族成员都希望自己能够达到符合社会价值的成功，能够光宗耀祖、光耀门楣，能够为家、为国做出贡献，在国家危急之时也能挺身而出，“天下兴亡，匹夫有责”。在这样的家族和家国文化语境下，青少年可以自然天成地将自己融于家国之中，在家族与家国的土壤体系中习得中国传统文化下的思维模式和行为方式。

但是近代以来，中国家庭开始经历历史性的变迁，从传统的大家庭发展到

---

① 孔子（述），孔门弟子（撰），钱宁（重编）：《新论语》，生活·读书·新知三联书店2012年版，第261页。

② 李宗桂等：《中国优秀传统文化的现代价值》，人民出版社2019年版，第323页。

③ 饶宗颐、黄俊杰编：《中信国学大典：孟子》，中信出版社2013年版，第157页。

现在的核心小家庭；从传统的以父子为轴心，发展到以夫妻为轴心；从重视礼仪习俗到礼仪习俗逐渐被淡化。一方面，小的核心家庭出现于农村“分家”，每个小家庭以夫妻为核心，以原子化的形式存在，他们不再依赖于整个大家族为他们创造生产资料和生活保障，转而依赖国家的集体组织、纳入国家的大管理系统之中，每个青少年与家族的关系淡化，而只与他们自己的父母紧密相连，这样的状况使得家族对小家庭以及青少年的影响逐渐衰退。另一方面，城市化和现代化进程的加快使得村落开始城镇化、城市化，越来越多的人口涌向城镇和城市，这就破坏了中国传统文化的封闭性和自主性，使得家族对于文化传承的约束和引导力量下降，家族为个体学习传统文化提供的场所和场景弱化，传统家庭的伦理纲常也失去赖以生存的基础，家庭传统文化的传承的土壤开始出现特点上的变化。“传统的大家庭的理想已经彻底消失，血缘关系的凝聚力在契约关系和理性算计的冲击下大大减弱。‘善事父母’‘父子天性’的伦理观念和祖先崇拜、追求永恒的宗法观念极度衰落”[①]。

传统的家庭和家族的解构不仅改变家庭的结构与意义，也改变社会的联结模式，改变中国文化传统传承的土壤体系。那么在这种结构变迁中，我们如何去看待家族和家庭在文化传承中的作用？在现代化的语境中家庭通过何种传承模式，才能将原有的家族凝聚力和对青少年文化传承责任进一步发挥和创新？现在的家庭如何理解传统文化中的理念内涵才能让传统文化在传承的过程中能够与时俱进，适应并促进当今时代青少年的文化人格和文化自信的建立？这些是我们重构传统文化传承模式时需要重点考虑的问题。

2. 家庭结构的变化倒置了家庭文化关注重心

20 世纪六七十年代以来，随着计划生育政策的推行，我国家庭人口规模减少，形成了两代独生子女家庭。亲子关系因为人口结构的变化而发生变化，由原来的一个大家庭的“四世同堂”众多子女围绕长辈的“尊尊”模式，转化为“421 模式”，即 4 位祖辈（爷爷、奶奶、姥姥、姥爷）和 2 位长辈（父和母）都围绕着 1 个孩子转的“亲亲”模式，这就使得中国家庭出现了“倒金字塔形”的家庭结构。中国家庭的文化重心随之发生转变，从传统的以祖辈为中心，转化为以子女为中心，这种变化使得以“孝”为核心的传统家庭文化受到冲击。

---

① 董磊明：《现代教育与农村青少年的文化认同》，《人文杂志（西安）》2010 年第 3 期。

青少年成为家庭中众人瞩目的中心会使得其在传统文化的传承上遭遇前所未有的困难，原来自然传承的“克己复礼”“孝悌为仁[①]”“仁者爱人[②]”等传统文化品质失去了原有的传承环境，这同时使得以传统家风为基础的传统文化教育因为缺少相应的文化环境的支持而难以为继。当大家庭变成小的核心家庭时，原有大家庭下的一些传统文化，比如“尊尊”中要求的尊者有令，言出必行这条法则放在大家庭下绝对是稳若泰山的家规，但如果放在当今的小型三口之家中，就会显得有些僵硬，有些不合时宜，这使得传统文化传承的一些原本得天独厚、不容置疑的基础观念受到质疑。在这种家庭结构背景下，如何对传统文化中的一些理念与行为模式进行解构与重构，使其既保留其优秀的文化内核，又适应当前家庭关系与家庭结构的变化，这一问题的解决必要又紧迫，其解决路径必须要建立在对传统文化行为下的内涵重新认识和理解的基础上，需要在“知”“行”的层面进行双向的突围与建构。

（二）家庭教化能力局限与传统文化传承资本断层

1. 家庭文化认知不足阻碍了传统文化内涵的精准传承

优秀的传统文化是民族的基因，血脉和精神命脉，从古至今家庭一直是优秀传统文化传承的重要场所，但是在近代以来家庭在传统文化传承的过程中出现了割裂和断层。其断层的原因就在于整个近代以来，西方工业革命造成资本的全球化扩张，中国在被侵犯和压迫中不断地反思和变革，寻找落后的原因。从洋务运动的器物变革到戊戌变法的制度变革都没能解决落后的问题，这时全社会将目光指向了传统文化，将国家落后和国力衰落的原因与传统文化中的诸多缺陷相联系，这就使得整个社会都不能以一种客观的眼光来看待传统文化，更多地看到中国传统文化中存在的不足和弊端，对传统文化采取了全盘否定的态度，并对西方的文化展现了盲目的崇拜。“这种矫枉过正的反传统、在批判封建礼教和宗法观念的同时，把中国传统文化也当成了批判的对象，这严重动摇了中国传统文化的底气，伤害了中国传统文化的元气。”[③]在这种文化自信严重

① 孔子（述），孔门弟子（撰），钱宁（重编）：《新论语》，生活·读书·新知三联书店 2012 年版，第 261 页、278 页。

② 饶宗颐、黄俊杰编：《中信国学大典：孟子》，中信出版社 2013 年版，第 187 页。

③ 张良驯、周雄、刘胡权：《当代青少年中华传统文化教育研究》，北京理工大学出版社 2015 年版，第 158 页。

缺乏的背景下，“70后”和“80后”的成长过程中一方面感受到其父辈在文化传承中的自卑感和茫然感；另一方面，感受到其父辈在市场经济中对经济利益的追求和对文化的轻视，传统与现实的双重传承压力使得“70后”和“80后”自身在文化的认知能力和文化情感上就存在局限和不足，这导致其成为父母后对子女进行传统文化教育的代际传承时出现断层。

家长认知能力带来的文化传承的割裂和断层主要表现为，在文化传承过程中对传统文化的内涵解释不清，传统文化传递的自觉意识薄弱，传统文化传达的方法僵硬等特征。这导致当今家庭在传统文化传承上呈现出双重矛盾，一方面是家长在理性上重视，但是在对“日用而不觉”的文化行为的认知解释上滞后；另一方面是在情感上认同，但是在内生动力和传承方式上缺乏主动性和灵活性。这些矛盾使得传统文化在家庭代际传承上失衡，出现“传不精”“承不实”的现象，在传承过程中不自觉地改变了本质，丢失了精髓，脱离了本质属性，失去了文化的真实性。基于此困境，当前在家庭中进行传统文化教育首先要做的是父辈与子辈一起对传统文化进行同步学习，共同建构。整个社会要为家庭传统文化传承提供文化资本和社会支持，以补足近些年传统文化家庭传承的养分，提升家长自身的文化认知能力和文化自信，提高传承的有效性，让文化自觉、文化自信融入整个家庭的血脉。

2. 家长教育的功利主义倾向造成传统文化教育目标迷失

市场经济的发展和应试教育的连锁反应使得家庭在青少年传统文化教育中存在着一定的功利主义倾向，表现为在传统文化教育中以应试教育为导向，注重知识点的灌输和记忆，重知识讲授，轻精神内涵阐释；重认知学习，轻精神品性培养。一方面，在市场经济的影响下，家庭作为市场经济的主体之一，会将获得最大经济利益作为主要的价值取向，因此在青少年传统文化教育过程中过于强调传统文化学习对于当前学业成绩和未来升学就业的影响，会过于重视子女传统文化知识的学习而忽视文化人格和独立能力的培养，会淡化传统家庭关系中的长幼有序、父慈子孝等传统人伦和传统美德的传承。另一方面，在应试教育的影响下，越来越多的家长在教育中强调孩子在学业中的“all in”状态，要求孩子将全部精力投入学习中，而“不再将修身立行当作教育子女的第一要务，不再重视子女劳动观念及品性的养成”，这使得很多家庭在传统文化教育过程中的功利主义倾向明显，在功利主义和工具理性的推动下，将学习传统文化的获益作为教育价值判断的依据，并用这一依据来指导教育行为。比如家长会投入很多的时间和精力让孩子去学习传统文化，但是当孩子学会了背诵“一粥一饭，当思来之不易，半丝半缕，恒念物力维艰[①]”等勤俭的文化警句时，却不注重在生活中培养孩子“克勤克俭”的品格；父母会带子女去参观故宫、国子监等文化场所，完成文化“打卡”活动，却不会去深入地探索这些场所中的文化内涵；父母会与子女一起参加端午节的赛龙舟、包粽子的活动，但不会去探究节日习俗和礼仪背后的本原性价值。这就使得传统文化本身的“体用一源”性被割裂，“舍弃本原性价值探求的直接后果便是传统文化本有的价值意义被人为地简化”[②]。

（三）亲子教育的后喻主义特点与文化传承关系变革

1. 社会分工的细化削弱了文化自上而下代代相传的纽带

改革开放以来，我国的社会生产方式和社会分工发生了根本转变，原有自给自足的小农经济开始被多元化的市场经济所取代，原有的父母子女共同劳作、共同生活的场景被各自独立进入职业或学校工作学习的场景所取代，这就使得传统文化在传递过程中其代代相传的纽带在很大程度上被瓦解。“人们一代又一代的生产经验、科学技术、生产技能和生活技巧的获得是通过家庭文化来进行传递的。中国过去传统文化的传递，是通过代与代之间以纵向的方式进行的，其社会的生产技艺与经验基本上是由上辈传于下辈。它与传统的生产方式相适应，代代相袭，形成一定的社会思维和操作模式，构成社会传统文化的形体和结构。”[③]在原有的自给自足的小农经济状态下，一个家庭作为自主而相对封闭的经济主体，子女与父母共同劳作，共同生活，大部分家庭共同依靠土地取得生活来源，他们日出而作，日落而息，一起去学习四时变化的智慧，去感受人与自然的关系、人与人的关系、人与社会的关系；也有一部分家庭子女与父母在共同的小生产经济体（比如制陶厂、酿酒厂）中共同劳作，一起了解每一种工作场景下的工作智慧，去感受到人与物的关系，传承匠人精神。在这种共同劳作、共同生活的过程中，子女会自然地看到父母在日复一日的生活和

① 朱熹（著），朱杰人（编著）：《朱子家训》，华东师范大学出版社 2014 年版，第 115 页。
② 施阳九：《大学生之于传统文化的两重困境及解决对策》，《当代青年研究》2019 年第 5 期。
③ 王君：《家庭文化教育探析》，《人口学刊》1995 年第 4 期。

工作中所体现出来的中国传统文化的精神品格，比如他们参赞天地，对自然充满敬畏，对天地育化万物充满感恩；他们面对困难和挫折时的百折不挠的奋斗精神，“天行健，君之以自强不息”①的乐观生人生态度。这些文化品格传承不需要言语的刻意传递，只要在每天的日常生活中以潜移默化的方式就能完成代与代之间的代际传承。

但是，在当今的社会分工细化的经济背景下，每个家庭个体的职业工作环境与家庭生活环境开始出现分离，家长在工作场所中完成所有的工作，回到家庭场所时他们只带着家庭功能而没有了职业功能，就像很多人宣扬的“到家就好好陪孩子，不要把工作带回家”。这是对亲子教育的重视，但同时也造成了亲子教育的不完整，这种工作与家庭分离的状态使得孩子只看到父母作为家长的一部分，而没有办法看到父母作为工作者及社会人的部分，他们就很难在家长身上学习建立人与人以及人与社会的完整关系，很难看到父母对于工作和世界的广泛和完整的态度，也无法感受到父母在工作中碰到困难时百折不挠和刚健自强的奋斗精神。在这种社会分工细化的经济背景下，文化代代相传的天然纽带被削弱，父母在进行文化和价值观传递时无法直接靠行为或完全依赖手把手的、身教胜于言传的直接传递，而需要独立于工作劳作之外只利用日常生活纽带来传承，这种传承难度必然大大增加，而传承效果必然大大降低。因此，针对社会分工细化带来的传统文化传承纽带的弱化问题，我们需要在新的传承模式中主动去重塑一些父母与子女共同劳作、共同工作的真实场景，让孩子与父母一起在“行”的过程中体会到中国文化“日用而不觉”的文化价值和文化力量。

2. 信息化的发展凸显了青少年文化教育的后喻特征

文化教育的本质意义是“一个社会如何以某种方式将社会成员共有的价值观、知识体系、谋生技能和生活方式一代代地传承下去，它是文化或文明积累的基本方式，也是一个民族和社会能够不断前进的基本方向”。②整个传统社会，文化传承总是从上一代向下一代、从年长者向年轻者、从父辈到子辈的方向完成自上而下的传承过程，文化学家米德将这种方向性传承的特征称为“前

---

① 饶宗颐：《中信国学大典：周易》，中信出版社 2013 年版，第 51 页。

② 周晓虹：《文化反哺：变化社会中的亲子传承》，《社会学研究》2000 年第 2 期。

喻文化”[①]。这种传承模式的适用是因为在整个传统社会中，老年人或者长辈因为时间和阅历的优势，掌握着生产资料和生活经验，占据着社会的主导地位，在社会相对封闭和长久稳定不变的局面下他们能够利用其文化和生活经验去推测子代、孙代在后面将经历的人生，指导和帮助他们的成长。

但是近年来，随着全球化的发展以及社会变革的加剧，原有的封闭稳定的环境被打破，新的变化以日新月异的速度在发生，未来的不可预测性在加强；同时由于信息化的发展，知识不再被年长者所独有，青少年作为信息社会的“原住民”在信息获得和文化资本上开始表现出“后来者”的优势，使得其与年长一代在生活态度、知识体系、行为模式上会出现越来越多的差异，这就使得原先至上而下的前喻文化传承模式受到挑战，而开始出现至下而上的反向传承方式，即“后喻文化”特征[②]。周晓虹等人对这种背景下的亲子传承进行研究，提出了“文化反哺”的概念，就是指在这种急速的文化变化时代，所发生的年长一代向年轻一代进行广泛的文化吸收的过程。后喻文化和文化反哺特征的出现呼吁青少年家庭传统文化教育的传承模式和传承关系要进行适应性的变革，将原有的自上向下的前喻文化与新出现的自下向上的后喻文化的模式相结合，促进传统文化与青少年文化的互构发展。

二、家庭开展传统文化教育的自身优势

家庭是构成人类社会的最基本单位，也是青少年习得传统文化的最重要场所。与社会教育和学校教育相比，家庭在青少年传统文化教育中有着天然而无可比拟的优势。家庭文化是社会文化的载体，其文化形态不仅表现在家庭经济生活中，而且浓缩并散发于家庭文化教育之中，成为开拓社会文化的行为载体与社会文化发展的重要原动力[③]。习近平主席在2015年春节团拜会上强调：“不论时代发生多大变化，不论生活格局发生多大变化，我们都要重视家庭建设，注重家庭、注重家教、注重家风，紧密结合培育和弘扬社会主义核心价值观，发扬光大中华民族传统家庭美德，促进家庭和睦，促进亲人相亲相爱，促进下

---

① 玛格丽特·米德：《文化与承诺：一项有关代沟问题的研究》，周晓虹、周怡译，河北人民出版社1987年版，第23–26页。

② 周裕琼：《数字代沟与文化反哺：对家庭内“静悄悄的革命”的量化考察》，《现代传播》2014年第2期。

③ 王君：《家庭文化教育探析》，《人口学刊》1995年第4期。

一代健康成长。”

（一）不言之教：家庭系统形成场力，促成传统文化隐性教育

1. 家庭系统为青少年文化习得提供榜样示范

青少年期是个体社会化的关键时期，在这一时期青少年要习得其所在文化、所在社会的思想方式和行为方式。布朗芬布伦纳在“生态系统理论”中提出，每一个个体其发展都嵌套于相互影响的一系列环境系统之中，这些系统与客体相互作用并影响着个体的发展[①]。而在整个生态系统中，处于最里层、与个体关系最紧密的微观系统中的家庭对于个体社会化和文化习得过程的影响最直接。家庭系统可以为青少年社会化和文化习得提供榜样示范。行为主义研究发现个体最可能视之为“榜样”而进行效仿的人是周围环境中与他同质性最高、最有可能效仿成功的人，那个人常常就是他的父母。他们在日常生活中通过观察，对父母的言行以及言行下的价值观进行学习，这样的榜样学习过程与传统文化理念相结合能够促成中国传统文化在青少年的心中落地生根。

比如对于刚健自强、艰苦奋斗的文化精神，习近平主席多次引用“艰难困苦，玉汝于成”来说明艰难困苦对个人而言可以磨炼意志，对于国家而言会成就伟大。要想使这种精神在青少年的文化人格中形成真正烙印，就需要青少年在家庭日常生活中对父母的榜样示范进行观察学习。在日常生活中，他会看到父母完成目标的真实过程：最初心潮澎湃为之奋斗；中间受苦受累，碰到挫折经历沮丧，但依然百折不挠继续艰苦奋斗；终于达成目标的那一刻欢欣鼓舞，体会到沉甸甸的幸福感。在这个过程中，孩子看到真实的父母奋斗过程，看到父母克服困难之后的蜕变和喜悦，他就能够理解什么是“艰难困苦，玉汝于成”，他也能真的读懂王国维在《人间词话》中提出的人生三种境界“古今之成大事业、大学问者，必经过三种之境界：‘昨夜西风凋碧树。独上高楼，望尽天涯路’。此第一境也。‘衣带渐宽终不悔，为伊消得人憔悴。’此第二境也。‘众里寻他千百度，蓦然回首，那人却在，灯火阑珊处’。此第三境也。”[②]通过这样的文化警句和父母的文化行为的结合，青少年发自内心地信仰艰难困苦可以涵

---

① 田宏杰：《英雄之旅：青年生涯发展与生涯咨询》，中国人事出版社 2019 年版，第 123 页。

② 周锡山主编：《王国维集》第 1 册，中国社会科学出版社 2012 年版，第 256 页。

养刚健自强的精神。这一文化信仰和行为模式将成为一套青少年的人生脚本，日后等到青少年遇到相似的困难和险境时，这套人生脚本就会自动化地发挥作用，他会以同样的力量克服困难，在险境中历练自己。所以家庭系统为青少年提供的榜样示范作用是直接的、过程性的、脚本性的，能够为青少年未来的发展奠定最直接的思考和行为模板。

2. 家庭系统为青少年文化行为提供反馈互动

青少年社会化的目标就是使行为能够符合其所在社会的文化要求，所以在做出每一个社会化行为和文化行为之后，青少年都会关注周围系统对其行为的评价，而家庭系统是这个评价体系中青少年最早用、最常用，也最信任的系统。客体关系专家温尼科特说“婴儿望向他的母亲，并在母亲的眼中看到他自己”[①]，在婴儿期，孩子每做一个行为后都会望向父母，看父母的表情是赞同还是反对，看父母对他欣赏还是否定，他就能够判断自己的行为是否符合社会和文化规范，也能够判断自己在父母心中是否重要。到小学阶段，孩子的自我意识没有完全形成并稳定，他们需要通过外在的评价和同伴间的比较来确定自己的社会定位，这时孩子仍然最经常在与家庭系统的互动中去寻求反馈，以不断校准和调整自己的行为，让自己的行为能够更加地符合社会要求和文化规范。到青少年阶段，个体社会化行为逐渐发展，与社会间互动也逐渐加深，此时青少年不但在家庭系统中寻求反馈，同时他们会通过“文化反哺”行为去影响家庭。在这一时期，父母要减少对青少年行为的直接评价，少用言语而多使用非言语信息对孩子进行鼓励，父母要多看到孩子的行为、认可孩子的行为、肯定并且追随孩子的行为，与孩子在文化行为上进行互动反馈，为孩子提供文化吸纳和文化反哺的体系，让青少年在完成其社会化的过程也形成其自身对社会的影响力。

（二）日用而不觉：家庭生活塑造场景，让文化基因自然传承

1. 在生活场景中，发挥传统文化日常行为教化功能

传统是历史的，也是现在的，是一代代传承下来的“活”的东西，它的内容

① 温尼科特：《妈妈的心灵课——孩子、家庭和大千世界》，魏晨曦译，中国轻工业出版社 2016 年版，第 38 页。

包括思想文化、制度规范、风俗习惯、宗教艺术、思维方式，但所有这些内容最后会落脚于“活”的日常生活场景，融合于日常行为、节庆活动以及礼仪礼节中。传统文化家庭教育也需要在生活场景中发挥其日常教化功能。比如“克勤克俭”文化可以与老北京习俗中做面食“三光”相结合，即做完面食之后要“面光、盆光、手光”，孩子在日常生活中跟妈妈一起做了一次面食，他就能够体会“克勤克俭”，能够理解“物尽其用”，进而能够理解人与物的关系、人与自然资源的关系，思考如何在节省自然资源的同时提高对生活的掌控感和对生活品质的追求。一次日常的做面食行为中家庭完成了日常行为教化功能，孩子将传统文化中的勤俭精神入脑入心。再比如通过节庆活动对传统文化的传承，孩子亲历了清明节、重阳节、中元节、中秋节、春节等活动，他会感受到父母对长辈以及逝去的先辈的崇敬，发展出敬祖孝亲的礼仪观念。

现代认知理论将个体的记忆分为两部分，外显记忆和内隐记忆，外显记忆是“我知道我记住了”的记忆，主要是关于知识的记忆；而内隐记忆是“我不知道我记住了，但是我记住了”的记忆，主要包含潜在的知识、价值观、情绪情感和行为习惯。内隐记忆虽然未经觉察，但是在相应的情景和场景中会被激活并自动化地发挥作用，这也正是传统文化的浸润功能所在。“在生活世界中受到的教育是人类最具本质意义的教育”①，青少年在生活场景中，通过家庭生活中的日常行为教化能够将文化基因承接得更为自然、更贴近本质。

2. 在精神家园中，追寻传统文化传承的源头和“老根”

家庭是以血缘关系为纽带而组成的，是人类社会的最基本结构。血缘关系是人类社会所有关系中的一种最根本的关系，在整个家庭中血缘关系会以爱和情感的形式呈现，长辈对子女的爱会让子女感受到自身的价值和亲子情感联结，这为传统文化的传承提供了源头和老根。“在整个中华文化体系中，家庭是一种终极关怀性质的存在，家与‘家的感觉’融为一体，家园与生命的合一，是我们这个东方民族的文化理想，是一种已经沉淀到骨子里的‘当然文化’”②。所以，我们中国人说“想家”，我们想的不只是家里的房子这个客观的存在，也不只是家里的父母和其他的家人，还包括着我们与家人相处时情感联结。比如中

---

① 赵石屏：《论家庭的教育关系——基于现代文化变迁的视角》，《教育研究》2012 年第 11 期。
② 王润平：《当代中国家庭变迁中的文化传承方式探析》，《社会科学战线》2004 年第 3 期。

国每年春节为了全家团聚，整个中国社会都会发生一次全国范围内的大迁徙，不管平时社会流动多广泛、离家多远，在春节时我们要回到“家”里。当青少年在春节期间随着父母参与一次这样的“春节大迁徙”，克服万难、不远千里地回到家里去跟长辈一起吃一次团圆饭，去体会全家其乐融融的情感，这种对家的爱和对家人的爱就会写在心里，成为他的文化血脉。这将为“家国情怀”的发展打下基础，也会引导青少年根据家和家人的期待校准自己的日常行为以发展成为一个修身养性的人。所以对精神家园的追寻，对“家”的爱，是传统文化传承的源头和老根。

（三）潜移默化：家风家教家规家训，为家庭文化打下精神烙印

作为中华传统文化重要组成部分的传统家风，是中国传统农业社会家族、家庭的风尚习俗[①]。优秀家风、家教、家规、家训世世代代影响中华文化中个体的思维方式、行为模式和生活习惯，为家庭文化打下精神烙印。良好的家风是一种无言的教育资源，它可以润物细无声地将传统文化写进青少年的文化底层情感之中；同时良好的家风也是一种道德力量，如《朱子家训》要求“黎明即起，洒扫庭除，要内外整洁；既昏便息，关锁门户，必亲自检点”“祖宗虽远，祭祀不可不诚；子孙虽愚，经书不可不读”[②]。传统文化教育过程中，家风以家训为承载作为子弟修身齐家、礼仪规范的遵循。

中国传统家风内涵丰富，主要涉及个人、家庭、社会与国家四个方面[③]。在个人层面，强调修身养性，将道德品德作为每个人的安身立命之本，如《颜氏家训》“增益德行，敦厉风俗”[④]；在家庭层面，强调齐家，以孝悌为本，夫妻和睦、父慈子孝；在社会层面，强调经世之风，尚和合，如《曾国藩家书》“凡与人晋接周旋，苦无真意，则不足以感人”[⑤]；在国家层面，强调家国情怀、精忠报国，岳母刺字成为让每个青少年胸中热血沸腾的爱国经典。这些优秀的传统家风与每个家庭的家风融合在一起，为中国传统的家庭文化打下了精神烙印。

---

① 周春辉：《论家风的文化传承与历史嬗变》，《中州学刊》2014年第8期。

② 朱熹（著），朱杰人（编著）：《朱子家训》，华东师范大学出版社2014年版，第115页。

③ 龚娱：《论中国传统家风文化及其时代传承》，《文化学刊》2020年第12期。

④ 檀作文（译注）：《颜氏家训》，中华书局2007年版，第101页。

⑤ 檀作文（译注）：《曾国藩家书》，中华书局2016年版，第236页。

三、家庭开展青少年传统文化教育的"知情意行"路径分析

鉴于当前家庭在青少年传统文化教育中面临的诸多困境，以及传统文化在传承过程中出现的意识与行为之间断层的问题，我们需要转化思维，对当前的困境和问题进行研判，对当前的教育模式进行框架转换和路径重构。要充分利用家庭在传统文化教育中的"不言之教""日用而不觉""潜移默化"的日常教化优势，根据"知行合一""体用一源"的原则，从知、情、意、行四个方面，进行全贯、全程、全方位的有机教育，以塑造青少年的文化理性、文化情感、文化行为动力以及文化行为习惯，让文化自觉、文化自信融入青少年的血脉中，让文化品格烙印在青少年的思想模式和言行方式中。

（一）知：构建文化自觉，形成理性认识

1."讲清楚"文化内涵，发展文化自知之明

文化的首要责任就是"育人""化人"，在家庭传统文化教育中我们要发挥传统文化教育的培育功能，帮助青少年养成"文化自觉"意识，形成吸收优秀文化和建设先进文化的能力。"文化自觉"这一概念是由费孝通先生首先提出的，"文化自觉是指生活在一定社会中的人对其文化有'自知之明'，明白它的来历、形成过程、所具的特色和它发展的趋向，不带任何'文化回归'的意思，不是要'复归'，同时，也不主张'全盘西化'或'全盘他化'。自知之明是为了加强文化转型的自主能力"①。如果我们对文化的内涵讲不清楚，就会在文化传承中出现"传不精""承不实"的问题，家长会让青少年参与一些文化行为，但并没有理解这些设计和行为下的内涵；家长会对青少年指出一些传统文化的要求，但这些要求不合时宜、理解过于表面化僵硬化而让青少年产生质疑。习近平总书记在文化教育问题上重点指出要做到四个"讲清楚"："要讲清楚每个国家和民族的历史传统、文化积淀、基本国情不同，其发展道路必然有着自己的特色；讲清楚中华文化积淀着中华民族最深沉的精神追求，是中华民族生生不息、发展壮大的丰厚滋养；讲清楚中华优秀传统文化是中华民族的突出优势，是我们最深厚的文化软实力；讲清楚中国特色社会主义植根于中华文化沃土、

---

① 费孝通：《文化自觉的思想来源与现实意义》，《文史哲》2003 年第 3 期。

反映中国人民意愿、适应中国和时代发展进步要求，有着深厚历史渊源和广泛现实基础。”①

由于以往历史的、社会的和文化的一些因素，当代青少年家长在传统文化教育的传承过程中出现了思想的割裂和认知的断层，这就使得他们自身对中华优秀文化传统内涵的认知不足，因此在文化传承的过程中出现对于文化产生的历史根源和内涵本质解析不清的问题，使得在家庭文化传承的过程中因为讲不清楚而导致做不到位。关于民族传统文化的研究发现，家庭的社会经济地位和文化资本影响着子代对于本民族文化的传承，父母的社会经济地位越高、文化资本越强，其子代对于文化学习得更精准、更深入。因此我们要为家庭的文化资本的补足提供保障，开展《百家讲坛》等文化大讲坛活动；设计《故宫》《我在故宫修文物》等文化历史纪录片；在一些高等学校以及历史文化单位（比如故宫博物院、颐和园）开设中国文化课，并通过公众号等手段在不同节日、时节传播适时的文化知识；通过在线教育开设一些面向大众的文化普及课程，让家长有机会接触到文化知识，提升文化认识。同时，可以打造一些家长和青少年能够共同参加的文化课程，让家长与青少年形成共同学习、共同研讨的学习氛围。文化学习的乐趣在于探讨和沟通，当家长和青少年学习文化的相关知识再针对文化问题进行探讨时，“体”与“用”就开始有了联结；当家长和青少年共同参加一些文化活动，又都能够对这些文化活动的内涵有自己的分析和见解时，他们的文化认知和文化自主学习动力就有了联结。因此，对于“知”的打造、对于文化自觉的塑造要先行于文化行为，并融于文化行为。

2. 加强本源性价值探求，提升文化认知复杂性

青少年期是辩证思维形成的关键时期，在这一时期个体的认知开始分化，在问题的分析和决策中开始辩证地考虑到诸多复杂因素和系统情境。认知心理学家佩里指出“青少年期是摆脱二元论思维，进入相对论思维的阶段”②，青少年在思维和价值观上开始摆脱童年期“非黑即白”思维的局限，开始从真实、复杂、矛盾的情境中认识事物的全貌。这一时期的传统文化教育要适应这一年龄段的特点，在“知”的教育上要提升文化认知的复杂性，家长引导青少

① 《习近平谈治国理政》，外文出版社 2014 年版，第 155–156 页。

② Shafer, D.R. & Kipp, K.:《发展心理学（第 6 版）》，邹泓等译，中国轻工业出版社 2015 年版，第 239 页。

年看到复杂因素，看到背景与全局。家长不能只是简单地弘扬文化优势和文化理念，还要去讲清楚各种文化发生的历史根源以引导青少年掌握文化内涵；去解析文化的矛盾互动性以提高用文化理念解决复杂问题的能力。

比如爱国主义文化教育中，家长就要与青少年一起在具体事件中进行综合分析以提高认知复杂性，做到文化自觉和理性爱国。在幼儿期和童年期家长可以通过引导儿童读爱国主义故事，以及爱国主义诗句如“人生自古谁无死，留取丹心照汗青”“但使龙城飞将在，不教胡马度阴山”等，激发儿童胸中的英雄气概；或者让儿童多了解国家的强大，激发儿童心中的热血之情；但到青少年期只激发英雄气概和热血之情还不够，家长还需要和青少年一起去做辩证分析，既要了解“英雄”的伟大，又理解“英雄”做出每个人生决择时所面临的历史环境和两难困境；既引导青少年为国家的强大自豪，又引导青少年理性地看到国家在各类困难中遇到的问题和挑战，看到国家如何发挥各种力量克服困难。在青少年阶段，如果只是强调国家的“优势”和“自信”虽然能够鼓舞爱国热情，但却不利于青少年在理性爱国和文化自觉上的成长。认知建构主义理论的代表人凯利指出“每个人都是一个天生的科学家，他会在发展中不断地建构自己的生活信念”，认知信念的建构就是一个不断“探究—形成—遇到挑战—重新探究—重新形成”的螺旋式上升的过程，在这个过程中新形成的信念和价值观不断受到新的挑战，然后通过不断的探究再去形成新认识，只有通过这样的过程才能实现认知升级。比如在新冠肺炎疫情抗疫过程中的爱国主义文化教育，家长既要引导青少年看到抗疫过程中出现的“逆行者”“时代英雄”，看到全国人民的万众一心，看到我国国家政治制度和文化精神与其他国家相比在整合社会资源、全员动员遵守应急社会秩序等方面的优势，但同时也要看到我们碰到的困难和挑战，以及跨越困难和挑战过程中的努力。要看到在 2019 年疫情防控初期武汉这么一个城市出现重大应急事件时的慌乱和资源不足的问题，我们不是要隐藏这些问题，而是要让青少年去看到再好的制度和文化遇到从未有过的挑战时也会出现困境，这样青少年就会参与进来与全社会一起担忧、一起找办法，从而做到仁爱共济、立己达人、担当时代己任。这样等到青少年之后再看到雷神山、火神山医院以那么短的时间建立，中国的各路支援队伍和资源物资以那么快的时间到达，他们就能够理解中国速度、中国力量、中国决心，看到中国文化在处理重大危机过程中的优势，才会对中国文化产生真正的自觉、真正的自信。在这个从现实矛盾到本源探究的过程中，青少年的文化自信就有了真正的现实根基，他们的认知复杂性和认知结构就会得以提升，他们的文化认知就会实现升级。

（二）情：培养文化情感，形成感性认同

1. 用故事传承文化，激发文化情感

中国传统文化传承的过程中，要想做到“知行合一”，在“知”与“行”之间一定要以“情”和“意”作为桥梁，只有将文化知识内化于心，才能外化于行；只有在情感上认同，在意志上倾向，才能在行为上实践。而情感的激活过程与认知的学习过程不同，认知学习依赖于以语言为基础的逻辑思维，情感激活依赖于以故事、情境经验为基础的形象思维。“经典故事蕴含着一个国家和民族的文化符号，是以独特价值体系为支撑的原型叙事，其象征性的话语生产机制具有强大的精神塑造能力，能够使特定文化背景下的受众获得稳定的价值认同感和归属感。中华文化源远流长，孕育了很多凝聚民心、催人奋进、历久弥新的中国故事，这些故事饱含着中华民族自强不息的文化基因，代表着中华民族执着坚定的精神追求，体现着中华民族不屈不挠的品格特质，中国故事内含的中国价值是中华民族屹立于世界民族之林的根基所在，构成了国家发展最基本、最深沉、最持久的力量”。[①] 2013 年 8 月，习近平总书记在全国宣传思想工作会议上指出，要“讲好中国故事，传播好中国声音”。

在青少年文化的家庭教育中，家长可以与孩子一起讲三个层次的故事，分别为中国文化经典故事、地方故事和父母自身成长故事。比如“正心笃志、崇德弘毅”这一中华民族突出的人性特征和文化品格，在传统经典故事的讲述中家长可以讲孩子们耳熟能详的“映雪囊萤”“悬梁刺股”“负薪挂角”“凿壁借光”等成语故事，也可以一起讲述旅游参观中看到的名人故事，比如王羲之的“墨池”，“相传王羲之自少年起每天都坚持练字，练完之后就在家边的一口池塘里洗笔，这样日复一日下来，竟然把整口池塘的水都染成了黑色的墨水一般，成为‘墨池’”，孩子们之前只是欣赏王羲之的书法，但听完这个故事会

① 李崟:《“讲好中国故事”在大学生思想政治教育中的现实意义、理论价值与实践策略》,《思想理论教育》2020 年第 11 期。

看到他日复一日的坚持而仰慕和追随他的人格。家长也可以讲述关于勤奋的家教故事，比如曾国潘给他的长子曾纪泽的家书中写“尔之短处，在言语欠钝讷，举止欠端重，看书不能深入，而作文不能峥嵘。若能从此三事上下一番苦工，进之以猛，持之以恒，不过一二年，自尔精进而不觉”。[①]青少年便会明白曾纪泽这个晚清最伟大的外交官，在他的成长过程中也有不足，也需要父亲的教导，青少年就更会体味到家长在传统文化教育中的作用，对父母的教诲产生感恩与敬畏之情。

在地方故事的讲述中，家长要跟青少年一起探寻包含家乡和家族文化特征与文化根基的故事。比如大型纪录片《记住乡愁》中，对古村古镇当地人进行访谈，然后用故事化的影像，以一种多元化、多层次的视角去讲述古镇中人们的日常生活和传统文化，在这种薪火相传中看到文化的力量之美。纪录片中讲了湖南芙蓉镇的“吃得苦，霸得蛮”的故事，在20世纪70年代末期随着水电站的建设和铁路的开通，当时芙蓉镇的码头开始萧条，历来以船运为生的人们生计艰难。此船运公司的经理杨崇贵提出要开发当地的溶洞资源搞旅游，他带领五个三十多岁的年轻人组成突击队，在洞内沿河修建栈道，顶着山洞里的严寒泡在十几米深的水里凿石孔、浇横梁、铺桥板，用三年多的时间完成了猛洞河溶洞的开发，后来溶洞成功地吸引来了《芙蓉镇》电影的拍摄团队，开启了古镇发展的新篇章[②]。当我们在看这些勤劳奋斗的地方故事时，孩子在情感上会被深深地打动，他们在情感上会更加地认同这样的一种“正心笃志、崇德弘毅”“天行健，君子以自强不息”的文化品格。我们可以把地方的故事、家乡的故事、家族的故事，讲给这一地区的孩子听，孩子会从其中找到他的文化归属，他会知道原来“我们这儿的人都是这么的勤劳”，“我们这儿的人都是这样的乐于助人”，“我们这儿的人都是这样的感恩自然”，每个地区的故事都会塑造这个地区的精神面貌，让孩子有了“我们这儿的人”的概念，描绘文化底色。

在家长自身故事的讲授中，家长不要盲目地回顾光荣往事中的闪光点，不要完美地再现自己勤奋刻苦的榜样风范，而是要讲真实的、矛盾的、复杂的故事；不要只是展现坚毅的、勤奋的、义无反顾的决心，而是要讲清自己在困境

① 檀作文（译注）：《曾国藩家书》，中华书局2016年版，第96页。

② 王海涛：《讲好中国故事，致敬中华优秀传统文化——大型纪录片〈记住乡愁〉的探索与思考》，《现代视听》2018年第5期。

中也会有困惑、沮丧、无助的情绪，但又有不服输的咬牙努力，终于迎来“柳暗花明”那一刻的“那人却在灯火阑珊处”的通透，“仰天大笑出门去，我辈岂是蓬蒿人”的豪气。家长要讲清自己在这个故事中如何遇到困难、突破困难，并在突破困难的过程中发现和成长自己勤奋和坚毅的品质。这些是家长自己真实的故事，家长会带着真情实感讲，带着具体情节感悟讲，孩子就会真的听进去。家长讲得真切，孩子也会听得真切，孩子才会把家长的故事作为他未来发展的人生脚本以指导他未来的行为，这样家庭中勤奋的文化基因就得到了传承。

在讲故事的过程中，家长还可以将故事与中国古诗文经典相联系。比如讲勤奋的故事时，我们可以自然地引申出勤奋的诗句以进行文化内涵的解读，如“不积跬步，无以至千里。不积小流，无以成江海。”“锲而舍之，朽木不折；锲而不舍，金石可镂。”“天行健，君子以自强不息。”“天道酬勤”，让故事和诗句同时连带着情感一起进入青少年的内心。习近平多次强调古诗文经典在文化传承中的作用：“古诗文经典已融入中华民族的血脉，成了我们的基因。我们现在一说话就蹦出来的那些东西，都是小时候记下的。语文课应该学古诗文经典，把中华民族优秀传统文化不断传承下去。”[①]我们把带着文化情感的故事与带着文化基因的古诗文经典结合在一起时，就为青少年的文化传承树立了既具象又抽象的精神坐标。

2. 用“家”联结个人与国家，塑造文化归属感

中国人是最重视“家”的，家是联结个人与社会、国家的纽带。这个纽带起着双向作用，一个是自上而下的关爱；另一个是自下而上的感恩。一方面，青少年体会到家庭对自己的关爱和期待：“慈母手中线，游子身上衣。临行密密缝，意恐迟迟归”，也就会借由家庭感受到社会和国家对自己的关爱和期待，这个被关爱和期待的青少年会发展出安全感和价值感，即“我很重要”“我很有价值”；他会感受到和家人在一起时的相互支持和温暖的力量，进而感受到身处社会和国家发展洪流中的奋进力量。另一方面，青少年会对家庭和父母感恩，想要报答父母的养育之恩，不辜负家人的期望，发展家庭责任感，进而

① 薛庆超：《习近平与中华优秀传统文化》，2017年12月21日，见http://theory.people.com.cn/GB/n1/2017/1221/c40531-29721761.html.

发展出对社会和国家的责任感，心怀天下，报效国家；他们也会在家庭出现困难，国家出现危难时挺身而出，“苟利国家生死以，岂因祸福避趋之”“黄沙百战穿金甲，不破楼兰终不还”。对“家”的情感将个人、家庭、社会和国家紧密联结。

将青少年对“家”的情感与传统文化紧密相连，比如在传统节日清明节全家一起祭祖踏青的传统习俗中，青少年通过祭拜体会对先辈的怀念和敬重，感受到自己与整个家族的代代相传的血脉联结；体会到初春踏青时的生机盎然和全家一起出行的亲情浸润，在这样的文化习俗中，青少年将自己置身于家庭的同时，也将家庭、家族放到自己的内心中，促发生生不息的力量。再比如在日常生活中通过洒扫庭除、一日三餐将田园生活与青少年对心灵家园的追寻相结合。近几年，以李子柒为代表的视频拍摄者为什么能引起全社会的普遍关注，就是因为他们的视频“扎根故乡，以日常家庭生活为主要叙事场景，讲述的也是平淡生活的点滴，辅以简单的编排、剪辑等后期加工，便为受众勾画出一幅田园生活的图景，激起无数人心中憧憬田园的情感涟漪：溪上青草，林间鸟鸣，茅檐烟袅，通过画面细绘出‘采菊东篱下，悠然见南山’的诗意田园；锄豆溪头，编织竹篓，卧剥莲蓬，栽培应季果蔬，打造传统炊具，烹调古香古食，通过帧帧镜头讲述出宁静、恬淡又质朴的乡村生活；操着家乡话，与家人务农活、做三餐、聊家常，自然、安适又温情，通过段段生活场景表达出对家人及故乡的热爱”[①]。“家”承载着中国的传统文化，通过与家的情感连接，青少年与自己、与社会、与国家产生紧密的连接，让中国文化在自己的心中生根。

（三）意：加强文化传承，激活行为意向

1. 感受文化力量，增强文化传承“有意性”

“意”是个体的行为动力、行为倾向和行为意志，在文化的传承系统中处于理性认知、感性认同和行为实践之间。在青少年文化教育中，需要通过“意”将其从对文化有“自知之明”的理性认知、“家国同构”的感性情怀推向“日用不觉”的行为实践中，要引导青少年有目的、有意志地运用文化。习近平总书

---

① 韦辉、吕宝龙、程国栋：《“李子柒现象”及其对当前青年创业之启示》，《中国青年研究》2020年第10期。

记强调："一个民族、一个国家的核心价值观必须同这个民族、这个国家的历史文化相契合，同这个民族、这个国家的人民正在进行的奋斗相结合，同这个民族、这个国家需要解决的时代问题相适应。"[①] 传统文化的作用也是如此，传统文化是"活"的，必须要运用于指导日常实践才能显示它的生命力和价值。因此，在文化的传承中，我们一定要加强"意"的部分，要激活青少年文化行为的有意性，激发青少年的文化行为动机，增强青少年文化践行的意志。

增强文化传承"有意性"的重要途径就是让青少年在文化行为实践中感受到中国传统文化在解决现实问题的作用和力量，用传统文化去智慧地指导问题的解决。比如用《道德经》中的"道生一，一生二，二生三，三生万物"[②]理念去引导青少年培养良好行为和解决困境问题。中国文化强调阴阳，但更强调在阴与阳之间、好与坏之间、对与错之间有着一片亦阴亦阳、亦好亦坏、亦对亦错的区域，这片区域才是世界的真实的、丰富的全貌。运用这一理念，在青少年良好行为的培养中，我们不要期望好行为"拔地而起"，而是要明白好行为的培养是在日复一日的行动中循序渐进地养成的。如同《道德经》第六十三章说"图难于其易，为大于其细。天下难事必作于易，天下大事必作于细。是以圣人终不为大，故能成其大。夫轻诺必寡信，多易必多难。是以圣人犹难之，故终无难"[③]，对于好行为的养成，如果我们过于乐观地期待它的快速养成，那么必会遭致失败。因此，需要"千里之行，始于足下"[④]，有目的地去做长远的规划，同时着眼于脚下、着眼于手头行为去耐心培养，这也是当代教育心理学家德韦克提出的"成长性思维模式"的教育要求。反过来，在问题行为的处理上也不要期待青少年能够洗心革面一朝改变。我们最好在问题行为没发生前就去预见它，正如《礼记・中庸》中说"凡事预则立，不预则废"[⑤]。等到冰冻三尺再去改变就会很困难，《易经》乾卦第一爻的爻辞"履霜，坚冰至"[⑥]就是告诉我们要在秋天脚下踩到一点点霜时，就知道寒冷的冬天要来了而为寒冷的冬天做

---

① 杨桂华：《习近平关于核心价值观的论述》，2014 年 11 月 24 日，见 http：//cpc.people.com.cn/n/2014/1124/c64094-26078669.html。

② 老子（著），徐澍、刘浩（注译）：《道德经》，安徽人民出版社 1990 年版，第 119 页。

③ 老子（著），徐澍、刘浩（注译）：《道德经》，安徽人民出版社 1990 年版，第 175 页。

④ 老子（著），徐澍、刘浩（注译）：《道德经》，安徽人民出版社 1990 年版，第 178 页。

⑤ 刘兆伟（编）：《中国教育名著丛书・中庸》，人民教育出版社 2015 年版，第 6 页。

⑥ 饶宗颐（编）：《中信文化大典・周易》，中信出版社 2013 年版，第 62 页。

准备。青少年问题行为的处理也是如此，刚出现一点点征兆时，我们就采取行动以“为之于未有”[①]。因此，不管是好行为的培养还是问题行为的处理，我们都不可过于僵硬地要求，而是要灵活地在过程中引导，要做到因人制宜、因时制宜、因物制宜、因事制宜、因地制宜，这也是儒家所强调的中庸之道。当我们与青少年一起用这些传统文化理念去解决现实生活中的问题时，他们就能切实地感受文化的力量，多次反复下来，青少年文化传承的“有意性”就会得到增强，文化行为的意志性就会被激活。

2. 利用多元强化，建构文化传承内生动力

行为主义理论认为个体的行为如果得到好处，这个行为发生的概率就会增加，这个过程就是强化。强化法的机制是要想增加个体行为的内在动力，就要让个体去体会到行为的好处，根据这一机制在青少年传统文化的家庭教育中，我们要去利用多种强化方式去建构青少年文化传承的内在动力。

我们要建立多种途径的文化行为强化模式。首先，可以利用直接强化让青少年的文化行为得到直接的好处。直接的好处可以是我们在前文所述的用文化理念直接指导青少年的日常行为，让他能够更好地养成好习惯或跨越困难；也可以是在立己达人的过程中通过成长自己、帮助别人去获得快乐；或者是通过传统文化的学习获得文化资本，并将这一文化资本转化成为社会资本，从而拥有更多的社会交往机会，得到更多的社会尊重。各种直接好处会让青少年的传统文化学习和运用行为得到强化，增加青少年行为传承的直接动力。其次，可以用替代性强化让青少年在榜样或偶像的行为中感受到文化的作用，体会到文化的力量。比如他们看到一些中国非物质文化遗产的传承人在做剪纸、木工等工作时的镇定自若和全神贯注的状态，他就会体会到匠人精神的微妙，体会到《庖丁解牛》中“手之所触，肩之所倚，足之所履，膝之所踦，砉然向然，奏刀騞然，莫不中音”[②]的得心应手、运用自如的美好。“西伯拘而演《周易》；仲尼厄而作《春秋》”当他看到一些智慧老人的安详喜乐，了解到这些老人在一生过往中经历的磨难和伤疤，就能理解磨难对人生的意义。再比如当他们观看《中国诗词大会》时看到董卿老师和那个引起公众关注的名为“武亦姝”的

---

① 老子（著），徐澍、刘浩（注译）：《道德经》，安徽人民出版社 1990 年版，第 178 页。
② 饶宗颐（编）：《中信文化大典：庄子》，中信出版社 2013 年版，第 88 页。

女孩在台上的风采，就能明白传统文化的熠熠发光。通过榜样的替代性强化，青少年可以去体会到榜样行为得到的好处而主动去建构文化传承的内生动力。再次，我们还可能引导青少年看到中国传统文化在全世界传播中的“有用性”。放眼海外我们会发现全世界很多人都在用中国传统文化解决现实生活中的问题，比如美国前总统里根多次引用“治大国若烹小鲜”；联合国前秘书长潘基文认为要做到“天之道，利而不害；圣人之道，为而不争”才能处理好国际关系；美国前总统奥巴马多次提及他在治理美国的过程中会使用《道德经》中的智慧；管理之神稻盛和夫非常喜欢中国传统文化“敬天爱人”，并将之作为其管理的最重要准则；还有一些好莱坞经典大片也喜欢在中国文化中寻找智慧，比如《黑客帝国》中尼奥在对抗的关键环节用的就是中国功夫，而尼奥这个名字本身含义也恰恰是道德经中最强调的“无”。看到全世界对中国文化的吸收和运用，看到中国文化在解决当代问题中的作用，青少年会体会到传统文化的“时尚”和“有用”，他们的文化行为会得以强化，文化内生动力会得以激发。

（四）行：利用文化载体，奠定行为习惯

1. 将显性教育与隐性教育结合，撰写文化行为脚本

青少年传统文化教育中，知情意行是不可分割的有机过程，“行”是“知、情、意”的落脚点，但同时它也是“知、情、意”的生发点。王明阳在《传习录》中讲道“知之真切笃实处即是行，行之明觉精察处即是知。知行功夫，本不可离”。[①] 家是父母与青少年每天日常生活的场所，要在每天点滴生活中将“知、情、意”在“行”中实践，反过来也要在日常生活、礼仪活动、传统节日活动等“行”中觉察感悟，将“行”升级为“知、情、意”。一般而言，在“知”“情”“意”都具备的情况下，“行”则是水到渠成[②]，家长要在日常生活、习俗礼仪、传统节日庆典等过程中抓准契机，将传统文化的内涵显性地或隐性地渗透给孩子，并且让孩子有意或无意地接受，成为指导青少年未来行为发展的脚本。比如唐太宗李世民就是运用生活中与太子李治一起划船的情境，谈及水与舟、君与民的关系，将《荀子·王制》中“水可载舟，亦可覆舟”[③]的治国理念

① 王阳明：《传习录》，岳麓书社 2016 年版，第 10 页。
② 李泽泉：《践行核心价值观应抓好“知、情、意、行”》，《人民日报》2014 年 11 月 4 日。
③ 方勇、李波（译注）：《荀子》，中华书局 2011 年版，第 118 页。

进行传承。

家长要抓住生活中适当的契机将显性教育与隐性教育结合，促进传统文化的知识观念与行为自然地融合传承。比如当家长与青少年一起种花时，埋好种子后要在种子上压一层土，对于这层土的作用家长就要讲"压上一层土对种子的成长很重要，如果不压土，种子会很容易长出来、长得高，但它扎根不结实就很容易倒；埋上一层土，种子就需要突破土的压力，它就需要让自己深深扎根，让自己吸取更多营养、让自己长得茁壮，这样才能破土而出"。在生活中青少年直接感悟到了压力对于成长的作用，他之后再读到《孟子》"故天将降大任于斯人也，必先苦其心志，劳其筋骨，饿其体肤，空乏其身，行拂乱其所为，所以动心忍性，曾益其所不能"[①]时他就会将深信不疑，就会将知与行融合。以这样的文化心理为脚本，以后青少年在成长中碰到困难时他也会理解困境对人生的意义，有决心突破困境。这样，青少年放眼社会与国家，他对于重任与压力就会有新的理解，就像习近平主席在出访意大利时被问到如何管理这样大的一个国家时，说"这么大一个国家，责任非常重、工作非常艰巨。我将无我，不负人民。我愿意做到一个'无我'的状态，为中国的发展奉献自己"。"一个举重运动员，最开始只能举起 50 公斤的杠铃，经过训练，最后可以举起 250 公斤。我相信可以通过我的努力、通过全中国 13 亿多人民勠力同心来担起这副重担，把国家建设好。我有这份自信，中国人民有这份自信。"[②]青少年会用他生活中获得的关于压力与成长的文化感悟来理解这段讲话的内涵，也会理解个人的行为与国家的重任之间的关系，他的心中就会有担当，"中国梦是历史的，现实的，也是未来的；是我们这一代的，更是青年一代的。中华民族伟大复兴的中国梦终将在一代代青年的接力奋斗中变为现实"，青少年就会将中华民族的优秀文化、中国梦与自己每日的学习成长结合在一起，在文化中做到"知、情、意、行"的统一。

2. 运用不同文化载体，拓展家庭文化资本

传统文化教育的有效途径不是"告诉"青少年知识，而是让青少年在实践中去行动、认知、感受和体验，因此传统文化教育要融合在实践活动之中，要以

---

① 饶宗颐、黄俊杰编：《中信文化大典：孟子》，中信出版社 2013 年版，第 276 页。

② 习近平：《我将无我，不负人民》，2019 年 3 月 22 日，见 http://www.xinhuanet.com/2019-03/24/c_1124275623.htm。

各种不同的活动为载体来进行。已有研究发现，家庭文化资本影响传统文化在家庭中的传承，家庭文化资本不足会限制青少年对传统文化的学习和运用。所以，家庭要主动利用多种资源构建多方位、多层次的文化活动载体，以拓展家庭传统文化传承的相关文化资本，以畅通青少年做到知行合一的有机路径。在青少年家庭教育中可以运用以下四类载体：

第一类是日常生活与劳动。一是要将传统文化经典诗词、家书家训与日常生活和劳动结合在一起，比如《归田园居》"种豆南山下，草盛豆苗稀。晨兴理荒秽，带月荷锄归"[①]，《朱子家训》"黎明即起，洒扫庭除"[②]，《曾国藩家书》"身勤则强，家勤则兴，国勤则治，军勤则胜"，传统诗词和家训中关于劳作的描述有着打动人心的文化力量，要使用这些描述来引导青少年体会生活和劳作的文化浸润感。二是要将传统文化中的智慧和精神品质与日常生活和劳动结合在一起，比如二十四节气中的耕种智慧，传统面食、织染等技术中的钻研精神都会给青少年带来不知不觉但又无法抗拒的吸引力。三是要将传统文化中的人生觉悟和智慧与日常生活和劳动结合在一起，关注洒扫庭院中的专注和正念，关注一餐饭、一杯茶中的生活意境，"大悟之前，吃饭睡觉。大悟之后，吃饭睡觉"，用专注的心态全神贯注地做事，修得一种乐观豁达的心境。这些生活中的智慧和精神将在儿童和青少年时期以不言之教的方式影响他们的行为模式和思考方式。

第二类是传统礼仪和习俗。家长要言传身教地在每日生活和传统节日中进行礼仪的示范和反思。比如孝文化，要做到养老、爱老、敬老，而且要与青少年一起进行反思和讨论，家长要经常自问"在对自己的父母尽孝时有没有做到理解父母的意愿，有没有做到'乐其心'？"《论语》中讲道"子夏问孝。子曰：'色难。有事，弟子服其劳；有酒食，先生馔，曾是以为孝乎？'"[③]当家长与自己的父母发生言语或行为冲突，而不能与父母和颜悦色地进行真诚沟通时，就要进行反思和行为校准，这样青少年也会以家长为榜样反思和校准自己的行为，做到"孝之养也，乐其心，不违其志(《礼记》)"。再比如仁爱之心，家长

---

① 徐正英(编)：《国学经典：陶渊明诗集》，中州古籍出版社 2012 年版，第 123 页。

② 朱熹(著)，朱杰人(编)：《朱子家训》，华东师范大学出版社 2014 年版，第 115 页。

③ 孔子(述)，孔门弟子(撰)，钱宁(重编)：《新论语》，生活·读书·新知三联书店 2012 年版，第 23 页。

在力所能及的范围内努力去帮助邻里、帮助社区，青少年也会更多地做到“仁者爱人，有礼者敬人”[①]“投我以木桃，报之以琼瑶”[②]“穷则独善其身，达则兼济天下”[③]，青少年会观察家长的言行及与周围人的互动而树立自己的价值观和世界观。

第三类是社会教育资源。全社会要一起开发各种类型的传统文化教育资源，包括各种类型的传统文化场馆和各种类型的传统文化体验活动。比如在天坛开展祭天活动，既可以让青少年了解传统祭天的礼仪习俗，更可以让青少年理解传统文化中的敬畏天道、感恩自然的尊天思想，理解爱国重民、奉天爱民的治政理念。要特别注意的是这种类型的文化活动最怕“看到了，但没看懂”，因此要特别注意避免走过场“到此一游”式的拍照和“打卡”，避免走马观花地只看建筑和活动形式。要加强传统文化内容的开发和传播，设计专门的游学手册，将知识、思考、感悟和实践的要求都体现在手册的知识点和活动的设计中，让青少年真正地能够参与进去；也可以培训一批青少年讲解员，对博物馆、艺术馆、民俗馆进行文化讲解，既可以让参观者看懂文化内涵，也能形成同伴间的文化示范效应。

第四类是媒体资源。要充分利用好传统媒体资源和新媒体资源。首先，要利用好传统媒体资源为家庭文化知识的补充和文化活动的开展提供支持，比如纪录片《我在故宫修文物》《如果文物会说话》《本草中国》《航拍中国》，综艺节目《中国诗词大会》《朗读者》《中国汉字听写大会》，这些资源不但可以补足家庭文化资源，而且在全家共同观看和讨论的过程中可以将家人聚在一起，提高家庭凝聚力。其次，要利用好新媒体资源为传统文化家庭教育开拓新思路。新媒体文化语境丰富而多元，又有很强的青年气息和时代气息，用好这些资源可以直接用青少年的话语体系打破时空阻隔，建立“传统”与“现代”的对比沟通，比如，传统时代岳家军的保家卫国与新媒体时代“饭圈女孩”的网络出征、传统时代陶渊明的田园情怀与新媒体时代李子柒的乡村生活、传统文人的吟诗作赋与当代青少年的诗词大会、传统手工匠人的精益求精与当代“舌尖上的中国”的美食寻根，这些传统与现代的对比能够让青少年更直接地理解传统文化

① 饶宗颐、黄俊杰编：《中信文化大典 · 孟子》，中信出版社 2013 年版，第 187 页。
② 赵逵夫（注评）：《诗经》，凤凰出版社 2011 年版，第 78 页。
③ 饶宗颐、黄俊杰编：《中信文化大典：孟子》，中信出版社 2013 年版，第 283 页。

的生命力，思考如何将传统文化古为今用。再次，要用现代科技和媒体方式来表达传统文化，比如故宫在元宵节举办的“上元灯会”很好地利用科技和新媒体的快速发展来助力文化表达；网络游戏《梦幻西游》将传统文化运用在各个游戏环节中，如科举考试环节贯穿了传统的天文地理、文学艺术等各项知识。这些新媒体方式让中国传统文化以一种新颖的姿态走进青少年的文化生活，让传统文化的家庭教育资源能够不断得以创新和补充。

家庭教育是青少年传统文化教育达成“知行合一”“体用一源”的最有力途径，青少年只有在家庭中真正地继承、践行、弘扬和创新传统文化，中华传统文化的精神血脉才会得以延续，中华民族生生不息的动力才会得以激发。“君子尊德性而道问学，致广大而尽精微，极高明而道中庸”①，在青少年传统文化的家庭教育中通过“知、情、意、行”的全程教育路径，对青少年文化理性、文化情感、文化行为动力以及文化行为习惯进行全方位的贯通培养，才能真正有效地提升青少年的文化自觉和文化自信，将中华民族特有的文化品格和精神底蕴深深烙印在青少年的思想和行为中，实现中华民族文化基因的精准传承和伟大创新。

① 刘兆伟（编）：《中国教育名著丛书·中庸》，人民教育出版社 2015 年版，第 8 页。

第六章　幼儿园如何开展青少年传统文化教育

刘胡权*

一、幼儿园开展传统文化教育的意义及价值

（一）文化及优秀传统文化教育

文化是人类为适应与促进生活，经过学习与创造所产生的所有成就或表现，是“人类生活的整体体现”，[①]它有三个表现层次：物质文化、制度文化和精神文化。中华优秀传统文化是中华民族历史上人民生产生活的智慧，是中华文明成果根本的创造力。优秀传统文化是中华民族的生命之源、立足之本。中华优秀传统文化既包括悠久、博大精深的优秀传统文化，也包括近代以来中华民族在救亡图存之际形成的红色革命文化，还包括改革开放以来积极推进建设的中国特色社会主义文化。党的十八大，习近平同志将中华优秀传统文化升华为“中华民族的基因”“民族文化血脉”和“中华民族的精神命脉”。

有研究者根据教育内容的表现方式不同，将优秀传统文化教育的内容划分为四类：“以文字为载体的传统经典”“以知识为形式的传统生活与社会常识”“与人类创作有关的传统技艺”“以个人行为为载体的传统道德”[②]。“传统经典类”因其保存发展较为完善，作为传统文化教育的核心被人们所重视。中华优秀传统文化较其他国家或地区而言，不论在内容数量上还是广度上都有很

*　刘胡权，北京教育学院副研究员，教育学博士，主要研究方向为传统文化教育、教师教育、教育政策等。

①　周淑惠：《中华文化融入幼儿园生活之道》，《人大复印资料·幼儿教育导读》（教师教学）2020年3月下。

②　王立刚：《论传统文化教育的内容体系》，《当代教育与文化》2017年第1期。

大的优势，但在教育领域内的应用，因其内容浩瀚庞杂，在条理性、系统性上稍显逊色，并且我国的传统文化教育，其目标多侧重于知识、技能的获得和行为习惯的养成，而忽略了情感目标，如轻视了民族精神、民族品性的培养等。①

（二）意义及价值

"人生百年在于幼学"，完整意义上的学前教育必然注重本民族优秀文化的传承。②学前教育阶段是幼儿了解和认同中华优秀传统文化的关键期，此时的文化环境和文化熏染能够奠基幼儿一生的精神血脉和精神家园。③在这一阶段进行中华优秀传统文化教育，能够培养幼儿形成良好的民族精神和思想品德、行为品质；能够陶冶情操、熏陶人格、养成良好习惯、加强修养；能够开启幼儿智慧、激活幼儿身上的"中华传统文化基因"；激发民族自信心、自豪感。

陈鹤琴先生在他的活教育理论中提出，活教育的目的即"做人，做中国人，做现代中国人"，这也是在学前教育阶段实施传统文化教育的宗旨和意义。首先，人格养成。培养幼儿的行为习惯，让儿童在幼儿期就养成好的行为习惯和品格、品性，即"做人"。其次，是文化认同。《3–6 岁儿童学习与发展指南》中指出，要让幼儿"在良好的社会环境及文化的熏陶中学会遵守规则，形成基本的认同感和归属感"，要让幼儿喜欢并接纳民族文化，进而了解民族文化的历史渊源和成就，认同自己炎黄子孙的身份，感到亲切、骄傲与自豪，并形成强烈的作为"中国人"的归属感、荣誉感。最后，文化传承和发展。优秀的传统文化是通过当下的教育、转化而得以新生的，当代的文化既是对过去文化的继承，更是一种文化创新和发展。在幼儿人格品质形成的关键时期播撒下中华优秀传统文化的种子，才能让幼儿在中华优秀传统文化的浸润下树立人生伟大的理想抱负，产生"做现代中国人"的文化自信。④

---

① 凌云：《基于中国神话传说的幼儿园传统文化教育研究》，山东师范大学硕士学位论文，2019 年，第 3 页。

② 朱家雄：《学前教育的文化适宜性问题》，《幼儿教育》2015 年第 5 期。

③ 高宏钰、霍力岩、谷虹：《幼儿园教育传承传统文化的内容与方式——基于政策文本的研究》，《基础教育课程》2019 年第 10 期（上）。

④ 王丽玲、魏浩武：《中华优秀传统文化融入幼儿园教育的实践探索》，《新课程研究》2019 年第 5 期。

二、多元视域的理解、探索

（一）政策期待

2001年，随着国家新一轮课程改革的推行，教育部调整并加大了传统文化教育的比重。《幼儿园教育指导纲要（试行）》里提到，“引导幼儿实际感受祖国文化的优秀与丰富，激发幼儿爱祖国的情感”。第二部分社会领域内容和要求中指出，“充分利用社会资源，引导幼儿实际感受祖国文化的丰富与优秀。适当向幼儿介绍我国各民族的文化，使其感知人类文化的多样性和差异性”。这就要求幼儿园为孩子创设丰富的学习场景、形式和内容，促进幼儿对我国丰厚传统文化的理解和感悟，从而激发其对自己民族文化的认同和热爱，让孩子们在中华优秀传统文化的滋养下，涵育丰厚的气蕴，涵养做堂堂正正中国人的浩然之气。

十八大以来，中华优秀传统文化逐渐成为习近平总书记治国理念的重要来源，中华优秀传统文化教育也逐步渗透、融入各个教育阶段。2014年，教育部颁发的《完善中华优秀传统文化教育指导纲要》将教育内容划分为以天下兴亡、匹夫有责为重点的家国情怀教育，以仁爱共济、立己达人为重点的社会关爱教育和以正心笃志、崇德弘毅为重点的人格修养教育三个方面。《纲要》虽然未对学前教育提出要求，但学前教育也可参照小学低年级的要求来实施，“以培育学生对中华优秀传统文化的亲切感为重点，开展启蒙教育，培养学生热爱中华优秀传统文化的感情”。

2016年，《中国学生发展核心素养》研究成果正式发布，该成果构建了以培养“全面发展的人”为核心的，包括文化基础、自主发展、社会参与三个方面，人文底蕴、科学精神、学会学习、健康生活、责任担当、实践创新六大素养以及具体细化为国家认同等十八个基本要点的总体框架，从另一个侧面对新时代的立德树人提出了新的要求。

2017年，随着《关于实施中华优秀传统文化传承发展工程的意见》的印发和实施，国务院提出把中华优秀传统文化“贯穿于启蒙教育、基础教育、职业教育、高等教育、继续教育各领域”，《意见》在“主要内容”中划分了由“核心思想理念”“中华传统美德”和“中华人文精神”三方面构成的内容框架，特别提到了自强不息、敬业乐群、扶危济困、见义勇为、孝老爱亲等中华传统美德，这些思想和精神支撑着国人认识和改造世界，支撑着中华儿女勇往直前，融入先民。所以在学前阶段开展中华优秀传统文化的启蒙教育是对幼儿未来性格成长、生活习惯、审美能力、道德品质、文化素养的基本塑形。

（二）学术研究

伴随着“传统文化热”，幼儿园开展传统文化教育越来越被人们所认可和重视，研究者逐渐开始关注学前教育阶段如何开展、实施传统文化教育，相关的研究涉及幼儿园传统文化教育的内容、方式、问题等。

首先，在幼儿园传统文化教育的内容方面，有研究者将幼儿园传统文化教育划分为十一种类型，包括传统饮食、服饰、地理、科技、文学作品、艺术、武术、节日、历史名人、民间游戏、棋艺方面等。[①] 有研究者将其分为九个种类，即传统节日类、传统游戏类、传统文学类、传统艺术类、传统建筑类、传统服饰类、传统科技类、茶文化、传统面食文化类。[②] 还有研究者认为中华传统文化教育主要包括中国传统蒙学经典诵读、传统民间艺术、民俗文化和民间游戏这四部分内容。[③] 由此可见，中华优秀传统文化内容广博，可以融入幼儿园课程内容的主要有传统伦理道德、传统文学、传统工艺、传统戏曲与武术、传统节日文化、传统服饰文化、传统饮食文化和传统建筑文化等。如此广博庞杂的内容，使得幼儿园在甄别、选择中华优秀传统文化教育内容以及设计相关活动方面存在困难，开发的传统文化课程内容趋于单一和片面，难以形成一个系统的课程体系。

---

① 严仲连：《幼儿园传统文化教育》，上海交通大学出版社 2013 年版。

② 邱艳娟：《幼儿园传统文化教育活动研究》，青岛大学硕士学位论文，2019 年，第 17 页。

③ 廖庭婷：《幼儿园优秀传统文化教育课程的个案研究》，福建师范大学硕士学位论文，2018 年，第 6 页。

表 6–1　幼儿园传统文化教育分类[①]

类别	覆盖比	具体内容（示例）
1. 传统游戏类	100%	棋类游戏、七巧板、翻绳游戏、跳房子、编花篮、跳皮筋、丢手绢、老鹰捉小鸡、转陀螺、丢沙包、踢毽子等
2. 传统节日类	100%	春节、元宵节、清明节、端午节、中秋节、重阳节、腊八节、二十四节气等
3. 传统文学类	100%	绕口令、猜谜语、童谣、成语、古诗词、《弟子规》、《三字经》、《百家姓》、民间故事、神话传说等
4. 传统艺术类	100%	剪纸、秧歌、腰鼓、国画、京剧脸谱、皮影、扎染、衍纸、刺绣、灯笼制作、版画拓印、浮水画、编织（中国结、衣物等）、青花瓷、纸伞、纸扇、泥塑等
5. 茶文化	92.3%	茶艺、茶具、茶的种类、茶的功效、茶的礼仪等
6. 传统面食类	90%	面食工具、面食种类、面食原材料（来源、作用）、制作面食
7. 传统建筑类	86.15%	天安门、故宫、长城、古建筑的搭建等
8. 传统服饰类	77.7%	旗袍、丝绸、少数民族服饰等
9. 传统科技类	76.92%	篆刻、中医中药、造纸术、活字印刷、指南针等

其次，在幼儿园传统文化教育的方式方面，有研究者梳理了中华优秀传统文化融入幼儿园的几种主要方式：[②]一是在主题课程中探究，主题课程本具有探究性与整合特性，组织主题的架构可以是“食、衣、住、行、育、乐、其他”，也可以是文化内涵三层面“物质文化、制度文化、精神文化”，让幼儿探究与体验。二是在日常生活中镶嵌，幼儿在幼儿园中与所有人、事、物的互动经验都可以是课程的范畴，即课程应该是生活的写照，三种层次的文化内涵皆可镶嵌于幼儿园日常生活之中。三是在绘本活动中涵濡，绘本是很棒的幼教资源，透过文图并茂的绘本，可以培养幼儿的语文感与养成阅读习惯，更重要的是可以传达重要概念与知识。四是善用家长资源进行家园共育，教师可以运用主题亲子学习单的方式，让家长与幼儿一起查询中华文化相关资料，或是一起进行某

① 邱艳娟：《幼儿园传统文化教育活动研究》，青岛大学硕士学位论文，2019 年，第 17 页。

② 周淑惠：《中华文化融入幼儿园生活之道》，《人大复印资料 · 幼儿教育导读》（教师教学）2020 年 3 月下。

种传统技艺活动，或者利用假日亲子参观文化遗址或博物馆。五是教师成为楷模且慎思教学举措，教师的身教如礼仪、道德表现、文化涵养等，显得特别重要。

最后，目前幼儿园传统文化教育存在的问题：第一，传统文化教育活动普遍开展，但缺乏教育体系。目前幼儿园的传统文化教育主要有两大类，一是以传统节日为载体开展的教育，二是传统读物的教育，多数幼儿园采用《弟子规》《论语》等书籍，但很少能学习其中的精神和文化内涵而重在诵读。第二，传统文化教育形式过于单一，内容不够丰富。有研究者指出，在幼儿园中开展传统文化启蒙教育存在以下教学偏差，例如：内容比较零散，活动开展不够深入；重知识技能传授，轻感受体验；生搬硬套，缺乏创新；活动组织方法不当，存在小学化倾向；教育资源的挖掘、整合不够深入；家长教育意识不够，片面追求短期成效等。第三，传统文化教育注重继承，但缺乏创新。[①] 这主要体现在两个方面：一是缺乏专业的传统文化教育教师，园与园之间相互模仿，照搬照抄现象严重，教师不能结合幼儿的身心发展特点和时代特征加以变通；二是教育过于被动，缺乏本土化教育，不注重创新意识的培养，使得在学习中容易扼杀幼儿的学习兴趣和探究意识。

（三）实践探索

近年来，幼儿传统文化教育逐渐呈现出多元化、丰富化的特征。幼儿园开展传统文化教育主要是在“五大领域”中融合传统文化教育，而园外机构实施传统文化教育则主要是通过“传统文化教育 +”的形式，即传统文化教育融合其他领域。

1. 幼儿园开展传统文化教育的实践探索

（1）教育内容

幼儿园在优秀传统文化教育内容选择上一般都会从社会、儿童和学科三个方面考虑，即社会发展需要、儿童发展需要和学科体系内容。中华传统文化在幼儿园的启蒙教育内容，主要涵盖以下方面：中华节日（春节、元宵节、清明节、端午节、中秋节、重阳节）与饮食（面食等）文化，中华艺术（音乐——歌

---

① 蒋煜：《浅议幼儿园传统文化教育》，《课程教学》2015 年第 1 期。

曲、舞蹈、器乐、戏剧、曲艺等，美术——绘画艺术、雕塑艺术、工艺美术、建筑艺术、美术欣赏等，文学——神话、传说、童话、故事、寓言、谚语、歇后语等）与游戏（智能、助兴、竞技、博彩、斗赛、杂艺）文化，中华礼仪与民俗文化，中华人物与发展文化，中华孔子与儒家文化（仁义礼智信）。幼儿园在选择教育内容时，主要有五方面的来源：蒙学经典；民俗文化活动与传统节日文化活动；相关教材；园本课程；教师的个人喜好。

表 6–2　陕西省某些幼儿园开展的传统文化教育内容[①]

	开展过的相关教育内容
传统饮食文化教育	包饺子、煮汤圆、包粽子、做月饼、陕西特色小吃（肉夹馍、凉皮）、做冰糖葫芦、茶道、陕西花馍
传统服饰文化教育	旗袍、服饰的变迁、汉服、丝绸
名胜古迹教育	参观大风阁、搭建钟楼、大雁塔、长城、故宫、天坛、兵马俑
传统科技教育	篆刻、四大发明、中医
传统文学作品教育	《三字经》《弟子规》《百家姓》《古诗词》、成语故事、品书法、写对联、猜灯谜、民间故事、神话、汉字的演变、绕口令
传统艺术教育	打腰鼓、皮影戏、剪窗花、巧手刺绣、扎染、捏泥人、做风筝、做灯笼、木偶剧、马勺、京剧脸谱、国画、秦腔、青花瓷、扭秧歌、编制中国结
传统武术教育	武术表演、太极拳、太极扇、中国功夫
历史名人教育	屈原、孔子、黄帝、毛泽东、司马光、孔融、张衡、曹冲、孟子、荀子
传统节日教育	端午节、元宵节、中秋节、清明节、风筝节、重阳节、冬至、春节
传统民间游戏活动	竹筒投壶、舞龙、跳房子、套圈、老鹰捉小鸡、拔河比赛、丢手绢、推手、碰棋、踩高跷、跳皮筋、打陀螺、放风筝、滚铁环、翻绳、踢毽子
传统棋文化教育	五子棋、象棋、围棋、跳棋

① 屈晶晶：《幼儿园优秀传统文化教育教学的实践研究》，陕西师范大学硕士学位论文，2016 年，第 23 页。

案例 6–1：八德学习体系[①]

哈尔滨幼儿师范高等专科学校实验幼儿园关注幼儿的身心发展特点和学习规律，与北京教育出版社联合进行研究，甄选优秀传统文化教育内容，构建了经典、精彩、有趣的八德学习体系。每一种德行，在幼儿的三个学段设有一个故事，八德故事贯穿幼儿的成长过程中，让八德在孩子的心灵中扎根发芽，以此奠定孩子的德行根基。

表 6–3

	孝	悌	忠	信	礼	义	廉	耻
小班	孟郊吟慈母之恩	温公爱兄	管鲍之交	曾参杀猪	不吃无主之梨	桃园三结义	杨震四知	卧薪尝胆
中班	皋鱼三失	世恩夜持	魏暮忠于史职	立木为信	尊师重教	冯谖买义	晏子辞千金	负荆请罪
大班	孙思邈为双亲治病	朱显焚券	屈原忠君爱国	卓恕千里赴约	巷宽六尺	昭君出塞	于谦两袖清风	王列遗布

（2）教育形式

幼儿园的传统文化教育活动主要通过经典诵读、主题活动设计、环境创设、游戏活动渗透、一日生活渗透、传统节日渗透、家园共育保障等方式来组织实施。

一是经典诵读。伴随国学教育的持续升温，幼儿园逐步将经典诵读作为重要的教育方式。幼儿园在进行启蒙教育时采用的最主要的方式是诵读法，通过朗朗上口的记诵，种下一个传统文化的种子。《三字经》《百家姓》《千字文》《弟子规》《增广贤文》等，往往作为幼儿教育中专门的启蒙读物，因为它们易读易诵，便于识记。但是幼儿园的经典诵读往往只是诵读，不涉及其他。

二是在主题活动中进行中华传统文化教育。专门性幼儿中华传统文化活动是教师按计划专门组织的、集中的、全班或小组的各种类型的教育学习活动，它是实施中华传统文化教育最主要的活动形式。它的种类丰富，并且各自

① 王颖、张尚璇：《以传统文化为载体的幼儿园戏剧教育活动研究》，《当代教育实践与教学研究》2019 年第 11 期。

具有不同的特点，不同的中华传统文化对幼儿园教学来说，它的教育价值也是不同的。

三是通过环境创设渗透中华传统文化教育。一是创设公共环境。创设传统文学教育环境：国学经典，古诗词、成语故事、民间传说、神话等；创设传统民俗文化教育环境：传统节日、二十四节气、十二生肖等；创设传统艺术教育环境：戏曲、音乐、舞蹈、书法、绘画、建筑、雕塑、工艺等；二是创设班级环境。创设主题墙环境：以时间为线索，按月进行，其中穿插节庆主题；创设区域活动环境：如棋区、茶区、表演区、展示区等。

表 6–4　幼儿园有关传统文化的环境创设

	公共环境创设	班级环境创设
环境创设	传统文学教育环境：国学经典、古诗词、成语故事、民间传说、神话等	主题墙环境：以时间为线索，按月进行，其中穿插节庆主题
	传统民俗文化教育环境：传统节日、二十四节气、十二生肖等	区域活动环境：如棋区、茶区、表演区、展示区等
	传统艺术教育环境：戏曲、音乐、舞蹈、书法、绘画、建筑、雕塑、工艺等	

四是在游戏活动之中进行中华传统文化教育。游戏活动是幼儿园的主要活动之一，幼儿园的自主性游戏、语言游戏、体育游戏等各类游戏都是幼儿喜欢的活动，将中华传统文化教育与幼儿喜欢的各类游戏活动相结合，可以使幼儿在愉快的游戏活动中获得中华传统文化经验，同时还能丰富各类游戏活动内涵，使各类游戏活动最大限度地发挥传统文化的教育功能。

五是在一日生活之中进行中华传统文化教育，如晨间律动时加入传统游戏“扔沙包”“踩高跷”等，晨读环节分年龄段点读吟诵《民间童谣》《唐诗》《三字经》《成语故事》等，在午睡前和起床后教师给幼儿分享民间故事、神话传说等。

六是利用传统节日进行中华传统文化教育。“中国传统节日的设置，体现了中国传统的人与自然相和谐的理念”。[①] 传统节日是中国传统文化的重要载

---

① 费正清：《美国与中国》，哈佛大学出版社 1989 年版，第 321 页。

体，凝聚着中国优秀传统文化情感、价值观和精髓，是表达和传承中国优秀传统文化的重要的方式。幼儿园精选贴近幼儿生活经验的、带有中国优秀民族文化精髓的传统文化内容，在教育的目的性与发展的可能性之间寻找平衡点，创设蕴含丰富审美刺激的生活、学习环境，使幼儿能够主动地观察、探究、模仿和表达。

案例 6-2：四合院里的传统文化教育活动①

为进一步挖掘中华优秀传统文化的博大内涵，北京三教寺幼儿园结合节气、节日和老北京地域特色，形成“三教寺幼儿园中华优秀传统文化”特色课程，实施“有根有魂有韵的学前教育”。

春夏之际，老师和孩子们会在四合院里开展民间游戏、传统服饰秀等活动，还请来风筝传人王爷爷教孩子们绘制风筝。“柳阴水曲，团扇风清”，立夏时候，孩子们还会和非遗传承人学习绘画制作扇子。而到了夏至的时候，孩子们就会拿着小木棍在院子里测日影，探索光影奥秘。

秋冬时节，老师和孩子们会带着自己采摘的向日葵、玉米、花生等去美食坊开展食育活动，制作各种北京小吃，比如蛤蟆吐蜜、糖卷果、艾窝窝、豌豆黄等。重阳节的时候，还会请爷爷奶奶来小院一起制作重阳糕、玩游戏；冬至的时候，和爷爷奶奶一起包五彩饺子；新年的时候，孩子们还会到创意坊写“福”字。

创意坊是孩子们进行传统艺术创作的地方，孩子们可以在这里玩水墨游戏、水墨画创作，还可以进行传统手工艺创作。母亲节这天，老师和孩子们会用非物质文化遗产——英山缠花的缠花技法，演示制作萱草花献给母亲。

---

① 赵玉洁：《例谈二十四节气活动在幼儿教育中的实施》，《学前教育》2019 年第 26 期。

表 6–5

学期	节气	内容
秋季学期	白露	艺术领域：叶子上的水滴
	中秋	艺术领域：做兔儿爷；语言领域：故事《嫦娥奔月》《吴刚折桂》
	寒露	艺术领域：做袜子；健康领域：穿袜子
	霜降	艺术领域：叶子上的霜、叶子拓印、画柿子；科学领域：柿子品鉴会
	重阳	社会领域：我为爷爷奶奶做……；语言领域：祖孙传统童谣大比拼
春季学期	元宵	艺术领域：做花灯、赏花灯；语言领域：猜灯谜；健康领域：亲子舞龙
	惊蛰	语言领域：小动物睡醒了；艺术领域：春天在哪里
	春分	科学领域：春分竖蛋；语言领域：春天打电话、古诗《春晓》；艺术领域：春天的小花小草
	立夏	健康领域：斗蛋游戏；科学领域：立夏“秤人”；语言领域：儿歌《立夏》
	端午	健康领域：陆地赛龙舟、挂菖蒲、拧五彩绳；艺术领域：做龙舟、贴龙鳞；社会领域：粽香传情
	夏至	科学领域：量影子；健康领域：搓面条；艺术领域：做扇子

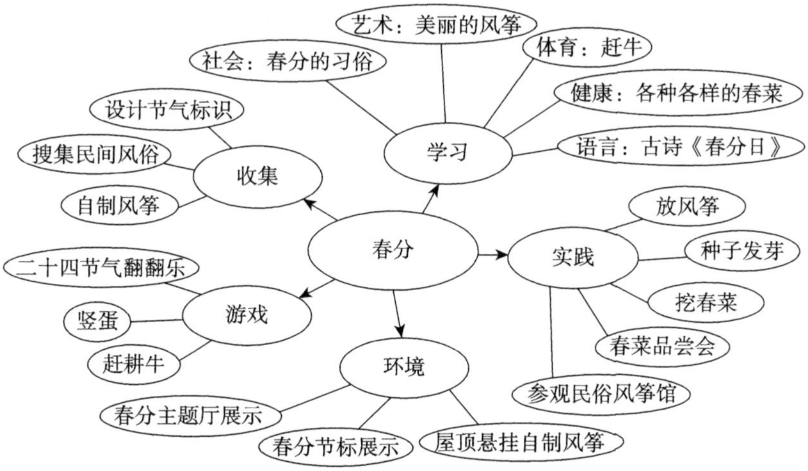

图 6–1　春分节气主题活动展示角布置要素

七是家园共育保障。幼儿教师会充分开发家长资源，加强家园合作，邀请一些在传统文化领域比较擅长的家长来园开展主题教育活动。幼儿园也会开展与传统文化有关的主题活动或亲子活动，请家长们来园与孩子一起参与体验，比如共度中秋节的活动。此外，在经典诵读、行为习惯养成等方面，幼儿园也会通过上述方式与家长沟通，使教育效果最大化。

（3）教育方法

传统文化启蒙教育中最常见的方法是读诵法。读诵法追求的首要教学目标是学生对经典的熟悉与记忆，却并不强求学生理解经典的意蕴。同时，它也期许幼儿会在对经典长期反复的阅读与背诵过程中，潜移默化地完成身心气质的改变与净化，从而全面提高其品格、情感与心智的水准。因此，在注重运用读诵法这一传统文化教育基本方法的同时，还应注重运用好其他一些方法，如践履法与讲解法等。

践履法对于体认中国传统学术文化的本真意蕴具有重要的方法论意义。只有对经典义理身体力行地体验，对传统文化精华旨趣的知行合一与躬行实践，才能增强对传统学术文化精华义理的"实感"。这样由实践再"反哺"回来的经典读诵会引发幼儿心灵的共鸣，较之单调枯燥地要求其读诵经典而言，教学效果的优劣自是泾渭分明。

此外，在进行传统文化教育的过程中，还应适时、灵活运用讲解法，不要简单、机械地从文言文翻译为白话文，可以多样化地借助如漫画、动画、视频、影视、歌曲等具有强烈感官刺激功能的教学媒介与手段，使整个经典内容的讲解透显出"古今融通、灵动多变"的鲜活气息，拉近传统经典与现实生活的距离，更易于激发幼儿学习传统文化的兴趣。

在幼儿园活动中，根据优秀传统文化教育内容的不同性质，幼儿教师在组织具体的教育教学活动时会采用不同的方法，主要有以下六种：示范法、范例法、故事法、角色扮演法、远足法、游戏法，详见表 6–6。

表 6–6　幼儿园有关传统文化的教育方法及适用领域

教育方法	适用领域
示范法	武术活动、舞蹈表演等涉及肢体动作类的活动
范例法	在艺术类，特别是绘画、雕塑、工艺类的传统文化教育教学活动中

续表

教育方法	适用领域
故事法	在民间传说、神话、寓言及成语讲述方面
角色扮演法	通常与故事法相配合，幼儿扮演相关角色，从而更好地理解故事的意思，体会人物的情感，掌握与角色相适应的行为与规范
远足法	有目的、有计划地带领幼儿参观、游览中国的名胜古迹
游戏法	在游戏的情景中学习相关的传统文化知识

调研发现，教师最常用的方法便是故事法和游戏法，用的最少的是角色扮演法和远足法。之所以最常用游戏法和故事法，是因为幼儿年龄尚小，理解能力不够强，因此需要用故事和游戏的方法开展活动。而角色扮演法和远足法虽然特别适合传统文化教育教学，但因为时间、精力和经费的限制，并不能像故事法和游戏法那样信手拈来。

（4）教师队伍

相关调查发现，优秀传统文化教育教学师资缺乏。[①] 在我国教育体系中，由于传统文化教育长期处于缺失状态，很多教师的传统文化素养积淀不足，难以胜任优秀传统文化教育教学的工作。主要体现在以下几个方面：

一是教师认为优秀传统文化教育非常重要，但是在实际的教育教学中，很多教师的教育观念没有更新。有些教师认为教育应该与时俱进，要现代化、西方化，而传统文化的很多内容已经过时；有些教师认为传统文化深奥、复杂，幼儿年龄小、知识经验少，难以理解；还有些教师认为学学《弟子规》、背背《论语》就是传统文化教育了。他们没有深层次地挖掘传统文化的内涵意义，注重形式多于注重内容，在教学中侧重对幼儿进行知识点的灌输，而缺乏对优秀传统文化中蕴藏的优良传统品质、高尚审美情操、深厚文化底蕴的深层次挖掘和阐释。

二是教师对传统文化教学缺乏整体设计。优秀传统文化教育几乎每个园都或多或少一直在做，也看到一些成效，但还是不够系统，没有把它形成一个

① 王策：《幼儿园国学经典开展情况的现状调查——以邯郸市幼儿园为例》，《现代交际》2018 年第 8 期，第 167 页。

体系。很多年轻教师对优秀传统文化教育内容缺少系统规划，对教学环节缺乏整体设计。他们往往没有办法串联各个活动，使教育内容呈现孤立化、碎片化，教学方案呈现明显的随意化现象，教学效果也因此大打折扣。

三是教师对传统文化教育的资源缺乏整合，对课程缺乏研发。很多教师还是相对习惯于使用现成的教材，缺少自己的判断、思考，对适合于自己班级教学的班本课程挖掘、利用和整合的程度远远不够。在幼儿教育阶段，开展情况比较好的优秀传统文化教育内容主要有经典诵读、国画、京剧、传统节日等，但传统文化中还有很多的精华，比如地方音乐、舞蹈、民族精神等还有待挖掘、开发。

四是虽然教师普遍比较注重家园合作，重视利用家长资源，但是开展优秀传统文化教育的主体还是教师，家长只是应邀参与少部分活动的活动过程，而没有积极主动地参与到活动的设计、评价等环节，有些家长对于幼儿园优秀传统文化教育教学的认识很不到位。

（5）教育评价

幼儿园优秀传统文化教育评价的内容主要有四个方面：第一，对优秀传统文化教育活动本身的评价；第二，对幼儿在优秀传统文化教育活动中的表现的评价；第三，对幼儿教师的评价；第四，对幼儿园优秀传统文化教育活动环境、活动材料的评价。

目前，幼儿园更多关注幼儿在优秀传统文化活动中的表现评价，而对于其他三个方面缺乏更多关注。根据教师访谈发现，传统文化教育效果主要体现在幼儿的识字量、专注力、记忆力、行为举止及道德品质等方面，至于幼儿的文化底蕴、仪容着装、爱国情怀等方面的作用则需要日后比较才能更明显地看出。传统文化教育是一个漫长、潜移默化的过程，需要教育工作者的不断努力和坚持。

2. 园外机构开展传统文化教育的实践探索

如果说幼儿园实施传统文化教育主要是采取融合方式的话，即在“五大领域”课程中融合传统文化教育，那么园外机构实施传统文化教育则主要是通过“传统文化教育 +”的形式，即传统文化教育融合其他领域。

（1）私塾读经

幼儿传统文化教育的兴起以经典读诵为先导，最早由王财贵教授发起。早在 1994 年，台湾王财贵教授就在台湾倡导“读经运动”，为大陆掀起少儿读经运动奠定了基础。台湾地区及全球的少儿读经思潮逐渐扩展到大陆，大陆少儿读经运动首先在民间兴起。受王财贵教授少儿读经理念的影响，无论是公益的读经班还是全日制私塾，多数都以经典读诵和背诵为主，有的机构会辅以一些国艺的课程。

创建幼儿读经班是希望幼儿能在记忆黄金时期，通过诵读古今中外经典的篇章，达到文化熏陶、智能锻炼与人格培养的全面发展的目的。读经班一般在周末时间开展活动，每次课程 1–2 小时，生源流动大，人数不固定。幼儿读经班的主动开展主要是四种因素驱动：一是传承中华文化的价值诉求，认为文化复兴应该从娃娃抓起；二是改变教育体制的弊端，作为依靠一种自我力量弥补现行学校教育不足、改变现行教育体制弊端的积极尝试；三是获得知识、提高技能、丰富底蕴；四是经济利益的驱使，名利双收。从家长送孩子上读经班的目的来看，大体分为三类：第一，家长本身喜欢传统文化，希望孩子从小能受到传统文化的熏陶和浸染；第二，家长出于读经班的效果，对孩子接受经典文化教育后的表现很认可；第三，家长因为孩子性格怪异、不通话、身上有些不良习气等，希望孩子在这样的学习环境中得到改善。

（2）传统蒙学的活化

目前，除少数私塾机构仍坚持纯粹读经外，大部分幼儿传统文化教育机构在原有读经基础之上增设幼儿园五大领域的相关课程，内容涉及武术、舞蹈、围棋、书法、国画、戏剧等。

案例 6–3：北京汇贤雅少儿国学馆

汇贤雅少儿国学馆以“学习经典、启迪智慧、完善品格、成就人生”为理念，在教学方面，除了经典读诵外，还把经典中意思相对浅显且与少儿生活相关的经典语句进行讲解，讲解过程融入故事教学、游戏教学等教学方法。在经典背诵、意思讲解的基础上还进行力行的指导和教育，倡导知行合一的教学理念，引导学生塑造独立完整的人格。力行引导包括行为习惯、德行和心性引导。行为习惯引导主要以《弟子规》为行为规范，基本涵盖了幼儿日常言行、饮食、卫生、学习等内容；德行引导以“八德”（孝悌、忠信、礼义、廉耻）、“五常”（仁义礼智信）为主要内容；心性引导主要感受孩子言语行为背后的内心世界，善的要适时表扬，不善的要及时引导，“蒙以养正”，以达“中和”，“止于至善”。除了国学经典教学，还注重传统的琴、棋、书、画等多方面国艺教学，以提高学生的综合素质和全方面的国学素养。

案例 6–4：山西北辰学堂

北辰学堂是山西太原一所民间私塾，遵循“幼儿养性，童蒙养正，少年养志”的人生成长规律，读诵四书五经，读经典英语，看中外传世名画，听中华古乐与世界名曲，同时还开设了武术、书法、围棋、歌舞、戏剧等课程。与其他幼儿园相比，北辰学堂的作息与课程设置独具特色，清晨6时起床，晨练，一小时诵读。早饭后第一节课是讲解经典。第二节是武术课，学习一步拳、长拳。第三节《诗经》。午饭。玩耍、午休。下午课程依次是《说文解字》、自由阅读、书法或围棋。自由活动。晚餐。晚读。一小时观影碟：人与自然、动物世界、英文原声电影等。21 时 30 分就寝。

（3）力行与道德养成

除了经典诵读的国学教育机构之外，还有以力行为主的传统文化教育机构，主要是以《弟子规》的力行为主，认为行为道德的改善是根本。他们以《弟子规》为总纲，逐一落实在日常生活中。一是敬长，家长与教师相互配合、树立威信，使孩子在敬仰的心态下接受教师、家长的教诲；二是扬善，反躬自省，多看到别人的优点，形成良好的人际关系；三是力行，养成动手能力，培养责任感。

案例 6–5：庐江传统文化教育学校

庐江传统文化教育学校采取长期修学和短期培训相结合的方式。长期班根据学校安排的教学内容逐步深入学习，以学完应学的课业为原则，没有具体的学业年限。主修课程主要包括《弟子规》《十善业》《感应篇》《三字经》《孝经》《礼仪行规》《了凡四训》《古文观止》《四书五经》《老子》《孟子》《庄子》《八德故事》《普法知识》《史地知识》等。此外，还有《千字文》《百家姓》《五种遗规》《朱子治家格言》《启迪心灵的钥匙》等经典选读课。短期班授课的内容根据各个短期班的性质和对象，选择《弟子规》《圣贤风范》《常礼举要》《古文观止》《健康常识》《德育故事》等内容。学校采用“自我管理，自我服务，自我提高”的管理模式，以传统的伦理道德教育为核心内容，辅助以剪纸、中国画、毛笔书法、硬笔书法、篆刻、音乐、太极拳等才艺技能培训课程，以《弟子规》为日常生活行为规范。

（4）传统文化服务机构

幼儿传统文化教育的迅速发展促进了相关服务机构的诞生，这类机构率先在广州出现，随即在北京等城市也出现了类似的机构。市场上多数国学私塾、教育机构都没有足够的师资和教学能力。因此，不少教育服务机构应运而生。它们并不从事一线的国学教育，而是作为“上游供应商”，对一些有需求的幼儿园服务，为它们提供教材、设计课程、培养师资，增加它们的国学元素，营造国学氛围。幼儿传统文化教育机构能够为幼儿园提供全方面的国学教育解决方案。硬件上以机构外观包装设计为主，为其营造国学学习氛围；软件上包括师资培训、课程设计、教材开发、教案编写等。此外，幼儿传统文化教育机构还会为幼儿教育机构提供一些额外的增值服务，如短期国学讲座、国学活动策划、国学特色营销以及幼儿师资培训等。

案例 6–6：北京华鼎书院

华鼎书院是在对全国少儿国学教育进行全面调研的基础上，针对目前计划开展国学教育的幼儿园提供师资培训、国学咨询、教材配套、品牌加盟、投资合作、创业指导六大服务。童学馆，作为当前国内专业化的国学启蒙教育机构，除了国韵诵读、水墨动画、民间游戏、国艺鉴赏、蒙学经典、书法礼仪等专业课程外，还针对不同阶段儿童的心理特征进行传统文化中的心灵教育，例如指导孩童学习敬师礼、形体礼、用餐礼。学馆采用游戏化、浸泡式、嵌入式等方法展开国学教育，教师在指导儿童诵读经典时采用十六字八法（预植、熏陶、激发、启发、玩练、表演、示范、惩罚）。国学服务机构也在不断地探索发展方向，在项目繁多的服务中，大多数机构都看好幼儿师资培训领域。

（5）教材与教学

受王财贵读经理念的影响，目前园外机构使用的教材基本以经典原典为主，都有大字排版、配注拼音、方便读诵的特点。目前幼儿传统文化教育教材主要包括绍南文化读经教育推广中心的《儿童中国文化导读》之“经典诵读本”、四海孔子书院出版的“中华经典诵读工程丛书”、育灵童出版的儿童版《育灵童经典诵读——中西文化经典套装》、汇贤雅国学堂编订的教材、问学堂出版的《国学启蒙宝典》等。

绍南文化和四海孔子书院出版的教材是出版最早也是至今使用最为广泛的幼儿经典读本。绍南文化读经教育推广中心的教材依王财贵教授的教育理念而编订，其特色是“大字”“白文”，不仅适合儿童读诵，更方便一般成人读诵。为保证读音准确性，另外还配有诵读的 CD。为了使经典读诵教育更形象化，市场上出现了动漫幼儿国学教材，以动画的形式传播国学经典。北京育灵童倡导以经典教育作为家庭教育的核心，先后推出了《育灵童经典诵读（儿童版）》《育灵童经典诵读（家长版）》《育灵童经典诵读（教学版）》《育灵童经典教育（音乐版）》等一系列多媒体国学教育 CD，并在全国各地举办“经典诵读与儿童潜能开发”多场专题讲座。上海问学堂则针对 0–13 岁儿童的心理特点、认知模式和接受水平，选取《三字经》《百家姓》《千字文》《论语》《弟子规》《老子》《庄子》《增广贤文》等经典，推出《国学启蒙宝典》。

教学时，遵循熟读成诵的原理，只求背诵，不求甚解。通过教师带读、全体齐读、分组诵读、学生领读等多种方式，反复多念，最后背诵。从诵读次第来看，一般先是从“三百千弟子规”等蒙学读物读起，然后是《大学》《论语》《孟子》《中庸》等儒家经典，最后是《诗经》《易经》以及其他一些诸子百家经典。在读诵过程中，教师会进行不同程度的讲解，有时会穿插一些小故事、历史知识和文史知识等，还会讲解其中的一些行为规范，注重对孩子日常行为习惯的养成教育。

教育效果主要体现在学生知识增长和日常行为变化两个方面。学生的识字量得到提升，能够识记、背诵一些传统文化经典，通过背诵经典，记忆力得到锻炼，了解一些历史知识，受到古文美感的熏陶，为将来学习打下基础。在日常行为方面，通过对家长的访谈，发现孩子在学习兴趣、自理能力、定力、生活礼仪等方面有明显变化。

（6）师资培训

园外机构的师资培训是应幼儿传统文化教育发展的需要而诞生，也是由民间自发形成，没有成熟的教学方式和运作模式，同幼儿传统文化教育一样，都处在摸索阶段。虽然主办方和主办地点不同，但培训的对象基本都是幼儿传统文化教育机构的创办者或从业者、对传统文化教育感兴趣的教师或热心幼儿传统文化教育的家长等相关人士。培训的内容基本定位在经典诵读、教学指导、座谈交流、游学观摩、古迹游览等方面，有的机构还开设一些书法、礼仪、吟诵等课程。

三、幼儿园开展传统文化教育存在的问题

（一）教育目标不够明确和清晰

传统文化启蒙教育很容易被幼儿园教师简单地理解为接受具有中国传统文化要素的音乐、美术、体育。目前的幼儿园传统文化启蒙教育的方式方法也多局限于多样的艺术教育形式，幼儿所汲取的传统文化也多局限在一些较为表面的传统文化符号，如传统美术、传统曲艺、传统节日、传统体育等。有的幼儿园教师片面地将传统文化教育理解为“复古”“读古诗”“看古书”“学古礼”，盲目崇拜、跟风“读经”等。很少涉及深层次的传统文化，如思想内涵、价值观念、审美取向等传统文化内核，如传统中国文化中的尊重自然、勇敢和敬畏生命、含蓄谦虚等优良品质。这就使得当前幼儿园传统文化启蒙教育的目标较为局限，多为学习传统戏剧表演、刻板的诵读、学习传统绘画技巧等。

幼儿传统文化教育需要围绕立德树人根本任务，以弘扬爱国主义为核心的民族精神为主线，以幼儿身心发展特点为依据，整体规划、系统推进，并以培养幼儿对中华优秀传统文化的亲近心向为重点，开展中华优秀传统文化早期启蒙教育，培养幼儿喜爱中华优秀传统文化的情感，为培养具有民族情怀、文化素养、时代精神、世界视野的现代中国人奠基。[①] 通过优秀传统文化教育，能使幼儿讲述一些通俗易懂的故事，诵读一些浅近的古诗，获得初步的情感体验，初步感受语言的优美；了解中华民族重要传统节日，初步了解传统礼仪，慢慢学会待人接物的基本礼节；初步感受经典的民间艺术和传统音乐，对一些传统艺术形式开始产生兴趣；了解并喜欢参加一些民间游戏和传统体育活动。

因此，幼儿园传统文化启蒙教育的目标应以情感目标为重，体验其情感内涵，分享乐趣，以培育初步的文化认同感和自信心，而非单纯地以培养技能和知识为目标，了解浅的传统文化知识，掌握简单的传统文化技能与方法。这些传统文化内隐性的内容需要在以直接经验为基础的前提下，把传统文化启蒙教育的教育目标渗透在幼儿的一日生活中。还需要教师遵循幼儿年龄特点进行

① 张爱莲、项洁云：《幼儿中华优秀传统文化教育的实践路径》，《教育参考》2016 年第 2 期。

有计划的引导，遵循幼儿本位的原则，选择幼儿感兴趣的、贴近幼儿实际生活的教育内容，从而改变当前传统文化启蒙教育过程中目标单一的问题。①

（二）课程体系构建亟待完善

当前幼儿园传统文化教育课程还未形成一个系统的课程体系，这方面的构建少有幼儿园在探索，相关研究成果的水准也不高。究其原因，这一课题牵涉到中华文化多元共生的复杂文化系统及其重要典籍取舍、中国古代成功的幼教经验成果及文献，甚至与西方学者所创立的原创性幼教理论产生一种多元性的“互摄互映”的复杂关系。②管晶晶以山东省省编教材为例，对中华传统文化在幼儿园课程中的应用状况开展的研究中发现，中华传统文化在幼儿园课程中存在着三方面的问题：第一，在总量和各年龄段上，中华传统文化在课程内容中占比很小；第二，中华传统文化内容分布不平衡，主要集中在艺术领域和语言领域；第三，开发中华传统文化的形式不够多元，教师的专业性及积极性等都有待提高。③

幼儿中华优秀传统文化教育的课程内容回答了“教什么”的问题，而课程类型则回答“怎么教”或“如何实施”的问题。幼儿中华优秀传统文化教育的课程类型由显性课程和隐性课程构成。其中，显性课程包括基础课程和园本课程两大序列，在基础课程中主要采取“融合”“嵌入”的模式，即将优秀传统文化教育的课程内容与五大学习领域有机结合，而非打破原有的课程领域；在园本课程中除采取“融合”“嵌入”的模式外，还可以专门开设优秀传统文化主题的课程内容。隐性课程包括园所标志、主题空间和专题教育三大序列，起到潜移默化、润物无声、熏陶浸染的教育功能。④

针对幼儿中华优秀传统文化教育课程“教什么”的问题，需要在绵延数千年、浩如烟海的传统文化及其载体中，聚合各种教育力量梳理、选择、确定具

---

① 许婷婷：《基于原创绘本的幼儿园传统文化启蒙教育研究》，山东师范大学硕士学位论文，2019年，第1–2页。

② 张有根：《中国优秀传统文化观照下的“生命树”幼儿园课程的思考与探索》，《江苏幼儿教育》2016年第4期。

③ 管晶晶：《中华传统文化在幼儿园课程中的应用状况研究》，山东师范大学硕士学位论文，2017年。

④ 张爱莲、项洁云：《幼儿中华优秀传统文化教育的实践路径》，《教育参考》2016年第2期。

体的教育内容；针对幼儿中华优秀传统文化教育课程“怎么教”的问题，需要发挥各方面教育力量共同实施。这些工作离不开教师、家长、社会人士的共同参与，因而，在幼儿中华优秀传统文化教育的课程体系建构和课程有效实施中，需要采取开放的态度，充分整合园所、家庭和社区等多方面教育资源。

案例 6–7：北京通州中华优秀传统文化教育课程体系 ①

该体系包含课程目标、教学内容、教学方法、教学评价四个维度。以幼儿养性、童蒙养正、少年养志、青年养德为育人原则；以传统文化经典内容、文化研学、核心价值观社团践行为内容主线；以经典教学法、文化研学探究法、核心价值观体验践行法为实施方法；以多元评价为课程教学评价理念。

通州区该体系以“立德树人，以文化人”为宗旨，按照幼儿园、小学、初中、高中四个学段学生发展的需求与规律，重在开展养成教育，即“尊天性，养德行；尊人性，养个性；尊本性，养习性；尊知性，养智性”。以儒家的“仁者爱人”为核心价值，将仁者爱人、推己及人、修己安人、成己达人分别作为四个阶段的学段价值导向。

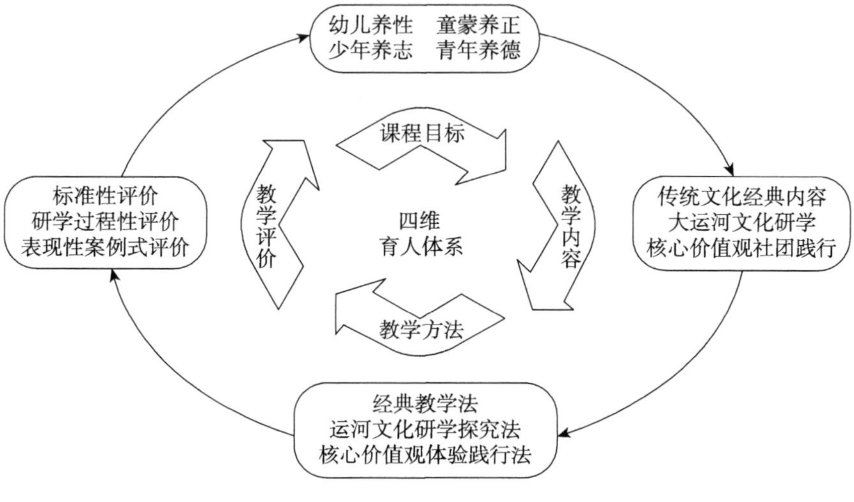

图 6–2　中华优秀传统文化启蒙教育课程体系

① 苏金良、王洪霞:《中华优秀传统文化启蒙教育课程体系构建》,《基础教育课程》2020 年第 3（上）期。

遵循“尊天性，养德行；尊人性，养个性；尊本性，养习性；尊知性，养智性”教育规律，通州区以“爱—知—行—义”分别作为四个学段的课程目标。从幼儿园到高中，四个学段目标关系紧密，相互依存，每个学段以一个核心为基础向外扩展，学生在学习过程中呈现螺旋式跃进。

表 6–7　中华优秀传统文化启蒙教育四个学段课程目标体系

学段	育人原则	价值导向	课程目标	具体体现
幼儿园	幼儿养性	仁者爱人	爱	孝悌群
小学	童蒙养正	推己及人	知	和时新
初中	少年养志	修己安人	行	道毅礼
高中	青年养德	成己达人	义	公气诚

表 6–8　中华优秀传统文化启蒙教育课程四个学段内容体系

<table>
<tr><th>年级</th><th>传统文化经典</th><th>大运河文化研学</th><th>核心价值观践行社团</th></tr>
<tr><td>幼儿园</td><td>《千家诗》</td><td>运河岸边传统剪纸、风车艺术
北京传统节日
运河故事与小吃</td><td>友善
自由
（艺术社团）</td></tr>
<tr><td>小学
低年级</td><td>《唐诗三百首》
《幼学琼林》</td><td>运河两岸历史名人
运河的历史遗迹
运河人家</td><td rowspan="3">和谐
诚信
（六艺社团）</td></tr>
<tr><td>小学
中年级</td><td>《千字文》
《声律启蒙》</td><td>运河博物馆中看文物
运河边的景泰蓝艺术
中国京剧脸谱
运河上的老行当与老店铺</td></tr>
<tr><td>小学
高年级</td><td>《论语》
《中国古典诗词（诗卷）》</td><td>跟着运河去寻仓
探究农耕文明之仓储中的科学
讲通州地名背后的漕运故事
寻通州塔的七绝之处
访运河名人、读运河诗抄
大运河畔的北京城市副中心</td></tr>
</table>

续表

年级	传统文化经典	大运河文化研学	核心价值观践行社团
七年级	《论语》 《中国古典诗词（词卷）》	运河瓷画馆 面人汤的传奇 漕运中的科技探秘 运河遗迹考古与漕运经济发展	平等 民主 （家训家风传承社团）
八年级	《孟子（上）》 《诗经》	大运河漕运船只种类与功用探查 郭守敬巧设二十四闸探访 梯航设计揭秘漕运入京难题	
九年级	《孟子（下）》 《诗经》	赏中国北方古建筑美 访运河上的名镇 解帆船过桥入京城难题 运河考古中探漕运繁荣历史	
高一	《大学》 《诗经》	扬州博物馆中探春秋开邗沟背后的国家统一 杭州博物馆中探究隋朝大运河开凿史之隋的统一与大运河 河两岸的古建筑美学欣赏	爱国 公正 （吟诵社团）
高二	《道德经》 《古文观止》	中国玉文化 运河两岸的抗战英雄 探究元世祖贯通运河的价值 探究水系沟通中水脉对国家发展的意义	
高三	《孙子兵法》 《诗经》	中国玉文化 大运河称之为“国脉”的考察 大运河与文脉传承	

案例 6–8：“生命树”①

“生命树”幼儿园课程是一种植根于中国优秀传统文化沃土，致力于在民族文化传承中促进儿童人格成长和心智发展的本土化园本课程体系与建构路径的形象化表述。其含义主要表现在：一是指儿童在优秀传统文化滋养下的人格与心智得以健康发展的文化支持系统。我们必须在儿童人格养成与心智发展的敏感期施以有针对性地民族传统文化的激活式教育，帮助儿童在中国文

① 张有根：《中国优秀传统文化观照下的“生命树”幼儿园课程的思考与探索》，《江苏幼儿教育》2016 年第 4 期。

化的怀抱中点燃生命激情，激活心智潜质，传承中国文化，做到“点石成金”，从而引发人生“蝶变”，为成功人生与幸福人生夯实基础。二是指中国优秀传统文化观照下的幼儿园园本课程体系的形象化架构。本课程体系基于中西方优秀文化双重辐合，试图在中国优秀传统文化与幼儿园“五大领域”课程的整合互渗中，建构礼文（经典诵读、吟唱与音乐游戏、故事表演、主题游戏等课程）、国艺（古琴、围棋、民族舞、书法、国画等课程）、健体（幼儿拳术、幼儿剑术、民间体育游戏、传统体育竞技课程等）、数理（天文、地理、历法、古代科技、古代数学益智课程等）这四大树状课程群。

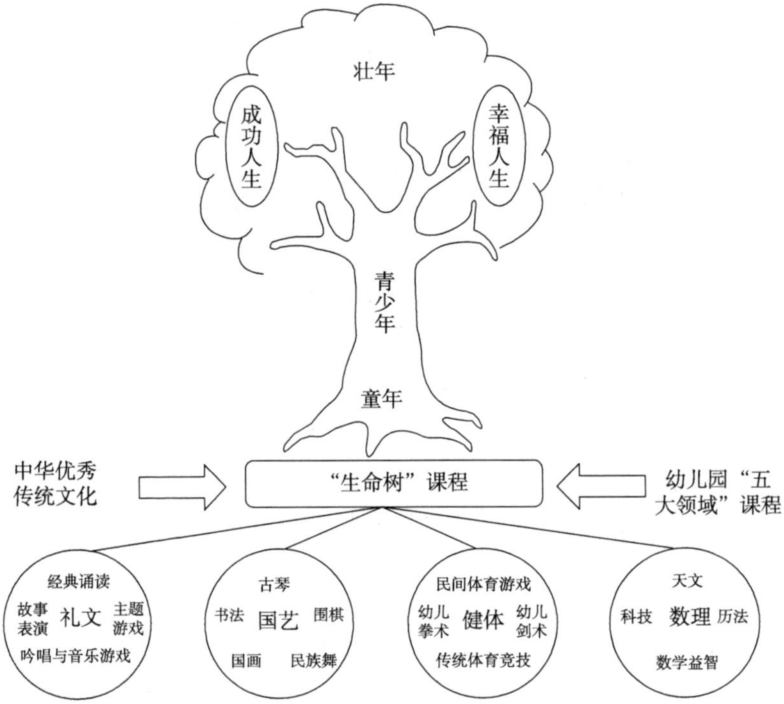

图 6-3　中华优秀传统文化观照下的“生命树”幼儿园课程框架示意图

（三）师资力量比较薄弱

学前教育本身起步较晚，且未纳入义务教育体系，幼儿园师资素养难以得到保障。无论是幼儿教师的职前培养还是职后传统文化教育的培训都十分缺乏，即便是有好的蒙学教材，也需要幼儿教师的科学转化，这就十分考验幼儿教师的传统文化素养。在当前的幼儿园体系中，传统文化教育并未得到足够的重视。对于园外机构而言，教师的来源比较多元，多靠机构自主培养或行业性培训，出于不同的教育理念与认识，从业者的素养也是良莠不齐。

由于教师在甄别、选择中华优秀传统文化教育内容以及设计相关活动方面还存在困难，开发的传统文化课程内容趋于单一和片面，开展的传统文化教育活动仍主要以借鉴和模仿为主。在活动实际开展中，以教师的组织和预设居多，幼儿以参与和接受为主，主动探索和个别化学习体现并不充分。一些活动比较表面化，没有深入挖掘传统文化教育的内涵与精髓。这就意味着，教师不仅自己要学习和补充传统文化的基础知识，还需要切实掌握对幼儿进行传统文化启蒙的教育方法。

四、面向未来的反思及建议

（一）明确教育内容，加强活化转化

一是坚持国家立场，站在国家整体利益的角度，从国家治理和国家发展的角度，审视传统文化教育的基本精神和内容标准。二是坚持“以幼儿为本”，遵循幼儿认知规律和教育教学规律，研制适宜幼儿学习的中华优秀传统文化的具体内容。三是坚持道器统一，既要关注中华经典、传统节日、音乐、舞蹈、戏剧、曲艺、民间美术和传统手工技艺等“器”层面的内容，也要活化“核心思想理念、中华传统美德和中华人文精神”等“道”层面的传承。四是坚持现代性转化，将传统文化内容赋予新时代的诠释、解读与转换，让传统文化与幼儿的现实生活相联系，充分借助现代多媒体技术，拓宽幼儿学习传统文化教育的载体和方法，让幼儿在实践中体会传统文化的精髓。

（二）完善教育方式，拓宽教育途径

一是将传统文化教育资源课程化，即对家、园、社现存的零散的传统文化教育资源，进行搜集、分类、筛选、加工和改造，发掘其课程价值，并逐步转化为课程。二是将传统文化课程体系化，即将课程化了的传统文化内容融入幼儿学习领域，整体设计显性（课堂教学序列）和隐性（园所文化序列）两类幼儿中华传统文化教育课程体系。三是构建和完善中华优秀传统文化的教材体系，开

发中华优秀传统文化读物、绘本、童谣、儿歌、动画等多元化教学材料；充分发挥现代信息技术优势，构建中华优秀传统文化教育网络资源平台，支持学校开展传统文化教育。四是逐步探索幼儿中华传统文化教育的教学方法，重点以引导幼儿走进、亲近、感受传统文化为目标，以观赏、故事、游戏、诵读、探究为主要形式，开展符合幼儿生活经验的家国情怀教育、社会关怀教育和人格修养教育的实践探索，让幼儿在看得见、听得懂、摸得着、做得来的情境中提升传统文化素养。五是坚持学校教育、家庭教育与社会教育相结合，探索家园共育新机制，充分利用文化馆、图书馆、美术馆、名胜古迹、文化遗产等社会公共教育资源，与社会形成推进中华传统文化教育的合力。①

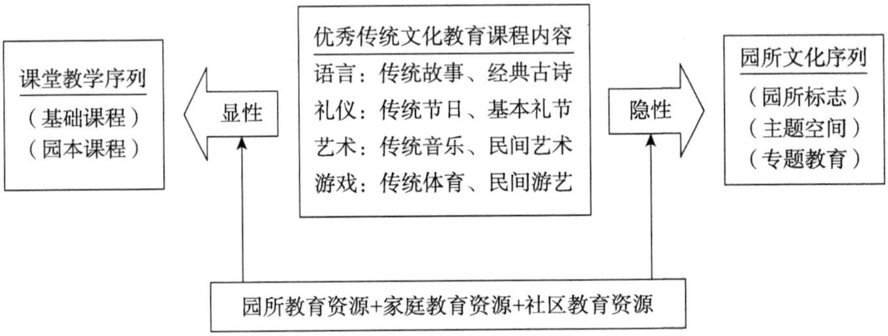

图 6–4　幼儿中华优秀传统文化教育课程结构构建②

表 6–9

《幼儿园教育指导纲要》《3–6 岁儿童学习与发展指南》中幼儿学习活动领域	幼儿中华优秀文化教育课程内容模块	
	课程领域	课程内容
语言	语言	传统故事、经典古诗
社会	礼仪	传统节日、基本礼节
艺术	艺术	传统音乐、民间艺术
健康	游戏	传统体育、民间游艺

① 高宏钰、霍力岩、谷虹：《幼儿园教育传承传统文化的内容与方式——基于政策文本的研究》，《基础教育课程》2019 年第 10（上）期。

② 张爱莲、项洁云：《幼儿中华优秀传统文化教育的实践路径》，《教育参考》2016 年第 2 期。

（三）加强教师教育，提升文化素养

就教师教育而言，需要加强幼儿教师的职前学习和职后培训。幼儿教师教育体系需要重新梳理、建构，职前培养的课程内容需要增加蒙学，提升幼儿教师的传统文化素养；可以将中华优秀传统文化教育能力融入教师资格准入体系，加大中华优秀传统文化内容在幼儿园教师资格考试中的比重，有利于从源头上解决幼儿园传统文化教育的师资缺乏问题；职后传统文化教育的培训需要系列化、专业化，[①]改善幼儿教师的教学水平。园外的传统文化教育机构也要加强与行业及相关科研机构的交流，提升对幼儿教师的培养能力。幼儿教师也要自觉学习，加强研究，提升自身的传统文化素养。

① 有研究者提出“结合综合主题活动、区域游戏、生活活动、阅读活动以及户外活动这五种幼儿园基本活动，也就是教师日常工作要胜任的关键岗位任务，认真分析这五种关键岗位任务对幼儿园教师的能力要求，在此基础上设置由理论型课程（如中华优秀传统文化知识）、实践型课程（如中华优秀传统文化融入的综合主题活动设计与指导）与反思型课程（如文化观、教育观、儿童观等）构成的三位一体课程体系。”详见高宏钰、霍力岩、谷虹：《幼儿园教育传承传统文化的内容与方式——基于政策文本的研究》，《基础教育课程》2019年第10（上）期。

第七章　中小学如何开展青少年传统文化教育

周　颖*

中小学教育是国民教育中最为基础，也最为重要的部分，是奠定国民素质，形成世界观、人生观、价值观最为重要的阶段。因此，国家一直都极为重视中小学生的思想文化教育，“立德树人”作为中小学生的培养目标就是我国教育的题中之义。

党的十八大报告指出：“把立德树人作为教育的根本任务，培养德智体美全面发展的社会主义建设者和接班人”。那如何立德树人呢？立德树人的途径有很多种，而通过中华优秀传统文化的内容进行立德树人的教育，是非常重要的途径之一。

自党的十八大以来，党和政府通过重要会议和文件，明确了传承和发展中华优秀传统文化教育的方向。教育部门是各传承主体中的主力军。2014 年，教育部专门发布了《完善中华优秀传统文化教育指导纲要》（以下简称《指导纲要》）和《教育部关于全面深化课程改革、落实立德树人根本任务的意见》等文件，较为明确地阐释了中华优秀传统文化教育的意义、教育原则、主要内容和保障措施等。2017 年，中共中央办公厅、国务院办公厅印发《关于实施中华优秀传统文化传承发展工程的意见》，强调了中华优秀传统文化在国民教育中的传承发展，要求围绕“立德树人”根本任务，遵循学生认知规律和教育教学规律，按照一体化、分学段、有序推进的原则，把中华优秀传统文化全方位融入思想道德教育、文化知识教育、艺术体育教育、社会实践教育各环节，贯穿于启蒙教育、基础教育各领域。总之，中央和教育部的各种文件，认为加强中

---

* 周颖，中学高级教师，教育学硕士，北京师范大学生命教育研究中心研究员，主要研究领域为传统文化、语文教育。

华优秀传统文化教育是“深化中国特色社会主义教育和中国梦宣传教育的重要组成部分”，需要大力宣传提倡和具体实践。

一、中小学优秀传统文化教育的主要内容

《指导纲要》对教育各阶段优秀传统文化教育应该教什么、怎么教有原则性的指导意见。强调对青少年学生的中华优秀传统文化教育，要以弘扬爱国主义精神为核心，以家国情怀教育、社会关爱教育和人格修养教育为重点，着力完善青少年学生的道德品质，培养理想人格，提升政治素养等，其核心目标是“立德树人”。

《指导纲要》特别分学段给出了具体的教育目标和主要教育内容。

小学低年级，以培育学生对中华优秀传统文化的亲切感为重点，开展启蒙教育，培养学生热爱中华优秀传统文化的感情。主要内容有：（1）认识常用汉字，学习独立识字，初步感受汉字的形体美；（2）诵读浅近的古诗，获得初步的情感体验，感受语言的优美；（3）了解一些爱国志士的故事；（4）知道中华民族重要传统节日，了解家乡的生活习俗，明白自己是中华民族的一员；（5）初步了解传统礼仪，学会待人接物的基本礼节；（6）初步感受经典的民间艺术。要求引导学生孝敬父母、尊敬师长、友爱同学、礼貌待人，养成勤俭节约、吃苦耐劳、言行一致的生活习惯和行为规范，培育热爱家乡、热爱生活、亲近自然的情感。

小学高年级，以提高学生对中华优秀传统文化的感受力为重点，开展认知教育，了解中华优秀传统文化的丰富多彩。主要内容有：（1）熟练书写正楷字，理解汉字的文化含义，体会汉字优美的结构艺术；（2）诵读古代诗文经典篇目，理解作品大意，体会其意境和情感；（3）了解中华民族历代仁人志士为国家富强、民族团结作出的牺牲和贡献；（4）知道重要传统节日的文化内涵和家乡生活习俗变迁；（5）感受各民族艺术的丰富表现形式和特点，尝试运用喜爱的艺术形式表达情感；（6）培养学生对传统体育活动的兴趣爱好。要求引导学生学会理解他人，懂得感恩，逐步提高辨别是非、善恶、美丑的能力，开始树立人生理想和远大志向，热爱祖国河山、悠久历史和宝贵文化。

初中阶段，以增强学生对中华优秀传统文化的理解力为重点，提高对中华优秀传统文化的认同度，引导学生认识我国统一多民族国家的文化传统和基本

国情。主要内容有:(1)临摹名家书法,体会书法的美感与意境;(2)诵读古代诗词,初步了解古诗词格律,阅读浅易文言文,注重积累、感悟和运用,提高欣赏品位;(3)知道中国历史的重要史实和发展的基本线索,理解国家统一和民族团结的重要性,认识中华文明的历史价值和现实意义;(4)欣赏传统音乐、戏剧、美术等艺术作品,感受其中表达的情感和思想;(5)参加传统礼仪和节庆活动,了解传统习俗的文化内涵。要求引导学生尊重各民族传统文化习俗,珍视各民族共同创造的中华优秀文明成果,培养作为中华民族一员的归属感和自豪感。

高中阶段,以增强学生对中华优秀传统文化的理性认识为重点,引导学生感悟中华优秀传统文化的精神内涵,增强学生对中华优秀传统文化的自信心。主要内容有:(1)阅读篇幅较长的传统文化经典作品,提高古典文学和传统艺术鉴赏能力;(2)认识中华文明形成的悠久历史进程,感悟中华文明在世界历史中的重要地位;(3)认识人民群众创造历史的决定作用和杰出人物的贡献,吸取前人经验和智慧,培养豁达乐观的人生态度和抵抗困难挫折的能力;(4)感悟传统美德与时俱进的品质,自觉以中华传统美德律己修身;(5)了解传统艺术的丰富表现形式和特点,感受不同时代、地域、民族特色的艺术风格,接触和体验祖国各地的风土人情、民俗风尚,了解中华民族丰富的文化遗产。要求引导学生深入理解中华民族最深沉的精神追求,更加全面客观地认识当代中国,看待外部世界,认识国家前途命运与个人价值实现的统一关系,自觉维护国家的尊严、安全和利益。

同时,《指导纲要》还要求把中华优秀传统文化教育系统融入课程和教材体系之中。

在中小学德育、语文、历史、艺术、体育等课程标准修订中,要求增加中华优秀传统文化内容比重。地理、数学、物理、化学、生物等课程,提倡结合教学环节渗透中华优秀传统文化相关内容,并鼓励各地各学校充分挖掘和利用本地中华优秀传统文化教育资源,开设专题的地方课程和校本课程。特别强调要充分发挥中小学德育课的重要作用。促进思想政治教育与中华优秀传统文化教育的紧密结合,以爱国主义教育为核心,深入挖掘中华优秀传统文化中蕴含的丰富思想政治教育资源,进一步丰富中小学德育课的教学内容,创新教学方法和手段,提升教学效果。

《指导纲要》还要求修订相关教材和组织编写中华优秀传统文化普及读物，并鼓励有条件的地方结合地方课程需要编写具有地域特色的中华优秀传统文化读本等。

《指导纲要》所规定的中小学优秀传统文化的内容，都是为了落实“立德树人”的根本任务。当然，在具体的实施过程中，各地区、各学校由于各自条件的不同，对《指导纲要》的落实各有不同，对“立德树人”的落实也有不同。

二、中小学传统文化教育的实施路径

2017 年，中共中央办公厅、国务院办公厅印发《关于实施中华优秀传统文化传承发展工程的意见》，进一步强调：“以幼儿、小学、中学教材为重点，构建中华文化课程和教材体系。编写中华文化幼儿读物，开展‘少年传承中华传统美德’系列教育活动，创作系列绘本、童谣、儿歌、动画等。修订中小学道德与法治、语文、历史等课程教材。……丰富拓展校园文化，推进戏曲、书法、高雅艺术、传统体育等进校园，实施中华经典诵读工程，开设中华文化公开课，抓好传统文化教育成果展示活动。研究制定国民语言教育大纲，开展好国民语言教育。加强面向全体教师的中华文化教育培训，全面提升师资队伍水平。”

传统文化教育在中小学校的实施，会根据国家政策的要求和各地各校的实际情况有所不同。我们通过考察发现，中小学实施传统文化教育在落实中央文件的基础上，主要有以下几条实施路径。

1. 体现传统文化元素的学校文化建设

现如今，各学校在教育部门的倡导之下，大都积极建构有着自己特色的学校文化。在此过程中，一大批学校把中华优秀传统文化元素作为重要组成部分融入整体学校文化的构建之中，形成了丰富多彩各具特色的学校文化。

在考察过程中，我们发现，学校文化建设体现中华优秀传统文化元素主要有三种方式。

一是有着明确的传统文化教育的办学理念，致力于打造传统文化教育特色的学校文化。这类学校一般是学校领导对于传统文化教育有着独特和深刻的认识和研究，着力用传统文化的思想和理念来进行教育，致力于打造传统文化的教育特色。

比如河南周口市的文昌中学，是一所新办学校，学校领导从学校筹建开始，就思考着学校的办学方向和办学特点。他们专门到曲阜调研学习，认为传承国学、发扬传统文化的育人功能，是办学首先考虑的根本问题。于是，学校在建校之初，就提出了“习国学文化，做大成教育”的办学理念，以“砺学弘文、昌达天下”为校训，以“崇文、尚德、竞进、乐和”为校风，以“博闻善思、乐学笃行”为学风，以“正言雅兴、厚生乐教”为教风，把“育和雅君子惠泽天下，立一流学府卓立九州”作为办学目的。学校为此成立了“国学工作室”和“文昌书院”作为国学教育的师资培训基地等。在日常教学中，实施六大国学工程，弘扬传统文化，创新德育路径。具体做法比如“国学 12 个三”，有诸如“国学三读”“国学三诵”“国学三唱”“国学三操”“国学三诫”等，使得文昌中学的国学教育做到了常态化和日常化。

由于其独具特色的国学教育，虽然学校建校时间不长，却取得了教育同人和社会各界的广泛赞誉，也使得文昌中学成为了特色鲜明的中原名校。

二是借助当地丰厚的传统文化底蕴，打造具有地方特色的学校文化。中华文明源远流长，各地均有丰厚的传统文化底蕴，在学校文化的整体构建时，常常会考虑把相关的地域文化，地理自然人文景观，地方非物质文化遗产、地方风俗等融入学校文化建设，并逐步形成文化特色。

湖北省当阳市是三国古战场，有着许多三国遗址和三国人物事件故事等，比如玉泉寺、长坂坡、麦城、关陵（三国名将关羽陵墓）、仲宣楼遗址（三国著名文学家王粲作《登楼赋》之地）等，于是当地学校就将这些三国人物和故事的内涵融入学校文化建设之中。

本地的当阳市第一高级中学在充分挖掘学校办学历史的基础上，结合“关公”人物所包含的“仁”与“勇”的内蕴，提炼出“仁勇文化”，倡导“崇仁善勇”，把“仁”阐释为“爱党爱国、爱民爱校、完善自我、成就他人”，把“勇”阐释为“担当作为、勇攀高峰、敢于创新、追求卓越”。学校还把“仁勇文化”与学生文化、课程文化、教师文化及管理文化紧密相连，密切贯穿。从学生层面解读为以“仁”培育大爱意识，用“勇”塑造拼搏精神；从教师层面解读为以“仁”明确师德规范，用“勇”提升创新能力；从课程方面解读为以“仁”落实立德树人，用“勇”建构开拓创新；从管理层面解读为以“仁”体现管理过程，用“勇”定位管理目标。经过对文化的培育和提炼，当阳市第一高级中学明确了“仁勇文化”是校园文化的特有标识。

当阳市第二高级中学则结合三国另一个人物——文学家王粲，提炼出“仲宣文化”。王粲，字仲宣，汉末山东人，有文才，被誉为“建安七子”之首。他曾在当阳两河登楼作《登楼赋》，其中表现出深厚的家国情怀。当阳市第二高级中学正处于当阳古城仲宣楼遗址所在的北门，于是决定用“仲宣文化”引领学校的内涵发展。其核心内涵是“家国情怀，达济天下”，对此解读为“爱国、爱党、爱家；求真、求善、求美；真干、实干、巧干。心系家国，献身正义。将个人发展与祖国需要紧密结合起来”。以此为核心点，“仲宣文化”的外延包括学校使命、学校愿景、学校价值观、学校办学理念、办学定位、德育品牌、课程建设、课堂教学、校本研修、校风、教风、学风、校徽、校歌等内容。

四川省成都市青羊区也鼓励区内所有学校结合传统文化找准着力点，将传统元素有机融入校园文化建设中。比如草堂小学主打“诗歌文化”，金沙小学突出了“金沙文化”，康河小学有“川剧文化”，万春小学形成了“剪纸文化”，彩虹小学有“面塑文化”，胜西小学有“漆器文化”。草堂小学不仅在校园里处处体现了诗歌文化，在班级环境、班级名称中也有体现，班级文化墙的草堂叶、草堂树上张贴有孩子们充满童真快乐的诗句。

重庆驿都实验学校主打川剧文化。重庆市九龙坡区白市驿镇是著名的川剧之乡。借助这一平台与契机，结合乡村学校少年宫活动的开展，把川剧作为学校的特色来整体打造，在1—7年级每周开设一节川剧课，真正让学生学川剧、唱川剧、演川剧，陶冶学生的情操，培养学生的自信心和审美能力。学校认为戏曲传承能为孩子的艺术梦想插上翅膀，帮助他们懂得“忠孝礼义信”的传统文化，在学会为人处世的同时，也能激发他们的民族自豪感，树立自信心。学校于2013年和2016年分别编写校本教材《学川剧》和《中小学生川剧唱段》，并开设川剧社团。组织学生去校外川剧博物馆参观、教师外出培训等，学校随处可见川剧元素。2018年1月，该校被评为全国中小学中华优秀传统文化艺术传承学校。

三是在学校文化中加入传统文化的元素。现代社会中，一般学校还是以现代教育理论为办学理念，但在当今国家大力推动中华优秀传统文化教育的政治氛围下，大多学校会适当增加传统文化的教育内容。

一些学校在校园文化建设中融入了传统的历史故事、中华优秀人物、书法、名句等，有系列、有主题地将传统文化中的某一部分凸显出来，建有文化长廊、雕塑等。例如，有些学校不仅在教学楼梯道里布置了诗词名句、书法作品，还特意在校园里搭建传统文化景观、种植中草药等；有些学校聚集学校书法、美术教师的集体智慧，精心制作了书法墙，再现了各种书体的演变过程，将各个历史时期的主要书体、代表人物、代表作品按时间顺序逐一呈现，将厚重的书法文化融入书法墙的历史画卷，让学生在无声的环境中得到熏陶；还有很多学校建有传统文化长廊。比如走进中小学校，我们往往能够看到走廊里贴满了孩子们关于“春节”“清明节”“端午节”“中秋节”等传统节日的作品等。

总之，学校文化是学校的灵魂，它能渗透到学校的教学、科研、管理、服务等各个环节，具有教育导向功能、激励凝聚功能，强烈影响师生行为。中华优秀传统文化的融入、渗透，甚至作为学校文化的主要内容，是中小学传统文化教育的重要实施路径。

2. 班级授课教学传统文化

通过班级授课，教学各门学科的教材，是当今中小学教学的主要模式，也是当前传统文化教育的主要实施路径。

在班级授课中教学传统文化，主要教学以下三类传统文化的内容。

（1）班级授课教学统编教材中的传统文化内容

中小学各门学科教材中，都含有传统文化的内容，因此，进行传统文化的教育，也是班级授课的题中应有之义。

2017 年，中共中央办公厅、国务院办公厅印发《关于实施中华优秀传统文化传承发展工程的意见》强调：“以幼儿、小学、中学教材为重点，构建中华文化课程和教材体系。编写中华文化幼儿读物，开展‘少年传承中华传统美德’系列教育活动，创作系列绘本、童谣、儿歌、动画等。修订中小学道德与法治、语文、历史等课程教材。”

从 2019 年 9 月份开始，全国小学、初中语文、历史、思政三科教材已统一采用全新的“部编本”（由教育部直接编写）。其中，“部编本”语文教材换掉了约 40% 的课文，文言文比例大幅提升。较之以前的人教版，小学 6 个年级，古诗 / 文总数增加了 55 篇（一年级就有古诗），增幅高达 80%；总计 124 篇，占全部课文的 30%。初中 3 个年级，古诗 / 文总篇数也提升至 124 篇，占全部课文的 51.7%。高中教材除保留原有《论语》《孟子》《庄子》外，还增加了《老子》《史记》等文化经典著作，要求学生广泛阅读各类古诗文，覆盖先秦到清末各个时期，明确规定“课内阅读篇目中，中国古代优秀作品应占1/2”；古诗文背诵数量也从之前的14篇（首）增加到72篇（首），增幅达到了惊人的414%。这是自白话文兴起后百余年来，语文教材中文言文所占比例最高的一次。

文言文是中国传统文化的主要载体，在学习文言文的过程中，自然学习了许多传统文化的知识和思想，而且，在实际的教学中，许多语文老师，打破传统的文言知识教学方式，在现有语文教材的基础上，加入了传统文化思想的一些内容。

现有的语文教材原本就有很多传统文化的经典，在以往的文言文教学中，虽然也会涉及其中的思想内涵的探讨，但主要的着力点是在文言字词的掌握上，因为中高考主要考的是文言文中的实词、虚词、文言句式的运用，以及翻译的准确与否，而对其深刻的思想内涵的探究，则点到为止，不求深入理解。因此，以往的文言教学，更多的是一种知识的学习。

在当今提倡中华优秀传统文化的背景下，有许多语文老师开始深入挖掘文言课文中蕴含的传统文化思想。比如高中语文教材中有一选自《论语》的传统名篇《子路、曾皙、冉有、公西华侍坐》，在以往的教学中，主要是掌握其中主要的文言实词、虚词和句式等，对于文中所反映的孔子深刻的思想，只是略微谈及，一般也不会要求学生去深入探究。而有些老师则会结合孔子的思想，以及《论语》的其他篇章进行阐述，以求学生能够理解其中儒家思想的精髓。

除此之外，其他各学科，如思想政治、美术、音乐、体育与健康、数学等课程都增加了传统文化的内容。如美术增设“中国书画”，涉及中国传统绘画、书法、篆刻等经典作品欣赏和传统画论。在高中思想政治课必修三中，增加了“文化模块”的内容，目的是帮助学生了解当前生活中的各种文化现象，获得参与各种文化活动的基础知识和能力，提高文化赏析、文化修养的水平，理解文化传承、交融和创新的意义。

在《指导纲要》中，明确要求：增加中华优秀传统文化内容在中考、高考升学考试中的比重。这个决定，对中小学教育，特别是高中教育而言，具有极大的引导作用。这也直接导致了传统文化教育的比例，在正式课程中教学时数上的增加，以及师生们对传统文化教育的重视程度。

统编教材中的传统文化内容，与学科中的其他内容一样，一般采用的是常规的班级授课制，其课程的安排是整个课程的一部分，是以班级授课的正课方式进行的。

（2）班级授课教学地方课程中的传统文化内容

为落实《指导纲要》的要求，各省市地区，会编写相应的省级国学教材，或地方国学教材，把传统文化融入中小学的课程之中，也是在实践中运用较多的一种形式。

2017 年 6 月，山东省宣布中小学将全面启用《中华优秀传统文化》教材，由此成为全国第一个在小学、初中和普通高中三个学段全面开设中华优秀传统文化教育课程的省份。具体实施情况如下：义务教育学校每学期 16 课时，也可以结合文化主题教育、道德教育、主题班会等活动进行学习。在高中，也纳入正常的课程之中：高中学校一二年级各一册，每学期 18 课时，共计 4 学分。

2017 年 7 月，江苏省成为继山东省之后全国第二个宣布当年秋季中小学校开设中华优秀传统文化课程的省份。

2016 年年初，四川省成都市青羊区启动了"熊猫课程"的研发工作，该课程秉承"民族的才是世界的"这一宗旨，立足于中国传统文化，以天府文化坐标为原发点，将耳熟能详的成都元素和青羊地域文化有机整合，在形式和内容上充分体现地域特色和学校的文化建设、育人理念，梳理挖掘本土特色文化，以展示推广浸润于天府文化中的学校特色内涵。分别以"地域文化""历史文化""建筑文化""非遗文化""民俗文化""川剧文化""诗歌文化""教育文化""棋艺文化"为主题方向，研发九册"熊猫课程"读本，每册用 10–15 个章节搭建内容，亮点突出，特色鲜明。

这种地方课程，主要采取的也是班级授课方式，其课程体系纳入语文（或专门科目）的课程体系之中，每周安排一节正课进行教学，主要由各班语文教师（或其他学科教师）同时兼任，并有相应的教学要求和考试要求。

（3）班级授课教学校本课程中的传统文化内容

一些学校根据当地传统文化资源所开设的校本课程，也有的纳入了相应的必修课程之中。比如湖北省秭归县第一高级中学，地处长江三峡边的屈原故里，因此把屈原故里端午习俗的文化传承工作纳入学校工作计划之中，学校开展了以端午文化遗产及地域特色传统文化为主要内容的系列校本课程教材的编写工作，先后编写了《屈乡文化》《船工号子》等六本校本教材，在高一、高二安排课程，每周安排一节课，并安排专门的老师授课。

3. 选修走班制教学传统文化

在中小学中，小学、初中不分必修和选修课程，到了高中，新课程采取的是必修和选修的方式，选修课除了课标中规定的之外，各学校还允许教师根据个人的特长和爱好，开发新的选修课。

在高中阶段，如果有某位教师（一般是语文教师或历史教师）对传统文化的某一主题感兴趣，或者在传统文化的某领域有一定特长，就会开发一些专题课程，既作为自己课程内容的补充，也可作为选修课在全校开设。

学生则可以根据自己的兴趣和爱好，选择本校教师所开设的传统文化课程的选修课，实行走班制的方式，在某个时间到某个教室去学习此类课程。每个选修课时一般也是一周一节，持续一个学期或半个学期。

比如浙江省宁波市镇海中学叶隆晓老师开设的特色选修课“中国古典园林文化”，在“传统文化与中学语文教学研讨会”的展示课上，叶老师所上的“中国古典园林艺术的阴阳文化”一课即为其特色选修课的展示。北京市人大附中解村、王强、昌盛三位老师开设了古典诗词写作课，同样为全年级的学生选修。

选修课的教学方式多种多样，既可为常规的班级授课制，也可以是活动式，或者实践式，但主要的方式还是班级授课制。

这种传统文化的选修课，由于没有限定，灵活性比较大，可以充分挖掘教师自身的特长，是传统文化教育一种非常有益的形式和补充。

不过，这种课程的前提，是必须有精通传统文化的老师开设这种选修课。在大多数学校，由于师资的缺乏，这种传统文化的选修课并非常态，但也是传统文化教育的实施路径之一。

4. 专题（专家）讲座传播传统文化

专题（专家）讲座，主要是学校根据所拥有的社会和文化资源，定期或不定期举办一些传统文化的专题讲座。其讲座教师的来源也多样，既可以是本学校在传统文化方面有专长的教师，也可以是外请的社会文化人士。

比如湖北省当阳市第一高级中学，在学校举办的文化讲座中，即请来当地有名的文化学者郭汉闵先生，为高二学生作了一场“沮漳文化沮漳情”的文化讲座；河南省周口市文昌中学举办的“文化自信与立德树人”的论坛中，即请来中华书局编审祝安顺先生和中国教育学会传统文化教育研究中心副秘书长洪明先生，分别为高一高二学生作了“学习《论语》的基本方法”和“传统文化对中国人价值观的影响”的文化讲座。

各学校此类专题讲座并不限于传统文化，而是根据所拥有的社会和文化资源而定，不过，传统文化的专题讲座是其中很重要的内容，也是中小学传统文化教育的实施路径之一。

5. 兴趣小组（社团）研讨传统文化

在中小学，一些学校会成立多个兴趣小组（社团），对传统文化感兴趣的师生则会组成专门学习和研讨传统文化的兴趣小组或社团。

在小学和初中，诸如书法兴趣小组、戏曲兴趣小组等，是学习传统文化的常见方式。到了高中，学习传统文化的程度会加深，比如山东师大附中就由学生组成了“国学社”，开展国学的相关活动；北京人大附中的“国学读经班”，就是选拔国学爱好者组成的。

除此之外，初中高中的学校，一般都会成立文学社，由相应负责的语文老师带领学生开展相关的文学活动，传统文化的教育也是其中的重要内容。

这种课程一般安排在课外活动时间，不占用正常的上课时间。其方式也是多种多样的，既有教师讲座的班级授课形式，也有沙龙形式、活动形式等，有时也与选修课的方式相结合，即可以成为本校的选修课之一。

6. 主题活动实践传统文化

除了按照各种教材学习传统文化，以主题活动方式实践传统文化，也是中小学实施传统文化教育的主要路径。

第一种方式，如常见的传统文化经典诵读。

很多地方政府鼓励诵读，如湖北省武汉市和宜昌市等市委宣传部、市文明办、市教育局联合下发文件，规定小学、初中每天经典诵读时间不少于 20 分钟，学校基本上都开展了经典诵读活动。

诵读的经典，因年龄段而有所不同。小学大多诵读《弟子规》《笠翁对韵》《三字经》等传统蒙学教材以及儒家经典及蒙学经典中的格言、章句等；初高中则以《论语》《孟子》《大学》《中庸》等儒家经典中的篇章语句和段落为主要诵读内容，同时诵读古代的文学经典等。

具体诵读方法各有不同。有的学校提出了“课前一吟，熟读成诵”的方法，倡导见缝插针、积少成多的诵读方法，充分利用每节课前五分钟时间，开展“课前一吟”活动，做到读而常吟；有的学校提倡在班中举办诵诗竞赛，激发学生学习热情，以个人、小组或班级为单位进行诵诗竞赛；有的学校在语文老师的协助下，尽量保证学生能够每周上一节诵读课。

也有的学校将经典诵读时间基本上安排在升旗仪式、早读、课间活动时，也有的学校利用五四青年节、清明节、端午节等重要节日举行经典诗文朗诵会和经典诵读比赛活动。

第二种方式，一般是与学校政教处、团委以及政府的宣传部门相配合，组织相关的传统文化的各种活动，如传统文化知识竞赛、演讲比赛、辩论赛等。

比如湖北省宜昌市每年举办全市中小学生汉语言文化大赛，又如几档有影响力的电视文化栏目“诗词大赛”“成语大赛”之类。

又如许多学校把国旗下讲话这每周一的固定活动主题化为“中华优秀传统文化教育”。北京于家务中学、北京交大附中分校等都形成了系列。于家务中学坚持多年，已经结集出版了两本书。学校将中华优秀传统文化教育同国旗下讲话相结合，持续开展了以《论语》等经典内容为主题的活动。

第三种方式，是学校开展的一些关于传统文化内容的实践活动。各地中小学校结合当地传统文化，开展诸如戏曲进校园、非遗进校园等活动。

比如2017年中宣部、教育部、财政部、文化部联合发布《关于戏曲进校园的实施意见》，要求全国中小学校选择优秀、经典、适合学生观看的戏曲艺术作品，组织学生观看，以及戏曲名家进校园、戏曲展演展示、戏曲赏析（讲座）等实践活动。湖北宜昌市一些中小学校开展了“京剧进校园”活动，要求每个学生学唱一段京剧等。

四川省成都市草堂小学和杜甫草堂联合打造了定制课程“诗歌课程”“繁体字中的华夏”“活字印刷”等，“活字印刷”课则直接到杜甫草堂博物馆实施，学生亲手运用活字印刷的工具动手印刷一些古典诗词，了解和熟悉活字印刷的方法和价值。

这种活动还包括中小学生实践传统文化思想，如有些学校开展“感恩孝亲活动”，让学生回家为父母做一餐饭，为父母洗脚等活动；有些学校设立了“君子日”，以涵养学生的君子之风，等等。

第四种方式，是学校开展的大型文化艺术节。这类文化艺术节的内容丰富多彩，常常包含有传统文化的内容，甚至某次的文化艺术节的主题就定为与传统文化相关，如“汉文化节”，其活动有“汉字听写大赛”“成语英雄大赛”“诗词大会”“师生汉服走秀”等。

以上四种方式不足以概括中小学实践传统文化的各种活动，各地区、各学校创新的各种传统文化实践活动丰富多彩，值得我们加以学习和运用。

7. 外出研学探寻传统文化

在当前教育部鼓励研学旅行的背景下，许多高中，特别是城市高中，开展研学旅行的学习方式，其中研学传统文化是非常重要的内容，也是传统文化教育的一种新型途径。

比如北京市人大附中，开展“行万里路，让文化深入旅途”，“构建中学生文化地图”的文化行活动：开展了“寻找杜甫——西蜀行”“文化的根——三晋行”“踏寻江南名城，探访吴越文化——江南行”等研学旅行，以边走边学的方式，探讨传统文化的内涵。

这种以研学旅行的方式，学习和探讨传统文化，是近几年兴起的一种新型方式，既是教育部门大力提倡的，又受到师生的欢迎，值得关注和探讨。

以上是当前几种重要的传统文化的实施路径，不一而足，各地中小学会根据自己所拥有的教育教学资源，结合国家对于传统文化教育的倡议，选择合适的传统文化的实施路径。

三、中小学传统文化教育的路径融合

中小学传统文化教育有很多的实施路径，这些路径有些是单一的方式，有些则是多种方式的融合。探索中小学传统文化教育的路径融合，能够更为有效地提升青少年传统文化教育的质量。传统文化教育的路径融合方式多种多样，我们选取其中学校文化建设、课程建设、课题研究三种方式来加以说明。

1. 学校文化建设融合传统文化教育的多种实施路径

学校文化建设是一项综合性的工程，传统文化在融入学校文化建设之中时，也并非只有单一元素或内容，而是进行一种综合性的思考，其中包含有多种融合方式或融合路径。

湖北省当阳市第二高级中学在建构“仲宣文化”时，是以仲宣文化所代表的“家国情怀，达济天下”为核心，其内容则包括学校使命、学校愿景、学校价值观、学校办学理念、办学定位、德育品牌、课程建设、课堂教学、校本研修、校风、教风、学风、校徽、校歌等内容。

“仲宣文化”的精髓是“家国情怀，达济天下”，校训则是“砺志、正德、笃学、健身”，以此建构了“三自一优”的德育品牌，始终把“砺志、正德”作为立德树人的引领方向，努力为学生的发展搭建平台。学校成立了多个社团，其中文学社称之为“仲宣文学社”，其文学社的社刊则取名为《仲宣楼》，并向全校师生征集诠释“仲宣文化”的稿件，并择其优秀文章在《仲宣楼》校刊上发表。学校每年举办“仲宣科技体育艺术节”，包括仲宣美食节、仲宣美术作品展、仲宣颁奖仪式、仲宣爱心义卖、仲宣歌咏大赛等。学校的建筑也围绕传统文化来命名，学校校门命名为“仲宣门”，办公实验楼命名为“仲宣楼”，高一年级楼为“弘文楼”，高二年级楼为“行知楼”，高三年级楼为“致远楼”，四栋学生公寓楼则分别命名为“思齐公寓”“乐群公寓”“择善公寓”和“抱朴公寓”，三座景观亭台为“释然亭”“陶然亭”和“悠然亭”，还在学校向学生征集自己的教室、寝室的名字，并注明内涵，学校择优选用，选中者将予以奖励等。总之，在学校文化的建构中，融入了传统文化教育的多种途径。

2. 课程建设融合传统文化教育的多种实施路径

传统文化的课程建设既要考虑传统文化的内容，还要考虑传统文化的教学，其中就融合了传统文化教育的多种实施路径。

如果作为独立的传统文化的专门课程，需要研究、选择各种传统文化的内容作为专门的教材。这种传统文化教材需要融合诸如中国汉字知识、中国古典文学、传统文化经典、中华传统艺术、中华民俗文化，以及各地传统文化等内容，在教学时，则会综合使用各种教学手段和方式，如班级授课、文化讲座、沙龙讨论、社会实践、演奏表演等，都是传统文化教育的实施路径。

不过，在许多教育者的观念中，学科融合才应该是学校进行传统文化教育的主要途径，而不是把传统文化作为一门专门的课程加以开设。这种观点认为，中国的传统文化是超越学科的，它主要表现在精神上和文化上的“渗透”，而不是作为灌输知识的一门学科、一门课程的教学。而学科融合既能够融合语文、历史、地理、品德、音乐、美术等学科内容，又能贯彻传统文化的精髓。

开展学科融合较为成功的案例，如上海外国语大学附属双语学校的繁阳老师在 AP 课程体系中主导“大文科”教学，将语文、地理、历史、政治融合在一起。在教学课上，他以时间段排序，每个时间段，将置身于一个场景，如百家争鸣、魏晋、唐宋元明清等，每个时间段，教师为学生设计若干主题。例如汉学课程讲到《楚辞》中的名篇《山鬼》，繁阳老师并不拘泥于讨论文章修辞、分段、思想，而是与学生们讨论文学作品中的爱情，如对“失恋”的表达，为什么中国的山鬼与西方神话不同，一样变成鬼神，中国的山鬼深藏山间，而西方的美狄亚则彪悍复仇。为什么中国的神话故事玄虚模糊，而西方的神话则有鲜明的故事框架。这类人物角色的不同到底出自什么原因。同时也会搭配历史教师讲授秦汉时期的历史，地理教师讲授楚国地理特征，政治教师以文化视角讲授楚国文化对中国文化的影响。在具体的授课方式上强调课堂中启发授课，课余查阅资料，活动中人文行走。繁阳老师说：“你可以说它源于现代人本主义教育理念，也可以说它根植于民族国学传统。师生同切磋的书院式教育，是一种可能被我们忽略的优秀传统教育形式。近代的教育已将传统的文脉斩断。因此，我们探讨课程，并不是‘西化课程’，而是捡起了遗失的东西，也是人类教育传统里珍贵的东西。”

在传统文化教育的阵地上，语文课天然地站在最前沿。由于汉字本身就是优秀传统文化活的载体，以及语文课本身就有的“人文性”，语文课在很长时间里承担着中华优秀传统文化教育的重担。随着国家中华优秀传统文化教育方向的明确，语文教师有了更自觉地进行传统文化教育的意识，有力地促进了传统文化在各门学科方面的融合和拓展。

3. 课题研究融合传统文化教育的多种实施路径

课题研究是中小学提高教育质量的重要手段和途径，现如今，提高中小学传统文化教育的质量成为教育教学的重要课题之一，也是传统文化教育实施的重要途径之一。

湖北省宜昌市第一高级中学申报了湖北省教育科学规划 2018 年度重点课题“普通高中国学教育校本化研究”，组织优秀教师，结合宜昌市本土文化以及宜昌市一中的历史，对传统文化的校本化进行研究，编辑出版了《墨池跫音》一书作为传统文化的校本教材。全书共四章，“文化溯源”部分追溯宜昌一中（前身为墨池书院）的历史沿革；“文化筑基”探寻墨池精神的源头；“文化发微”提炼、诠释墨池精神；“文化润泽”讲述当代宜昌一中人如何践行、开拓墨池精神。同时，在高一开设传统文化的课程，在班级授课中了解墨池书院的前世今生，组织学生研学屈原祠、三游洞、至喜亭等与屈原、欧阳修等历史人物有关的遗址和名胜古迹等，举办屈原、欧阳修作品的吟诵比赛，用文艺演出方式展示对墨池书院文化的理解与创意等。通过课题研究，宜昌市一中把与墨池书院相关的传统文化，多途径地展示了出来。本课题的研究和实施也充分体现了宜昌市一中国学教育的特色。

湖北省当阳市第一高级中学于2016年申报了中国高等教育学会教师教育分会科研课题“中华优秀传统文化与现代语文课堂教学实践研究”，以语文组长为主持，集中了学校优秀的语文教师，研究如何在现代课堂教学中提高传统文化教育的质量。在课题研究过程中，学校通过选择传统文化内容，采用不同的教学方式，多途径地展示了优秀传统文化在现代课堂中教学的丰富性和创造性。当阳一中还申报了中国教育学会教育科研规划课题“基于‘立德树人’目标的课堂教学与研学实践知行课程建设研究”，把传统文化教育中，课堂教学的途径与研学实践的途径融合起来进行研究，是直接融合传统文化教育多种途径的课题。

总之，中小学传统文化教育的路径融合方式是多种多样的，这里仅选取以上三种方式加以阐述。

四、中小学传统文化教育所面临的问题

传统文化在中国源远流长，但近代以来，中国国势衰败，西学东渐，渐成主流，传统文化日渐式微，加之几次政治运动，传统文化教育在中国呈现断层现象。现如今，国家提倡传统文化之际，中小学传统文化教育面临着诸多问题，这里仅从传统文化的教材、教师、教学三方面略微阐述。

1. 传统文化教材内容呈现散乱化、碎片化和知识化的问题，使得传统文化教育缺乏优质的课程资源。

虽然《指导纲要》对各学龄段的传统文化教育都提出了较为系统的建议，但全国并没有组织专业的人力和雄厚的物力，如人教社编写教科书一样，组织编写一套完整的传统文化教育的教材，而是各省、各地区，乃至各种教育机构，纷纷编写传统文化的教材。虽然这些教材各有特点，但却存在散乱化、碎片化和知识化的问题。

散乱化就是传统文化教育不系统、无组织，地区和学校往往各自为政，热情有余而成效不足；碎片化就是教学时间不确定、教学内容随意化，呈现“散

点碎片”形态；知识化就是把浸润教育变成了知识灌输，知识量有余而入脑入心不足，等等。总之，现如今的传统文化教材和课程没有一个由易到难、循序渐进、相互衔接的体系。

尽管传统文化教育并不一定要通过专门的传统文化教材和课程来实施，但专门的教材建设、一定的课程时间对其实施仍是非常重要的。相比于语文、数学等学科教学，传统文化教育面临学什么、怎么学、教什么、怎么教等教学资源的严重不足。这严重制约学校实施中华优秀传统文化教育的行动意愿，也成为了持续深入开展的瓶颈。

鉴于各地传统文化教材的良莠不齐，我们应动员优质社会资源参与编写高质量的传统文化教材，设计完整的课程体系，积极鼓励传统文化研究机构和高校研究人员与中小学校的一线教师合作，编写出各种各样的高质量传统文化的教材，做到百花齐放。同时，制定传统文化教材的选用制度，成立由教育行政机构、学校、教师，以及家长和学生组成的传统文化教材选用委员会，对社会上的各种传统文化教材进行审查和选用。同时，此种传统文化教材要给地方留下选修的余地，鼓励各种结合当地文化资源的传统文化地方教材。

2. 传统文化教育的师资素养亟待提高

中华传统文化源远流长、博大精深，需要长期的阅读、学习和体悟才能形成较高的修养。而在以往我国师资培养培训的体系中，没有专门的中华优秀传统文化内容，更没有培养中华优秀传统文化怎么教怎么学的相关课程。这直接导致了教师的传统文化教育素养不高，优质师资普遍不足的问题。

因此，在调研中，我们发现，在进行传统文化教育时，很多教师和学校偏重于对学生进行知识点的灌输，单纯地让学生记忆一定的传统文化知识，相对缺少对传统文化蕴含的民族精神、道德情操、人文涵养的深入挖掘和讲解感悟。教师的传统文化素养亟须提高。这是当前传统文化教育中最为核心的问题之一。

鉴于传统文化教育师资的严重不足，建议国家对此通盘考虑。一是改革现在大学中文系的专业设置，应当在中文专业中加大传统文化的内容，比如中医、书法、国画、国乐，以及中国文化经典的学习和考核等，毕竟中小学传统文化的师资主要还是来自中文系。二是在各学科专业的培养中，要强化各学科中传统文化的内容，比如数学教学中要体现中国传统数学成就，如《九章算术》

等，使得各学科教师能够把传统文化的内容融入各学科的教学之中。三是对于现有的师资，采取三级培养模式，国家、地区、学校三级加大培养力度，把传统文化相关知识纳入中小学教师业务培训内容，提高教师的传统文化素养和教学能力，并出台相应的鼓励措施，对于能开设传统文化课程的师资，给予精神和物质的多种奖励。同时，运用现代技术手段，提高传统文化师资培养的效率。四是积极吸纳一批专家学者、民间艺人、技艺大师、非物质文化遗产传承人、文博场馆工作人员和志愿者加入传统文化的推广人队伍，充实优秀传统文化传承教育的师资队伍。只有多管齐下，加大力度，才能逐渐改变现在这种状况。

3. 探索新型的传统文化教学模式和实施途径

在传统文化教育过程中，我们常常会感到许多的疑惑，比如传统文化的教学模式与常规的学科教学有什么相同与不同？怎样才能采用多种途径和方式进行有效的传统文化的教学？等等，这些疑惑也是目前传统文化教育中的重大问题，我们要鼓励老师们进行探索，相互交流，探索出各种新型的传统文化教学模式和实施途径。

传统文化的教学一要突出体验性。以传统文化中知行合一的方式实施传统文化教育，让学生在参与体验中亲近、了解、接受、融入和传承中国优秀传统文化。二要突出时代性。要善于将传统文化中的思想文化价值与现代文明的时代特点相结合，运用丰富多样的形式对优秀传统文化进行当代表达，提高学生对传统文化的理解度和认同度。三是突出浸润性。把传统文化元素融入学校文化建设和校园景观建设之中，为传统文化教育营造浓厚的校园氛围。

总之，探索新型的传统文化教学模式和实施途径，应该成为当今传统文化教育的重要研究问题。

中小学时期的教育是“立德树人”最重要也最为基础的阶段，对中小学生进行传统文化的教育，则是“立德树人”的重要途径，因此，研究中小学传统文化的实施路径和融合机制，就具有非常重要的战略意义和深远的历史价值，值得教育工作者深入研究和实践。

第八章　大学如何开展青少年传统文化教育

杨　旻*

一、大学开展传统文化教育的需求分析

（一）大学传统文化教育的历史境遇和现实发展

对于近代高等教育而言，传统文化处于被割裂、被矮化的现实状态。部分爱国学者深感忧虑，疾呼需要更好地延续与传承民族优秀文化。以北京大学国学门为起点，国学运动逐渐兴起，国学教育与研究融入近代大学。20 世纪 90 年代以来，随着中国经济社会的转型与政治体制的改革进程，越来越多的人意识到国家和民族的复兴与崛起，需要民族文化内核提供不竭的动力源泉。胡适先生对“整理国故、再造文明”的倡导，至今仍发人深思。

基于现代大学办学模式与学科分型，历经百年浮沉的传统文化教育，在现代高校教育体制内真正再兴起来。21 世纪以来，大学传统文化教育迎来了更好的政策环境，事实上进入了发展的新阶段。2007 年中国共产党第十七次全国代表大会提出“加强中华优秀文化传统教育”。作为贯彻落实党的十八届三中全会关于完善中华优秀传统文化教育的文件，2014 年教育部的《完善中华优秀传统文化教育指导纲要》首次明确提出大学阶段，要以提高学生对中华优秀传统文化的自主学习和探究能力为重点。大学传统文化教育发展新阶段的标志性事件则是数十所大陆高校相继成立了国学研究所或国学院。作为传统文化教育的“高精尖”部门，大学的国学（儒学）等教学科研机构在学科发展、组

* 杨旻，21 世纪教育研究院研究员，主要研究领域为教育政策、学校管理。

织机构设置和人才培养模式等方面积累了有益的经验。

对于今天的中国特色高等教育大系统而言，传统文化教育是不可缺少、不可替代的重要组成部分。哲学、文学、历史学以及艺术学是高校传统文化教学科研的主要学科门类。传统文化研究、学科专业建设及人才培养涉及哲学、宗教学、汉语言文学、汉语言、中国少数民族语言文学、古典文献学、历史学、考古学、文物与博物馆学、音乐学、戏剧学、美术学等诸多专业。以素质教育、通识教育为核心的传统文化教育内容成为高等院校的必修课程与选修课程，打造类别多样、内容丰富的多元传统文化课程体系。2017 年《国民经济和社会发展第十三个五年规划纲要》提出实行“学术人才和应用人才分类、通识教育和专业教育相结合的培养制度”，通识教育被首次写入政府工作报告。通识教育的发展成为未来高等教育改革的一个重要方向。与此同时，不少高校结合学校办学定位和当地的历史文化建设需求，组织校内外的传统文化教育活动，持续扩大传统文化的传播与普及。

中国共产党第十九次全国代表大会提出“坚定文化自信，推动社会主义文化繁荣兴盛”，传统文化教育被纳入中国特色社会主义文化发展的道路。中共中央办公厅、国务院办公厅印发《关于实施中华优秀传统文化传承发展工程的意见》，要求推动高校开设中华优秀传统文化必修课，在哲学社会科学及相关学科专业和课程中增加中华优秀传统文化的内容。中华优秀传统文化教育成为高等学校教育活动的必备教学环节，以及学校领导干部、教师学习的必备主题。由于将中华优秀传统文化与革命文化、社会主义先进文化作为中国特色社会主义文化的三大渊源，因此继承和弘扬中华民族优秀传统文化逐渐成为大学思想政治教育的重要环节。

（二）大学开展传统文化教育的新时代使命

大学的传统文化教育涉及众多学科、专业、课程和活动，作为植根中国文脉、具备独特优势的教育类别，大学传统文化教育的发展对促进哲学社会领域繁荣和国家创新体系建设具有无可替代的价值。面对“两个一百年”奋斗目标的历史交汇期，无论是全面建成小康社会、实现第一个百年奋斗目标还是全面建设社会主义现代化国家新征程的第二个百年奋斗目标，传统文化需要创造性转化、创新性发展，持续孕育、有力支撑国家和民族核心竞争力。从这一现实和远景需求而言，大学的传统文化教育承载着更为重要的历史使命。

赋予传统文化新的时代内涵和现代表达形式，既是当代中国主流的传统文化教育理念，也是大学开展传统文化教育的深刻价值和现实意义。在现代大学管理框架内，传统文化教育的价值引导共识日趋凝聚。大学以其学术研究、高层次人才培养的组织优势，能够更好地汇聚政府与民间的传统文化教育力量，发挥“承上”与“启下”的重要使命。

从“承上”的使命而言，创造性转化是基本。传统文化有其自身的文化根基和发展逻辑，选择性地“分拣”传统文化“精华”成为“中华优秀传统文化”，必然是在“糟粕”的排他性选择之后，而去除“糟粕”的前提是全面、真实、客观、完整地认识传统文化经典。中国的大学需要帮助当代大学生理解中国传统的知识体系、治学方法，学会识别其局限性，从而能够真正延续中国文化的血脉根基。

从“启下”的使命而言，创新性发展是核心。无论基于政策制定的视角还是基于文化反思的视角，高校教师对传统文化的扬弃还需要再学习、再思考，高校作为文化传承与创新者应当开展深入、广泛的研究讨论、创新探索。一方面，中国传统文化的爱国主义、诚实守信、和谐共生等可以与高校思想政治工作的革命文化教育、社会主义先进文化教育进行融合再造，切实拓展将高校思想政治教育作为传统文化教育主渠道的既有模式，把中华优秀传统文化融入大学教育教学全过程，切实落实立德树人的根本任务。另一方面，大学的传统文化教育工作应该加强顶层设计、科学谋划，传承特色文化基因，强化自身内涵建设，推进高校、传统文化社会团体、传统文化产业、地方的协同创新发展，形成发展互动的良性循环。

（三）大学开展传统文化教育的问题

尽管继承和弘扬中华民族优秀传统文化的价值共识备受认可，大学传统文化教育的研究和探索已有扎实的理论基础和丰富的实践成果，但是从高等教育大众化阶段进入高等教育普及化阶段的过程中，大学传统文化教育原有的模式和机制逐渐暴露出短板，其创造性转化、创新性发展工作也面临着新的挑战。

一是大学现有的传统文化教育模式和机制存在短板。大学与传统文化社会团体、传统文化产业及地方文化发展之间，缺乏立体多维的交流互动机制。

梳理大学传统文化教育的通行做法，大部分处于自我探究、自我实践的状态，其间碎片化、分散化的创新尝试只能提供一些解决问题的线索。尽管不乏与传统文化社会团体、传统文化产业及地方文化主管部门的合作研究、协作活动等，但其深度参差不齐。更重要的是，缺乏与地方政策制定和大学发展规划层面的有效连接，更为科学合理的机制设计与制度安排仍显不足。传统文化教育在大学依然处于边缘状态，不少高校对传统文化教育缺乏长远规划和宏观布局，在资源整合优化方面存在突出问题。

二是传统文化教育课程与思想政治教育课程的自我改革、自我发展带来现实难题。高校通识课程中涉及传统文化的模块课程设计、必修选修学分安排变化等，主导力量是来自学校的统一规划而非任课教师的自主改进。对于缺少文、史、哲、艺学科专业的高校而言，任课教师是突出的短板。大学将传统文化教育课程融入思想政治教育课程体系的过程中，由于对工作协同性、学科协调性、教学系统性等方面的准备不足，如何充分、有效地将中国传统文化与思想政治教育课有机融合、持续创新，是以思想政治教育为导向的文化融合教育面临的重要挑战。思想政治课教师与传统文化学科教师之间存在前期学习、训练的重要差异，而多元价值叠加、多维目标复合等复杂情况，进一步加剧了人才培养中的统筹协调难度。

三是大学传统文化教育内容与学生需求之间的匹配度不高。由于对国学资源开发没有形成主流，而任课教师的教学自主性不足，部分传统文化教育课程存在内容难以跟实际生活结合，与学生接受程度断裂，不重视学生的接受能力与兴趣，学生反馈不佳等问题。校内传统文化社团存在缺少专业指导老师、资金不足、无法有效利用资源、活动无法充分满足学生需要等普遍性问题。大部分高校学生对传统文化的了解程度一般，反映文化价值认同感不高。广西5所本科高校调查显示[①]，在对中华优秀传统文化是否了解的调查中，大多数学生感觉了解不多，超过5%的学生认为自己不了解。相关类似调查研究的研究结果很接近，揭示了包含高等教育在内的教育全过程中，传统文化教育实际处于重指导、轻落实的境地。

① 陈立群：《大学生中国传统文化教育现状的调查研究——基于广西高校的调查》，《高教论坛》2019年12月第12期。

二、大学传统文化教育的内部协同治理机制探索

（一）大学开展传统文化教育的内部治理方法论

从大学内部治理研究来看，当“治理”概念从企业研究迁移至高等教育研究视域后，国内研究者已经开始致力于构建一套适合中国大学特色的治理理论体系，并力求在相应的理论指导下对我国大学治理结构和治理机制进行实践探索。围绕大学传统文化教育的内部治理，首先要研判传统文化外部政策环境、制度安排等因素对于内部治理结构构建产生的相应影响。大学开展传统文化教育的内部治理，是坚持以马克思主义为指导的辩证继承传统文化的大学坐标和价值立场，包含创造性转化、创新性发展与大学文化传承创新使命的结合，以立德树人为问题、目标与结果为导向的大学传统文化教育主体建设。

要树立以马克思主义为指导的辩证继承传统文化的大学坐标和价值立场，应全面梳理研究党中央、国家关于大学传统文化教育的政策要求和决策部署，剖析上述工作的改革机遇和创新挑战。在系统化落实立德树人根本任务方面，以指导性、系统性、引领性为基本原则，挖掘大学传统文化教育协同治理蕴含的价值判断和目标要求。

创造性转化、创新性发展与大学文化传承创新使命的结合，重在探索职能的统筹与创新。大学的使命和职能包含人才培养、科学研究、社会服务、文化传承创新、国际交流合作等五个方面。在凝聚大学传统文化教育协同治理的价值共识前提下，面对文化传承创新使命，坚持传统文化特色和遵循教育规律相结合，为创造性转化、创新性发展提供制度支持和资源保障。

以立德树人为问题、目标与结果导向的大学传统文化教育主体建设，主要是通过开展符合大学教师队伍成长规律和特点的传统文化教育相关教师管理顶层设计，统筹协调学校相关部门管理服务职能和管理服务育人职责之间的关系，妥善处理大学传统文化教育与教育教学综合改革、教师队伍建设改革、思想政治教育改革的路径对接，为建设高水平、专业化的传统文化教育师资团队提供组织保障。

（二）确立大学传统文化教育治理的基本路径

将学校相关部门管理服务职能和管理服务育人职责相结合，构建跨部门

的协同治理机制。将校内党委组织部、党委宣传部、党委教师工作部等党的组织，教务处、学生处、人事处等行政组织，马克思主义学院等学院单位以及工会等群团组织等进行职能再建构，坚持主动适应服务和持续改革创新相结合，探索大学传统文化教育管理与教育教学综合改革（含人才培养模式改革）、教师队伍建设改革（含人才考核评价改革）、思想政治教育改革（含思政课程和课程思政）等的统筹协调。

教育教学综合改革（含人才培养模式改革）要将大学传统文化教育管理，特别是传统文化学科专业、通识教育课程的规划布局，列入重要议事日程，其模块课程设计、必修选修学分安排变化等由任课教师进行论证并制订方案。教师队伍建设改革（含人才考核评价改革）要将教师从事大学传统文化教育工作的评价标准进行单列，在现行教师评聘、考核体系和标准中持续加强传统文化教育的任务要求，确立教师开展传统文化教育的工作基准。思想政治教育改革（含思政课程和课程思政）要高度重视提高传统文化教育水平的必要性和紧迫性，以微观层面的课程管理改进呼应顶层设计与组织保障，采取行动促进实践应用模式的有效运行。

大学传统文化教育管理与教育教学综合改革、教师队伍建设改革、思想政治教育改革的统筹协调，需要整合办学治校各领域、教育教学各环节的资源和力量，以完善体制机制、加强队伍建设、优化组织保障为基础进行系统规划。从宏观层面的大学传统文化教育治理规划，到中观层面的跨部门协同治理的职能调整、协同协作、互联互通，再到微观层面的教师中华优秀传统文化教育的育人实践，三个层面需要形成一体化的综合体系，才能切实破解模式、机制、课程、需求等存在挑战和难题。

三、优化大学传统文化教育的内化转变方法

（一）统筹融合思政课程与大学传统文化教育课程体系建设

统筹融合思政课程与大学传统文化教育课程体系建设，是深化新时代学校思想政治理论课改革创新的重要路径，是十九大以来党和国家对高校思想政治教育的新思考与新决策。2017 年教育部党组印发的《高校思想政治工作质量提升工程实施纲要》是统筹融合思考与决策的第一阶段。该文件将推进中华优

秀传统文化教育列入"文化育人"。此后，相继实施"中华经典诵读工程""中国传统节日振兴工程"，启动"礼敬中华优秀传统文化""戏曲进校园"等文化建设活动，开展北京大学昆曲传承基地等一批中华优秀传统文化传承基地建设。凝练推广高校弘扬中华优秀传统文化、营造积极健康校园文化的优秀经验和做法，列入教育部"高校思想政治工作专项资金"的使用方向之一。无论是成果引导还是文化传承活动，主要目的是让高雅艺术、非物质文化、民族民间优秀文化走近师生。

2019 年中共中央办公厅、国务院办公厅印发的《关于深化新时代学校思想政治理论课改革创新的若干意见》，标志着统筹融合思考与决策进入新阶段。在该文件"调整创新思政课课程体系"中，中华优秀传统文化被纳入要求各高校设定的课程模块中，开设系列选择性必修课程；在"统筹推进思政课课程内容建设"中，中华优秀传统文化教育与中国特色社会主义和中国梦教育、社会主义核心价值观教育、法治教育、劳动教育、心理健康教育等被并列要求系统进行；在"加强思政课教材体系建设"中，提出研究编制中华优秀传统文化等进课程教材指南，编制中华民族古代历史等教材图谱，开列中华优秀传统文化典籍书单等。随后，教育部党组印发《"新时代高校思想政治理论课创优行动"工作方案》，提出 25 条创优举措，要求展现新时代高校思政课新气象、新作为、新担当，全面提升思政课质量和水平。

根据深化新时代学校思想政治理论课改革创新的要求和新时代高校思想政治理论课创优方案，高校的教育教学综合改革（含人才培养模式改革）的首要任务，就是需要在调整创新思政课课程体系时，对现有中华优秀传统文化的通识教育课程进行模块优化、资源整合。我国实行学术人才和应用人才分类、通识教育和专业教育相结合的培养制度，传统文化教育通识课承载着大学生人文通识素养培养，激发其对民族语言、文学、文化兴趣的使命。近年来高校通识教育改革创新持续成为改革热点，中华优秀传统文化教育的创新迭出。山东自 2016 年启动高等教育综合改革，出台了推进高校中华优秀传统文化教育的意见，64 所省属本科高校共开设优秀传统文化课程 2200 多门，其中必修课 800 余门，选修课 1400 多门，上课总人数达到了 50.6 万人。[①] 结合 2017 年中

① 魏海政：《山东五十万大学生浸润传统文化课堂》，《中国教育报》2018 年 6 月 19 日。

共中央办公厅、国务院办公厅《关于实施中华优秀传统文化传承发展工程的意见》要求高校开设中华优秀传统文化必修课及高校设置“中国文化概论”，与传统文化教育直接相关的经典文学鉴赏类、古典文化导赏类、先贤思想导读类等通识选修课程，面临着课程体系调整的新使命和新任务。除必修课、选修课的整体模块规划设计和必修选修学分安排变化外，其课程教学内容、教材建设均需要围绕思想政治理论课改革创新予以调整，与高校思想政治工作的革命文化教育、社会主义先进文化教育相互衔接起来。

（二）探索挖掘大学课程思政的传统文化教育内容互联互通

与思政课程建设并道而行的是全面推进课程思政建设，寓价值观引导于知识传授和能力培养之中，帮助学生塑造正确的世界观、人生观、价值观。2020年，教育部《高等学校课程思政建设指导纲要》对推进高校课程思政建设进行了整体设计，区分文史哲类、经管法类、教育学类、理工类、农学类、医学类、艺术类等七类专业课程的课程思政建设主要内容。该文件进一步解释“加强中华优秀传统文化教育”的内容重点：教育引导学生深刻理解中华优秀传统文化中讲仁爱、重民本、守诚信、崇正义、尚和合、求大同的思想精华和时代价值，教育引导学生传承中华文脉，富有中国心、饱含中国情、充满中国味。

当前，不少高校积极探讨传统文化教育元素在课程思政与专业课程建设的契合点，推动以课程思政为重要渠道的传统文化教育课程改革新进展，实现大学课程思政的传统文化教育内容互联互通，落实文化铸魂、立德树人的任务。聚焦梳理北京师范大学、浙江大学、兰州大学、东北大学、湖南大学、陕西师范大学等高校相关课程体系建设的主要经验，有益举措大致可以分为三类。

一是顶层设计、研究分析、系统规划学校课程思政建设工作方案，从制度层面确保扎实有序推进中华优秀传统文化教育工作部署落实，实现从“思政课程”主渠道育人向“课程思政”立体化育人的转变。确立以大学党委书记、校长为负责人的工作领导机制，综合运用人事人才、教育教学等改革探索，重点加强中华优秀传统文化教育示范性课程、示范性专业、示范性教师等遴选和建设。坚持示范引领和全面推广相结合，统筹目标思路、任务举措和进度安排，分批次、分阶段、有步骤地开展课程思政建设工作，鼓励引导教学单位制定、细化相应工作方案时牢牢把握中华优秀传统文化教育。

二是深入探讨、分类指导、督导促进授课教师的课程思政建设工作，坚持以提高教师的传统文化知识和授课能力水平为先导。一方面，结合学校学生和课程思政工作实际与特点，尊重中华优秀传统文化教育授课教师的基础和需求，重视并组织形式多样、内容丰富的专题培训和教学经验分享会等。另一方面，将中华优秀传统文化纳入专业的课程与教材建设，强化督导评价机制，提供中华优秀传统文化教育课程思政建设指南，引导传统文化鲜活案例融入专业教学，在本科生、研究生培养中为课程思政建设的全面深入探索规律、拓展渠道。

三是在显性教育和隐性教育相统一的课程思政体系中，高度重视中华优秀传统文化教育，率先建设中华优秀传统文化的示范性课程、示范性专业，表彰奖励示范性教师。对于文学、历史学、哲学类专业课程，重在结合传统文化教学科研工作，发挥多学科优势，开展中华优秀传统文化创造性转换和创新性发展研究，在传承创新和国际传播方面发挥辐射引领作用，进而引导学生深刻理解、自觉弘扬中华优秀传统文化、革命文化、社会主义先进文化。对于非文学、历史学、哲学类专业课程，重在融入传统文化知识，引导学生深入文化社会实践、关注传统文化的现实问题。

（三）创新打造大学校园文化建设的传统文化教育活动机制

形式较为灵活多样、内容载体较为丰富的传统文化活动是大学传统文化教育的重要构成部分。高校通过校训、校风等内在理念与建筑、装饰等外在表现方面彰显传统文化，通过校园网、微信等信息化手段传播传统文化，通过校园传统文化活动、节庆民俗实践活动、传统文化社团、传统文化展演等促进普及活动。聚焦弘扬中华优秀传统文化的活动平台载体、高校代表性研学实践活动，梳理基于传统文化的校园文化建设优秀经验和做法可分为三类。

一是校园传统文化相关活动，包括围绕书香校园建设的经典书目推荐、经典诵读、传统文化知识竞赛、文化专题讲座等，依托学校馆所、场地、论坛等平台，一系列优秀传统文化进校园、民族艺术进校园、非物质文化遗产进校园以及中外文化交流等活动，繁荣校园文化、滋养师生心灵。清华大学校园戏曲节、北京科技大学传统文化节、中国计量大学中国文化节等系列节日活动，上海交通大学“世界博物馆馆长文博讲堂”、暨南大学“中华文化大讲堂”等特色讲座，形成各具特色的品牌活动。

二是节庆民俗实践活动，涉及传统节日文化主题活动、传统礼仪教育，以及利用博物馆、展览馆、文化遗址、名胜古迹和各类教育基地等社会资源开展民俗文化考察调研。华中师范大学“礼敬中华优秀传统文化”之荆楚传统文化系列纪录片的制作与传播，上海大学“310 与沪有约”海派文化传习活动，西南大学组织民俗、节日、服饰、语言文字、饮食等民族文化展示的“民族节”等，积极挖掘民间艺术、农耕文化等民俗节庆等传统文化资源，推进传统文化的传承创新和创意设计，体现出充满活力、多方协作的实践活动新格局。

三是传统文化社团活动，包括国学社、诗词社、文学社、读书会、艺术社团等。国学社团是最具代表性的传统文化研习社团，以学礼和读书为主，以特色实践活动为辅。传统文化类的艺术社团涉及剪纸、皮影、编织、刺绣、扎染等体验性、互动性的艺术实践。小型分散、灵活多样的传统文化社团活动，源于本地、本校学生传统文化活动的特色和传统，很好地弥补中华优秀传统文化教育实践空间与形式的短板。根据北京师范大学的统计，参与南山诗社、春秋学社等 10 余个传统文化类学生社团活动的学生近 3 万人次。

（四）深化拓展具有大学特色特点的传统文化传承发展基地

传承中国传统文化是大学开展中华优秀传统文化教育的突出功能，建设中华优秀传统文化传承基地是具备示范性、引领性的实践探索。2018 年，教育部开展中华优秀传统文化传承基地建设，系统推进课程建设、社团建设、工作坊建设、科学研究、辐射带动、展示交流等六个方面的任务[①]。2018 年入选 55 个中华优秀传统文化传承基地[②]，2019 年入选 25 个中华优秀传统文化传承基地[③]，2020 年入选 26 个中华优秀传统文化传承基地[④]，三年合计 106 个全国普通高校

---

① 教育部：《关于开展中华优秀传统文化传承基地建设的通知》，2018 年 5 月 10 日。

② 教育部：《关于公布第一批全国普通高校中华优秀传统文化传承基地名单的通知》《关于公布 2019 年全国普通高校中华优秀传统文化传承基地名单的通知》《关于公布 2020 年全国普通高校中华优秀传统文化传承基地名单的通知》，2018 年 11 月 29 日、2019 年 11 月 4 日、2020 年 9 月 17 日。

③ 教育部：《关于公布第一批全国普通高校中华优秀传统文化传承基地名单的通知》《关于公布 2019 年全国普通高校中华优秀传统文化传承基地名单的通知》《关于公布 2020 年全国普通高校中华优秀传统文化传承基地名单的通知》，2018 年 11 月 29 日、2019 年 11 月 4 日、2020 年 9 月 17 日。

④ 教育部：《关于公布第一批全国普通高校中华优秀传统文化传承基地名单的通知》《关于公布 2019 年全国普通高校中华优秀传统文化传承基地名单的通知》《关于公布 2020 年全国普通高校中华优秀传统文化传承基地名单的通知》，2018 年 11 月 29 日、2019 年 11 月 4 日、2020 年 9 月 17 日。

中华优秀传统文化传承基地，达到了2018年《教育部关于开展中华优秀传统文化传承基地建设的通知》所预定的目标。

从入选的106个基地来看，昆曲、京剧、评剧、晋剧、吉剧、黄梅戏、彩调剧等数十余种戏剧戏曲形式，在北京大学、南开大学、山西大学、吉林大学、黄冈师范学院、广西大学等高校开展建设。民族民间音乐有苏州大学的江南丝竹、泉州师范学院的南音、贵州民族大学的侗族大歌、内蒙古艺术学院的蒙古族传统音乐、兰州城市学院的西部民歌等，民族民间美术有天津大学的杨柳青年画、西北师范大学的敦煌艺术、山东艺术学院的山东年画等。民族民间舞蹈有复旦大学的吴越踏歌、中南大学的瑶族长鼓舞、华南师范大学的岭南传统舞蹈、华侨大学的舞狮（南狮）等。传统手工技艺有上海师范大学的顾绣、安徽师范大学的徽州三雕、成都纺织高等专科学校的蜀绣、云南民族大学的云南扎染、无锡工艺职业技术学院的宜兴紫砂陶等。民族传统体育有上海中医药大学的五禽戏、曲阜师范大学的孔子射艺、山东体育学院的螳螂拳、河南中医药大学的八段锦、新疆师范大学的新疆民族传统体育等。

教育部中华优秀传统文化传承基地的遴选建设工作，要求各传承基地对标基地建设原则、任务和要求，面向全校学生开设以传承项目为内容的选修课程，纳入学校人才培养方案和教学计划，实行学分制管理，切实落实2个学分；建设2–3个校级传承项目学生社团和1个实践工作坊；加强以传承项目为重点的中华优秀传统文化教育研究；辐射带动当地3所左右的中小学校和1个社区，开展基于传承项目的中华优秀传统文化普及教育活动，加强成果交流与展示，切实将传承基地打造成本校的特色和品牌。

从文化传承的使命而言，大学需要借鉴教育部中华优秀传统文化传承基地的遴选建设要求和各入选高校的建设经验，建设符合学校发展规划且具备示范性、引领性的中华优秀传统文化传承基地。中华优秀传统文化传承所涉及的民族民间音乐、民族民间美术、民族民间舞蹈、戏剧、戏曲、曲艺、传统手工技艺和民族传统体育等，种类丰富且具有极强的地域性和感染力，很适宜在各地各高校予以组织开展。校本建设的中华优秀传统文化传承基地，有助于贯通中华优秀传统文化课程建设、社团建设和工作坊建设等实践活动以及科学研究探索，进一步孵化具备代表性、影响力的成果，将进一步提升大学的社会美誉度。基地建设是一项长期工作，需要高校领导班子对基地建设工作认识到位、规划清晰，需要形成规模稳定的、结构合理的教师队伍，需要确保可持续的经费保障和制度支持。

（五）构建高校传统文化教育的“高精尖”部门

以哲学、文学、历史学等传统文化人才培养为定位的专业教育，堪称高校开展传统文化教育的“高精尖”部门。高校设置专门的哲学、文学、历史学等教学科研机构，承载着传统文化教学、研究、传播等主要发展使命。1904 年“癸卯”学制所提出的“通儒院”——“为研究各科学精深义蕴，以备著书制器之所”，似可通过哲学、文学、历史学等教学科研机构而落地。对于具有教学职能的哲学、文学、历史学等教学科研机构，可划分为本科及研究生全学段学历教育、本科学历教育、研究生学历教育、本科生专项课程教学、社会培训五类。

大学是否设置以哲学、文学、历史学等传统文化人才培养为定位的专业教育院所机构，关键取决于其在哲学、文学、历史学等传统文化相关学科专业发展的基础，即高校传统文化教学科研的继承、发扬能力和水平。哲学、文学、历史学经过长期的学科专业建设、课程建设、教材建设和教师队伍建设，业已形成系统化的专业人才培养模式。自高等学校本科教学质量与教学改革工程实施以来，国家与地方所开展的特色专业建设点、高校专业综合改革试点、精品课程、国家精品开放课程建设与共享、教学团队、教学名师等建设与评选，均有传统文化相关专业、传统文化专项课程以及教授传统文化的教学团队、教学名师入选。2017 年教育部学位与研究生教育发展中心对全国具有博士或硕士学位授予权的一级学科开展第四轮整体水平评估，哲学获得 A+ 的高校是北京大学、复旦大学，中国语言文学获得 A+ 的高校是北京大学、北京师范大学，考古学获得 A+ 的高校是北京大学、西北大学，中国史获得 A+ 的高校是北京师范大学、复旦大学。①

2020 年《教育部关于在部分高校开展基础学科招生改革试点工作的意见》（强基计划），为高校哲学、文学、历史学等传统文化人才培养提供了新的“试验田”。“强基计划”旨在选拔培养有志于服务国家重大战略需求且综合素质优

---

① 教育部学位与研究生教育发展中心：《全国第四轮学科评估结果公布》，中国学位与研究生教育信息网，2017 年 12 月 28 日。

秀或基础学科拔尖的学生，北京大学、清华大学、山东大学、中山大学、厦门大学、南京大学等知名高校将汉语言文学、历史学、哲学、考古学等列入了基础学科招生改革试点。实施“强基计划”的高校要对学生制订单独人才培养方案和激励机制，实行导师制、小班化等培养模式，探索建立本—硕—博衔接的培养模式。未入选“强基计划”的大学，应结合学校实际，学习借鉴“强基计划”相关学科专业人才培养的有益探索，优化课程体系及学分配置，为中国传统文化教育发挥更为重要的作用。

除文史哲专业教育外，不少大学还设置专门的国学教学科研机构，具有多元的组织形态。以大学国学院命名的如中国人民大学国学院、武汉大学国学院等，以大学国学研究院命名的如北京大学国学研究院、厦门大学国学研究院等，以大学儒学院命名的如四川大学国际儒学院、山东大学儒学高等研究院等，还有一批以国学研究所、国学研究中心、国学教育中心等命名的机构。与文史哲专业教育相比，国学人才培养模式需要做更大的调整，帮助学生整合跨学科、跨专业、跨领域所学的知识和技能。由于国学专业、国学班规模偏小，国学教师教育背景都是文、史、哲分科的学者，教学改革成果还不足以形成机制更为灵活的“试验区”，建立健全尊重国学教学规律的教学管理范式还有待探索。

四、完善大学传统文化教育的政策支持支撑框架

大学传统文化教育的创造性转化、创新性发展不是孤立的、一元的格局，需要创新思维、勇于探索，与一系列传统文化社会团体、传统文化产业主体等相关群体协同创新探索。而相应的协同创新探索之路离不开政府的支持。

（一）加大大学传统文化教育相关群体的政策支持扶持力度

一是区域文化主管部门与教育主管部门需构建行之有效的工作联席机制，区分大学传统文化教育的群体并切实落实、加大完善相应群体的支持力度和扶持政策。借鉴大学科技人才培养的经验，为开展大学传统文化“产学研”合作的群体提供更大的支持、扶持政策举措。通过财政、税收等优惠政策，积极引导社会团体、企业积极参与大学传统文化的“产学研”合作。通过大学的传统文化教育特色平台建设，积极引导大学探索符合学校发展规划、校园文化建

设和地方文化传承的中华优秀传统文化教育基地（含孵化基地），推进传统文化成果的转化，服务区域经济文化的创新需求。设立专项传统文化教育资金，打造传统文化社会团体、传统文化产业与大学之间的人才交流动态机制，支持每年一定比例的学界、业界传统文化人才交互挂职锻炼、任职顾问。以多元的“产学研”合作平台，进一步提升高校传统文化教育主体的创新能力，支持高校之间的创新资源和成果共享。

二是设立开展大学中华优秀传统文化教育名家的培养工程，研究制定传统文化教育工作的奖励与培养相融合制度。在传统文化教育所需的师资、教材、资金和场地等基本条件中，师资无疑是其中的关键要素。建议教育部、文化部在中央人才工作协调小组的指导下，共同启动国家级“中华优秀传统文化教育名家培养工程”，遴选、培养在传统文化教育领域富有研究潜力、擅长育人实践的中青年教师。各省区市可相应启动省部级“中华优秀传统文化教育名家培养工程”，形成传统文化教育师资人才培育的进阶通道。中华优秀传统文化教育名家是大学传统文化教育师资队伍中的核心力量，将发挥极其重要的引领、示范作用。

（二）加快大学传统文化教育群体的专业化精细化建设

基于政府出台相关政策指导意见的视角，加快大学传统文化教育群体的专业化、精细化建设，主要是大学传统文化教育组织机构的专业化、精细化建设和多元的“产学研”合作平台的专业化、精细化建设，也有必要对传统文化社会团体开展专业化、精细化建设的指引。大学传统文化教育群体的专业化、精细化建设的目的，是希望能更好地促进与大学传统文化教育相关的从业者互联互通。

大学传统文化教育组织机构的专业化、精细化建设，在学科专业建设的基本标准之上，需要从学校发展规划的设计和布局、课程和教学相关环节的实施和评价以及传统文化教育活动的策划和反馈等三个层面，以规范工作流程为导向、以提高教育效果为核心，系统提供大学传统文化教育组织机构专业化、精细化的发展指引。通过更具操作性、可比性的指标评价体系，启动大学传统文化教育组织机构的品牌化评价和奖励机制，梳理、凝练其专业化、精细化的经验并予以推广。

多元的“产学研”合作平台的专业化、精细化建设，在革新组织管理形式、激发转化创新活力的前提下，需要多层次推进大学传统文化教育孵化基地建设。充分依托政府所管理的现有传统文化教育阵地，联合传统文化社会团体、传统文化产业主体为大学传统文化教育的特色化建设提供有效的政策和信息支持，打造专业化、精细化的传统文化教育资源对接体系。为保障大学传统文化教育孵化基地建设，使其能够进阶为大学的传统文化教育特色平台，有必要建设传统文化教育孵化基地的动态淘汰制度。动态淘汰制度将从根本上有助于平台更好地实施专业化、精细化建设。

（三）打造跨界传统文化融合的培训体系

传承创新是大学传统文化教育承上启下的持续性动力，对于传承创新而言，需要稳定、持续的教育知识更新、教学能力优化、研究水平提升，需要打造跨界传统文化融合的培训体系，让与大学传统文化教育相关的从业者获得更多的资源支持。

一是提升与大学传统文化教育相关从业群体的培训课程的针对性和实效性，建立全国性、区域性大学传统文化教育优秀课程的网上学习平台。互联网时代与在线教育的蓬勃发展，为网上学习平台的搭建带来了前所未有的机遇。目前大学传统文化教育类的线上平台主要提供的是面向高校学生的通识教育课程，而面向从事传统文化教学的教师等相关者的线上培训课程相对缺乏。本着教育者要先受教育的原则，应当通过支持开发、政府采购等方式打造适应教育者需求的网上学习平台。

二是充分发挥大学资源的优势，批准试点探索，允许大学联合知名传统文化社会团体、传统文化产业主体建设传统文化教育的跨界融合学院，深耕大学教师传统文化教育的培训新模式。引进国内知名成熟的传统文化教育名家，充分发挥线下培训的互动性更强、交流度更深的优势，特别是能够因地制宜地开发具有区域特色和优势的传统文化教育课程，从而提升新一代教师的传统文化教育课程内化能力，为大学教师的传统文化教育改革创新助力，形成激励与支撑新生态。

（四）规划高校传统文化教育的标准化考试

规划高校传统文化教育的标准化考试，构建大学生传统文化知识的测评体系，是深化传统文化教育的正本清源之路。从国家政策层面，应借鉴外语考试改革的设计，建立健全现代化的中文及国学知识测评标准。目前，国内存在商业机构发起中华传统经典诵读等级考试、国学等级考试等类似的商业行为，其考试内容、价值意义还有待观察和分析，但可以借鉴相关的级别设想，例如中文及国学知识能力等级可大致划分为四级，一级对应小学，二级对应初中，三级对应高中，四级对应大学。结合国情的中文及国学知识能力等级考试有助于推动各阶段学生投入传统文化知识的学习，向前向后延伸学习时段，动态体现学生传统文化知识的掌握程度。

第九章　社会机构如何开展青少年传统文化教育

杜华伟 *

一、社会机构开展青少年传统文化教育的必要性和可行性

2014 年 3 月，教育部印发的《完善中华优秀传统文化教育指导纲要》中指出："加强中华优秀传统文化教育，对于引导青少年学生更加全面准确地认识中华民族的历史传统、文化积淀、基本国情，认清中国特色社会主义的历史必然性，坚定走中国特色社会主义道路、实现中华民族伟大复兴中国梦的理想信念，具有重大而深远的历史意义。"[①] 青少年是祖国的未来和民族的希望，加强青少年传统文化教育既是他们全面发展的有力保证，也是建设社会主义先进文化、实现伟大中国梦的题中应有之义。

2017 年 1 月 25 日，中共中央办公厅、国务院办公厅联合印发的《关于实施中华优秀传统文化传承发展工程的意见》中明确指出："文化是民族的血脉，是人民的精神家园。文化自信是更基本、更深层、更持久的力量。"[②] 坚定四个自信是我们建设中国特色社会主义的前提与根本，是实现中华民族伟大复兴的重要保证，而坚定文化自信又是坚定道路自信、理论自信和制度自信的基础。作为伴随着互联网长大的青少年一代，他们所面对的文化更加多元、更加开放，更需要通过传统文化教育增强其文化自信心与民族自豪感。"文化自信是

---

* 杜华伟，兰州交通大学副教授，硕士生导师，哲学博士，中国书院学会理事，福建安溪凤山书院文化建设学术顾问，《中华优秀传统文化研究》编委，主要研究领域为思想政治教育、书院文化与思想。

① 新华社：《教育部关于印发〈完善中华优秀传统文化教育指导纲要〉的通知》，2014 年 4 月 1 日，见 http：//www.gov.cn/xinwen/2014-04/01/content_2651154.htm。

② 新华社：《中共中央办公厅 国务院办公厅印发〈关于实施中华优秀传统文化传承发展工程的意见〉》，2017 年 1 月 25 日，见 http：//www.gov.cn/zhengce/2017-01/25/content_5163472.htm。

当前多元文化背景下，我国实现对外交往最重要的心理基础，青少年对文化的自信是我们实现对外文化交流的底气，传统文化教育能让青少年在本民族文化中获得丰富的情感体验，并在与西方文化对比中认识到传统文化的博大精深，进而提升文化自豪感与自信心，潜移默化地培养其文化传承与发展的责任。”①

“只有我们的传统文化，才有可能解决‘我是谁’的身份认同问题，解决我们来自哪里、又将走向何方这个根本性的问题。”②青少年时代是人一生中最宝贵的时间，也是其世界观、价值观与人生观形成的重要阶段。此时，以中华民族独特精神标识的传统文化为他们打下生命底色，对传承发展中华文明学统、促进人类文明进步具有重要意义。而且，“从时间发展来看，青少年这一群体始终处于迭代中。今日之青少年受到优秀的传统文化教育，将来作为成年人的他们就将作为文化主体以今日之教育为基础进行传统文化教育，从而影响将来之青少年”。③所以说，青少年传统文化教育有其必要性，不仅关系着个人，更关系着整个民族以至全人类文明的发展。

教育是一个系统工程，需要学校教育、家庭教育和社会教育三者形成合力。学校教育具有明确目标、系统课程和专业师资，但限于应试压力目前并未全面开展传统文化教育；家庭教育具有时间灵活、情感深厚、因人而异等优势，但家长本身的文化素养及教育理念也使得家庭传统文化教育非常有限；而“活动的开放性、形式的多样性、供给的社会性、对象的广泛性等特点，使得社会教育成为对人的一生有深刻而持久影响的教育形态”④。同时，“互联网＋传统文化教育”实现了新兴技术和传统文化的对接，使传统文化教育具有了新载体、新平台、新内容、新形式。所以，社会机构进行青少年传统文化教育不仅有其可能性，并且还有着学校教育与家庭教育所不具备的特殊优势。

---

① 张金秀：《青少年传统文化教育的困境与应对策略》，《德育研究》2019 年第 14 期。

② 徐梓：《中华传统文化应成为中小学教育的“正餐”》，《群言》2014 年第 7 期。

③ 徐娜娜：《转型、构建与认同——新文化生产空间中的青少年传统文化教育》，《青年教育》2019 年第 4 期。

④ 杜华伟：《社会教育中传统文化教育的现状和问题》，载《中国传统文化教育发展报告 2018》，社会科学文献出版社 2019 年版，第 101 页。

二、开展青少年传统文化教育的社会机构范围

明确开展青少年传统文化教育的社会机构范围，以及它们以何种方式开展活动，是我们分析青少年传统文化教育现状及存在问题的基础，更是进一步提出青少年传统文化教育实施路径和整合机制的关键。

表 9–1　青少年传统文化教育社会机构一览表

<table>
<tr><td rowspan="16">青少年传统文化教育社会机构</td><td rowspan="6">公共文化机构</td><td>图书馆</td></tr>
<tr><td>博物馆</td></tr>
<tr><td>美术馆</td></tr>
<tr><td>科技馆</td></tr>
<tr><td>少年宫</td></tr>
<tr><td>故居旧址</td></tr>
<tr><td rowspan="4">网络媒体</td><td>国学网站、国学公众号</td></tr>
<tr><td>国学类广播、电视节目</td></tr>
<tr><td>微博、微电影、视频号</td></tr>
<tr><td>网络直播</td></tr>
<tr><td rowspan="2">社区组织</td><td>社区书院</td></tr>
<tr><td>社区文化中心</td></tr>
<tr><td rowspan="2">培训机构</td><td>企业开办</td></tr>
<tr><td>文化机构开办</td></tr>
<tr><td rowspan="2">研学机构</td><td>旅行社</td></tr>
<tr><td>研学基地</td></tr>
</table>

（一）公共文化机构

图书馆、美术馆、博物馆、科技馆、少年宫和故居旧址等公共文化机构是青少年接受传统文化教育的重要场所，作为“第二课堂”可以很好地辅助与补充学校教育中传统文化教育的不足。

图书馆具有丰富的文献资料、幽静的阅读环境和专业的工作团队这些先天

优势，可以通过举办阅读推广、读书交流、展览和讲座等形式进行青少年传统文化教育。国家图书馆 2019 年举办的“甲骨文记忆展”就以独特的方式吸引着青少年广泛参与：在入门序厅处布置了巨大的甲骨占卜模拟场景，其巧妙融合了甲骨文缀合模型、天干地支投影、象形文字画卷和甲骨文临摹传拓等互动场景，使观众在参观过程中亲身感受中国文字从古到今的一脉相承，感受中华传统文化的博大精深。四川省图书馆的“巴蜀讲坛”以及“周末艺术鉴赏会”最受读者关注和喜爱，同时针对青少年“在儿童节期间开展‘不学礼，无以立’主题讲座，通过浅显易懂的语言或故事，向孩子们传递一些生活中颇为实用的礼仪细节，不仅让他们理解礼仪之邦是如何发展和实行礼仪的，而且要让他们成为新一代的礼仪传承者”①。

从 2013 年起，以“5 · 18”国际博物馆日为契机，北京市每年 5 月开展为期一个月的“博物馆之春”活动，以促进青少年传统文化教育实践的持续化和常态化。2017 年“博物馆之春”活动在中国印刷博物馆举行，孙宝林馆长在启动仪式上介绍了印刷博物馆的特色教育资源，以及与大兴区教委联合开展的“印博进校园”活动。他强调“中小学教育与博物馆紧密结合是涵养和培育民族文化自信的有效手段，也是博物馆履行公共文化服务的重要职责”。② 通过“博物馆之春”活动引导青少年主动走进社会大课堂，倡导学生把走进博物馆作为一种学习方式和休闲方式，自主自愿开展学习体验活动，不断提升自己的传统文化素养。

（二）网络媒体

国学网站、国学公众号，《朗读者》《国家宝藏》《中国诗词大会》等国学类电视节目，以文字、图片和视频多种方式传播传统文化，比起报刊、广播等传统媒体具有独特优势。而抖音、快手、视频号、微电影等微媒体则以信息内容的趣味性、感染力，传播手段的便捷性、灵活性和传播方式的多样性、交互性而深受青少年喜爱，更加吸引青少年主动了解和学习传统文化。

---

① 王艺洁等：《浅谈公共图书馆如何开展国学教育与弘扬传统文化》，《青年与社会》2019 年第 8 期。

② 博物馆之春：《传承中华传统文化，将学习变成一种生活方式》，2017 年 4 月 19 日，见 https：//www.sohu.com/a/135128242_660741。

新兴的网络直播被称为“不在现场的现场”，它在传播过程中无须转述，这就减少了信息损耗，增强了信息的可信度，保证了观众的真实体验，实现了传统文化的深度传播，越来越受到年轻一代受众群体喜爱，在青少年传统文化教育中占据着重要位置，故宫博物院于2020年4月5日、6日开展的“云游故宫直播首秀”活动就是最好的例证。本活动通过人民网、抖音、腾讯视频等20余家网络平台实时播出，5日上午是午门、太和殿，出右翼门至慈宁宫，下午是西华门、武英殿、午门、文华殿、东华门、箭亭、九龙壁和皇极殿，6日上午是午门、三大殿、东六宫，涵盖了中线、西线和东线各路景致。活动开始前，故宫博物院院长王旭东通过网络发表开场白：“故宫博物院联合多家网络媒体，首次对闭馆期间的故宫进行直播，让全国观众通过数字互联网走进故宫，感受故宫的春意之美、建筑之美、空灵之美，同时了解故宫承载的中华优秀传统文化，汲取文化的力量。”在直播过程中，故宫的石雕、铜兽、彩画、窗棂等细节都真实而生动地呈现在人们面前，“宝贵的文物经过博物馆工作人员的研究发掘和陈列展示，能够表现出历史价值、艺术价值和文化内涵，发挥青少年社会教育的独特作用”。① 据新华云直播统计显示，仅4月5日下午场网络累计观看量就达到1817.68万人。网络直播不仅可以及时、生动地展示历史文化内容，还能实现与观众的有效互动，弹幕系统和对话框为观众提供了与主播实时沟通的途径，大大缩短了正在直播的传统文化内容与受众之间的距离感，使观看者对博物馆的各个环节都有一种身临其境的真实感与亲切感。据报道，在云游故宫的第三场直播中，故宫方面就及时采纳了观众“在讲解中适当增加一部分生动活泼的插图”以及“在直播中配地图说明讲解员正在讲解的区域”等建议，对直播进行了改进和完善。

（三）社区组织

开展青少年传统文化教育的社区组织主要包括社区书院和社区活动中心。河南省本源社区书院设有社区图书馆、少年国学院和社区人文学堂，除提供图书借阅服务外，还组织公益国学夏令营和冬季读经营活动，开设书法、国画、太极、古琴和茶道等课程。人文讲堂是本源社区书院的常设板块，内容涵盖文

① 张良驯：《青少年社会教育学》，人民教育出版社2017年版，第372页。

学、历史、艺术、哲学等多个领域，2018 年秋季开始的本源少年国学堂少儿文博课更是深受孩子们喜爱，既有博物馆实地研学活动，又有书院老师关于文博知识的讲座，“在少儿文博课中，孩子们可以近距离触碰千百年前的有趣灵魂，以宏观的文明视野了解那段逝去的历史，用更细微的视角，和我们一起拼凑出遗失在岁月里的中华文明版图”。① 在一堂堂文博课的熏陶下，小小少年除了感受到中华民族的厚重历史外，也更加明白身为中国人保护文物、传承文明的重大责任。

近些年涌现出的社区活动中心“四点半课堂”是社区组织进行青少年传统文化教育的重要组织，既解决了以往学生四点半放学到父母六点钟下班之间“真空时段”的安全问题，又使青少年在家门口就能得到作业辅导和传统文化教育，其做法值得肯定和推广。比如山东省东营市各社区“四点半课堂”各有特色：东城街道府前社区的“阳光四点半”社区托辅中心每天服务学生 30 人次左右，寒暑假时间还提供全天托管服务；安宁社区的“四点半课堂”在辅导作业外还开展益智游戏等课外服务，与市晨阳学校达成课外文明建设协议，在校学生可享受社区书画、器乐、图书、文史等服务，把社区打造成了学生的“课外红色课堂”；东城街道兴盛社区的“四点半课堂”不仅设置了教室和心理辅导室，还教授孩子们作画、书法，开展文艺鉴赏、艺术培训以及公共安全、文明礼仪、心理健康教育等活动；府前社区的“阳光四点半课堂”在课业辅导的基础上，还开拓了感恩教育、国学诵读、社会实践等服务。学生做完作业后或者寒暑假时间，还会根据情况开展文体活动、红色教育、安全知识宣传和志愿服务活动等。②

（四）培训机构

培训机构是终身教育时代进行传统文化教育的重要组织，尽管近年来传统文化进校园、进教材、进课堂活动取得了一定进展，但受制于校情、课程和学时等因素，学校传统文化教育往往以“经典诵读”为主，教学内容和形式相对

① “本源社区书院”微信公众号：《少儿文博：为孩子培养一个可以追寻一生的兴趣》，2020 年 12 月 11 日，见 https://mp.weixin.qq.com/s/9FovhT5IEwzfsFJRlkxqcw。

② 中国文明网：《“四点半课堂”开班啦》，2019 年 3 月 18 日，见 http://www.wenming.cn/xmt/xmwg/201903/t20190318_5041535.shtml。

单一，校外国学培训在一定程度上则起到了有益的补充作用。每到周末、节假日和寒暑假去校外培训班学习传统文化是不少孩子的选择，经常会看到一群6岁到10岁左右的孩子在培训老师带领下，穿汉服、拜孔子、诵经典、习茶道、学书画，这对于提升孩子的国学素养和儒雅气质，培养他们的孝悌之心和爱国情怀等都有很大帮助。当然我们也要警惕社会培训机构因对传统文化内涵和精髓理解不到位，出现鸡汤化甚至极端化现象。比如2017曾经名噪一时的女德班，提出“打不还手、骂不还口、逆来顺受、绝不离婚”16字“女德四项基本原则”，虽屡经查处但仍在某些地方出现。2020年7月25日，山东曲阜“阳光青少年国学夏令营”中再次惊现女德班，一名叫“杨依依”的女生声泪俱下地自我检讨：“我不要脸，还给我的父母丢脸，更给我的祖宗蒙羞。”期间还不断抛出“戴美瞳的女生不正经”“如果没有学习传统文化现在指定得胃癌”等雷人话语……“女德班”以“少年班”的面目粉墨登场，表面上似乎是家长和机构之间“一个愿打一个愿挨”的平等交易，但其实暴露出家长对传统文化认识的不足与无暇陪伴孩子的无奈，也暴露出传统文化教育市场监管的缺失。假期孩子不用上学而家长又要忙于上班，因担心孩子不主动学习、沉迷网络游戏，于是把孩子交给第三方机构管理，尤其是打着传统文化教育旗号的机构更容易赢得家长青睐。“抚顺市传统文化研究会”官微发布的信息显示，本次活动主办方负责人康金胜致力于“把圣贤经典文化根植于青少年的思维观念及成长教育当中，解决现在青少年存在的严重问题，包括不爱学习；打骂父母，脾气暴躁；沉迷手机游戏；早恋、逃学、自闭、自杀等”。可见，“女德班”之类的培训机构之所以屡禁不止，恰恰是因为他们抓住了家长的心理需求，“家长们总以为，去国学之乡参加夏令营游学，女孩子学点传统文化，贤良淑德有何不好？”[①]其实他们只看到了简单的传统文化需求，并没有看到“女德班”的腐朽危害之处。

（五）研学机构

“通过青少年传统文化研学基地由浅到深的研学内容，具有创造性、灵活性、时代性的体验式研学方式，丰富又有趣味的课程教育设计，传统文化氛围

① 新华网：《如此“女德班”实在缺德》，2020年7月31日，见http://www.xinhuanet.com/2020-07/31/c_1126307625.htm。

浓厚的教育环境，可以引领青少年渗透式地了解传统文化，通过导师场景化的讲解以及自己的亲身体验能够做到文化自知从而达到文化自信。”[①]研学活动包括旅行社开发的青少年研学游和文化机构所设置的研学活动。一般来说，旅行社所开设的游学活动“游”的比重更大，“不少旅行社的研学旅行活动安排只是生搬硬套地在过去春秋游、夏令营的基础上加了几个主题，活动中设计了几个小互动，而实质的活动安排仍是几个景点的游玩，配备传统的导游带团进行讲解，学生在旅行活动中没有活动体验、实践、反思来建构知识、创新知识，与过去的春秋游相差无几，将旅游混同于研学旅行”。[②]所以，研学旅游要取得良好的效果，必须强化市场监管与专业化建设，既要由专业的研学导师或研学导游精心组织，也要实现研学内容的专业化、知识化和科学化。

文化机构开展的研学活动则更多考虑“游”与“学”的有机结合，尤其是劳动教育明确列入教学计划后。2020 年 3 月份，中共中央、国务院颁发了《关于全面加强新时代大中小学劳动教育的意见》，7 月份，教育部印发了《大中小学劳动教育指导纲要（试行）》，《纲要》指出：“在充分发挥传统劳动、传统工艺项目育人功能的同时，紧跟科技发展和产业变革，准确把握新时代劳动工具、劳动技术、劳动形态的新变化，创新劳动教育内容、途径、方式，增强劳动教育的时代性。”[③]劳动教育纳入教学体系为研学活动提供了更多理论与政策支持，西安唐少阳文化研究院杜艳妮院长说：“以前大家对劳动教育有个认识误区，总觉得劳动教育实践就是去挖挖地、种种树、烤烤红薯这些农耕活动，其实农耕只是其中一个板块。职业体验、文化体验都是劳动教育实践，文化体验又包括传统文化体验和现代高科技文化体验，我们的研学一直很注重传统文化体验。”[④]

① 李雁杰：《青少年传统文化研学基地设计研究——以莲花小镇青少年研学馆设计方案为例》，山东建筑大学，硕士论文，2019 年。

② 卢丽蓉：《论旅行社在研学旅行中的“内功修炼”——以武汉为例》，《旅游纵览》2020 年第 12 期。

③ 教育部：《大中小学劳动教育指导纲要（试行）》，2020 年 7 月 15 日，见 http://www.moe.gov.cn/srcsite/A26/jcj_kcjcgh/202007/t20200715_472808.html。

④ 杜华伟：《专访杜艳妮、童亮：家风建设筑牢根基，文化传承服务社会》，2020 年 8 月 14 日，见 https://mp.weixin.qq.com/s/IgvpwoJV9-vgQXGwg-J6uQ。

三、社会机构开展青少年传统文化教育的形式

（一）传统经典研习

“经典是一个民族的根基所在，魂魄所系，它承载着这个民族的文化基因，守护着这个民族的历史传统。一个民族的活力与资源、常理与常道、未来与希望都蕴藏其中。”[①]传统经典中蕴含着丰富的文化知识与深刻的人生智慧，是青少年提升素养、变化气质的必读之物。所以，无论是私塾、书院还是社区学习组织、青少年夏（冬）令营都很注重以四书五经为代表的儒家经典研习。叶朗先生曾说过，“一个人如果远离经典，老是读三四流的作品，老是看低俗的演出，老是听低俗的音乐，自己的情趣、格调、眼光、追求等也会慢慢降低。”[②]上海同济大学刘强教授创办的守中学堂，就是一个以大学师资反哺中小学教育，帮助青少年系统学习经典的公益机构。厦门筼筜书院以教育的渐次性、连贯性和全面性为宗旨，以青少年身心发展规律为依据，将传统文化教育分为蒙学、四书和概论三大阶次十个阶段（见表 9–2）。学生从幼儿园中班至小学五年级，连续用七年时间修完全部主干课程，这些课程基本都是选用古代圣贤经典作为教材，使学生渐次系统学习传统文化，培养君子人格。

表 9–2　筼筜书院青少年国学教育十阶主干课程

阶次		主干课程	课时	适读年龄	参考年级
蒙学	一阶	弟子规	一学期	4–6 岁	幼儿园中班
	二阶	三字经	一学期	4–6 岁	幼儿园中班
	三阶	千字文	一学期	5–6 岁	幼儿园大班
	四阶	笠翁对韵	二学期	5–7 岁	幼儿园大班
四书	五阶	论语	二学期	7–10 岁	小学一、二年级
	六阶	大学	一学期	8–10 岁	小学二、三年级
	七阶	中庸	一学期	8–10 岁	小学二、三年级
	八阶	孟子	二学期	9–12 岁	小学三、四年级

① 徐梓：《中华传统文化应成为中小学教育的“正餐”》，《群言》2014 年第 7 期。

② 姜乃强、叶朗：《让美育光芒照亮学生的人生》，《教育家》2015 年第 9 期。

续表

阶次		主干课程	课时	适读年龄	参考年级
概论	九阶	诗经及五经概论	二学期	10–13 岁	小学四、五年级
	十阶	尔雅及诸子概论	二学期	12–15 岁	小学五年级至初二

（二）传统节日庆典

与人们日常生活密切相关的传统节日庆典，因其生活化、情感化、趣味化而成为丰富的传统文化教育资源，青少年在参与过程中既能体验节日快乐，又能了解节日背后的文化与历史，从而激发他们热爱传统、传承文化的自觉性与使命感。南京民俗博物馆是一家“民俗 + 非遗”双博馆，是南京老城文化的缩影，更是南京历史变迁的见证。该博物馆的节日庆典可以说就是民俗文化的课堂，通过一系列活泼有趣、富有特色、互动感极强的活动吸引青少年参与，在真实的参与体验中自然而然感知节日文化的历史意蕴与思想价值。

比如在中秋节这一万家团圆的节日，南京民俗博物馆会在馆内悬挂贴有“团圆”“中秋”字样的大红灯笼，以营造欢快喜悦的节日气氛；配合关于中秋的神话传说，讲解员当天戴“兔耳朵”发箍，做“玉兔”造型，以激发孩子们参与活动的兴趣；在花园的草坪上布置月亮道具，用来制造中秋月圆的氛围；邀请民乐乐队在花园现场演奏有关中秋节的传统乐曲，给人以美的享受。除了这些外在环境的应景设置，博物馆还特别策划“猜灯谜”“扮玉兔”“做月饼”等小游戏供孩子们随机参与。2016 年中秋节更是特意启动夜间游园模式，将展区布置成精致的月宫，两位“嫦娥仙子”带着一群身着汉服的孩子打着灯笼夜游，和孩子们讲述老南京的生活习俗和传统中秋文化。同时，博物馆结合本馆非遗特色，同文化街区合作，安排了多位非遗传承人在街区设置展位，向孩子们展示各自最具代表性的非遗作品，共同体验历史悠久的非遗艺术。为了充分展示南京地域性文化，他们还将“南京白局”“炫彩抖嗡”“喷火变脸”“中秋拜月礼”等南京非遗文化搬上舞台，进行现场演绎，将非遗体验与民俗活动相融合，深受现场孩子们的喜爱。如此这般传统节日庆典活动，既再现了传统节日习俗，又贴近日常生活，集实践教育、体验教育与养成教育于一体，青少年在参与过程中受到熏陶和感染，从而激发他们自觉学习、传承中华民族优良传统节日文化的自觉性。

（三）传统技艺培训

花道、香道、茶道、古琴、武术等技艺培训，几乎是当前所有机构在传统文化教育方面都会设置的项目，通过参与这些技艺培训能够让青少年慢下来、静下来，了解和感知日常生活中的美，传递和展示深具文化意味的生活方式。比如，厦门篔筜书院倡导“新君子之道”，用心打造“国学新六艺”，推出古琴、箫、箜篌、书法、礼仪和武术等多种传统文化课程，让青少年在“志于道，据于德，依于仁，游于艺”的学习过程中，不断提升自己的人文素养。书院还会定期举办“国乐雅集”“新年音乐会”“篔筜明月夜中秋民乐会”等系列活动，“通过名家名曲的现场感受，提高青年人对文化遗产保护的意识，增强民族自信心……通过学习演奏琴曲，调养身心，体悟中华传统音乐文化独特魅力。”① 当孩子们欣赏老师的专业演奏并登上舞台展示自己的学习成果、与家人共同分享学习传统文化的喜悦时，传统文化便真正成为了他们生活的一部分、生命的一部分。在这里学习传统文化的青少年，5 周岁以上孩子会安排《弟子规》经武学习，以经立德、以武融经、经武相融，孩子们通过口诵传统经典，身习传统武术，从而达到强健体魄、锻炼意志、传播文化的目的。7–15 周岁的孩子会学习中华传统武术，掌握基本拳法、掌法、腿法和步法，学习传统太极拳的精选套路，体会刚柔、动静、虚实之间的玄妙变化，从而达到内修其心与外修其身的有机统一。

（四）特色活动体验

特色活动因它的趣味性、灵活性与互动性，成为青少年乐于接受的传统文化学习方式。贵阳孔学堂每年都会举行的开笔礼、成人礼总是吸引孩子们积极参与。其中成人礼体验活动最为有趣，将满十八岁的高考学子集中在礼仪广场上，先齐诵《立身歌》，然后听长者训言、行三拜礼：一拜祖国、二拜父母、三拜师长。最后，参礼家长及老师为参礼者颁发“成人证书”，孩子们庄严地完成从

① 刘琳：《青少年古琴传习活动研究——以青岛市为例》，《艺术研究》2018 年第 4 期。

"未成年人"到"成年人"的转变，从而更加明白自己肩上的责任与担当。此外还有"蟾宫折桂""登高及第"和"金榜题名"等传统民俗活动。对于其他年龄段的孩子也可以体验十八岁成人礼，参加者报名后即获得一张通关卡片，依次经过"琴、棋、书、画、诗"五个环节的考查，即有机会穿上端庄优雅的汉服，体验一回别有韵味的成人礼仪式。古琴环节会有老师现场教学，参与者只要能够完整弹奏两句乐曲即可；棋艺环节由参与者自由组合对弈，胜出者可继续下个环节，失败者还可以再与另一位参与者继续对决；书法环节有可供临摹的不同字体作品，参与者完成作品经工作人员评定合格就可以继续进入下个环节；画画活动也比较简单，以墨滴于纸上，吹成腊梅或其他造型再用颜料略加点缀；背诗环节会有事先准备好的诗词竹简，参加者只要在限定时间内背出其上诗词即可。整个活动过程没有生硬的说教与功利的评判，有的只是真实的体验与润物细无声的影响，这样的特色活动对于不喜欢被说教和指挥的青少年来说是不错的教育方式。

（五）研学活动参与

为了丰富青少年传统文化体验，近年来旅行社的冬（夏）令营活动增加了较多传统文化元素，书院、文化机构开展的研学活动也更加突出传统文化主题，更加注重孩子们的自身体验与深度思考。比如厦门市开展的传统文化研学活动，就包括了历史文化、民俗文化与民间技艺三种内容。（见表 9–3）

表 9–3　厦门市传统文化类研学旅行主题及内容①

传统文化研学主题	涉及主要内容	相关的研学实践基地 / 营地
历史文化	遗址、古建筑、文物、文学艺术等	胡里山炮台、鼓浪屿景区、集美鳌园、厦门市博物馆等
民俗文化	生活习俗、节日庆典、服饰、饮食等	厦门老院子景区、厦门市博物馆、厦门古龙酱文化园等
民间技艺	古代发明、手工艺品、手工技艺等	同安苏颂公园、惠和石文化园、厦门蔡氏漆线雕艺术馆

① 赖文俊：《厦门市传统文化研学旅行产品设计探析》，《厦门城市职业学院学报》2020 年第 1 期。

北京七宝阁书院每年春季会用半个月时间组织孩子们外出游学，每次游学活动都会设定传统文化类主题。2017 年的主题是“书院”，在为期十四天的时间里，孩子们实地参观了湖南岳麓书院、河南嵩阳书院、江西白鹿洞书院和鹅湖书院等历史上的名书院，作为在书院学习生活的孩子，对书院制度与书院精神有了更深的理解，对于七宝阁书院“书院如家庭、师徒如父子”教育理念有了更深体会。2019 年的游学主题是“感受徽派文化”，孩子们走进安徽，真正感受徽派建筑、宣纸、歙砚、桐城古文文化的魅力，在此过程中还安排了相关课程以及小组讨论活动，使孩子们进一步体会到了中华优秀传统文化的深厚历史底蕴。

四、社会机构开展青少年传统文化教育的困境与不足

（一）并非青少年自愿选择

相关研究表明，家长支持孩子参加传统文化教育的热情较高，关于其作用排在前三位的是有利于孩子养成礼貌等好品质；有利于孩子形成正确的人生观、价值观；有利于孩子培养民族认同感（见表 9–4），[①]但这有可能只是家长的意愿而非青少年自身的真实意愿，孩子参加传统文化培训和学习也许只是被家长“牵着鼻子走”。

表 9–4　家长认为青少年接受传统文化教育的作用

类别	人数（人）	百分比（%）
有利于孩子养成讲礼貌等好品德	927	78.4
有利于孩子形成正确人生观、价值观	892	75.4
有利于孩子培养民族认同感	829	70.1
有利于增加历史、地理、天文、常识、文学、艺术等方面的知识	658	55.6
有利于孩子形成自制力、专注力	538	45.5
有利于孩子提高记忆能力	336	28.4

① 董良：《公众对传统文化教育态度调查报告》，《中国传统文化教育发展报告 2018》，社会科学文献出版社 2019 年版，第 316 页。

续表

类别	人数（人）	百分比（%）
有利于孩子提高语文成绩	258	21.8
无任何作用	15	1.3
其他	13	1.1

注：问卷中本题为多选题。

一位在丽江市古城区青少年校外活动中心任职三年的音乐老师，曾对所教授的45名学生学习音乐情况进行调查，结果显示“75%青少年儿童的报选科目和报名意愿皆由父母自行决定，报名原因主要分为两大因素：外部因素取决于社会主流价值观、家庭经济条件的增长、周围环境、家长思维观念转变的影响；内部原因是孩子的兴趣爱好、家庭相关成员的建议、家长培养意识的增强所决定；25%是由于家长先天氛围的熏陶、长期观察、间接培养儿童兴趣方向定位目标决定”。[①]之后的学习实践也表明，那些有明确学习意愿，不过多依赖家长督促的孩子成绩会更为显著，而相当部分孩子在学习过程中没有自由感、表现欲，更没有发自内心热爱音乐的动力，在日复一日、年复一年的无数次重复练习中，他们收获的可能只是一张张考级证书和对音乐学习的挣扎与厌倦，而不是真正感受到音乐的美，感受到传统文化的美。

（二）缺乏专业师资力量

优秀的传统文化教育资源要转化为青少年自身的知识、行为与习惯，还需要一个重要的中间环节——传统文化教育工作者。他们既是传统文化的学习者，又是传统文化的实施者和践行者，“传统文化教育的开展，最为核心的一个问题是师资的培养，无论是传统文化教育价值的认定、内容的甄选还是方法的运用，其最终效果如何，可以说在很大程度上都取决于有无合格的师资”。[②]面对青少年这一特殊群体，我们更需要既有传统文化功底，又有相当的教育学、

① 官却卓玛：《从第二届音乐教育大会引发的思考——以丽江市古城区青少年活动中心为例》，《流行色》2020年第5期。

② 杜钢：《国学教育的基本问题论新》，《教育学术月刊》2012年第1期。

心理学、社会学等方面知识，能够把深奥的传统文化知识用通俗易懂、亲切有趣的方式进行传播的老师。“民间的传统文化教育机构师资来源比较多元，教师的身份也比较复杂，一般没有师范专业毕业经历、没有教师资格证也能成为教师。”[①]一些读经班、培训机构甚至不对老师的专业、学历、能力做硬性规定，只要足够有耐心，可以组织孩子跟着音频诵读就可以。更有甚者，一些机构的老师甚至参与威胁、体罚、恐吓学生，要求学生必须无条件服从书院管理，以致造成孩子身体与精神两方面受损。

（三）教育模式比较单一

“新生代的青少年并非刻意排斥传统文化内容，而是传统文化内容在当下的表现形式过于单一和枯燥，无法与青少年的现实生活接轨，无法让青少年产生对传统文化的正向体验感，进而难以接受传统文化的精神内核。”[②]虽然互联网技术、微媒体的出现为传统文化教育提供了更多选择，但社会机构青少年传统文化教育仍呈现出一种相对单一刻板的方式，尤其博物馆、故居旧址等公共文化机构更多的还是提供参观、讲座等服务，一些旅行社、研学基地开展的活动也是以理论学习为主，要求孩子们完成特定的课堂听讲、诗词背诵、作文撰写等任务。这不但无法引起青少年学习传统文化的热情与兴趣，甚至会让他们产生漠然排斥情绪。2020年因为受新冠肺炎疫情影响，很多教学、研讨、参观活动改为线上进行，这就更加对青少年传统文化教育提出新要求和新挑战，在后疫情时代如何拓宽教育渠道、创新教育手段是社会机构在青少年传统文化教育中不得不面对的现实问题。

（四）过度关注应试教育

对于青少年来说，“被经典文字濡染越深的学生，其私德与公德之觉知力越强，其后来的学习力越强，其人生的目标也越高，其自我教育能力也越强。由此可以断言：对正常的学生而言，是否受过经典阅读训练，在德智两方面都

① 刘胡权：《传统文化教育的师资问题及其改善》，《中国传统文化教育发展报告 2018》，社会科学文献出版社 2019 年版，第 216–217 页。

② 何芳：《青少年传统文化教育的现实、困境与对策》，《当代青年研究》2018 年第 4 期。

会表现出明显的差异”。[①] 随着《完善中华优秀传统文化教育指导纲要》和《关于实施中华优秀传统文化传承发展工程的意见》等政策的颁布，随着更多教师和家长对于经典在孩子成长过程中价值的认识，无论学校教育还是家庭教育越来越重视青少年经典背诵、传统文化知识的掌握。2019 年 9 月开始全国统一使用的部编版《语文》教材中古诗文比例也大为增加，小学六个年级共有古诗文 128 篇，约占课文总数的 30%，与原有人教版教材比，增幅达 87%。初中古诗文选篇占所有选篇的 51.7%，平均每个年级有 40 篇左右。高中新课标语文必背篇目更是从 14 篇增加到 72 篇。

在语文教材中增加古诗文比例对于促进青少年传统文化教育自然有其重要意义，但随着传统文化内容在中考、高考中占比不断增高，社会机构开展青少年传统文化教育又出现另外一个极端：极力对接甚至迎合应试教育，在学习经典时很容易机械地强调段落大意、中心思想、修辞手法。教师会揣摩出题人将会如何命题、如何阅卷，遇到与本篇诗文有关的阅读理解、作文该如何完成。这样一来，课外熏陶又将演变成新的死记硬背、疯狂刷题。尤其当多地开始在中考中加入体育、美育考试时，学习音乐、美术不再是为了陶冶情操，而是为了拿高分，进重点学校。

五、社会机构开展青少年传统文化教育的对策

（一）了解青少年传统文化学习意愿

知之者不如好之者，好之者不如乐之者，青少年只有真正发自内心地热爱，才会愿意主动学习传统文化知识、感知传统文化魅力，也才能将文化之知转化为君子之行。家长和社会机构都应充分了解孩子的意愿和爱好，这种意愿包括对传统文化内容的认可和传播方式的期待。如果家长只是一味觉得孩子学了传统文化就能戒除网瘾、变得乖巧，就可以多才多艺、语文考试拿高分，而根本不去关注孩子的喜好、征求孩子的意见，最终可能将学习传统文化变成一种负担。一位家长如此描写自家孩子刚开始对国学的极度排斥：“孩子觉得

---

① 陈琴：《素读经典不会给孩子拉后腿，我是这样做的！》，《中国德育》微信公众号，2016 年 9 月 18 日。

上课枯燥无聊，耗时太久，每次到了上课前一晚就开始焦虑，临睡前不停念叨着‘明天不要去上国学课’，我不停地安抚引导他，本想一觉醒来小朋友应该会情绪安稳，吃好早饭，背上书包，理所当然地上学去。谁知到了第二天，前一晚的思想工作毫无作用，孩子依旧坚持不要去上国学课，用尽所有办法都是徒劳，千辛万苦送到图书馆楼下，死命拽住栏杆不撒手，坚持不愿意进教室。”[①] 当然，后来通过老师的巧妙引导和家长的耐心陪伴，这位小朋友逐渐喜欢上了传统文化并取得不小进步，但同时也说明家长尊重孩子和引导孩子的意愿是多么重要。

如果一味要求孩子机械地背古诗词、练书法、学习京剧等，可能并不能引起他们的兴趣，然而如果用青少年喜闻乐见的方式传播传统文化，情况则大不一样。比如，近几年兴起的哔哩哔哩（简称B站）充分利用视频、语音、文字并结合弹幕互动等方式播放《我在故宫修文物》《国家宝藏》等纪录片，大受年轻人欢迎。据统计，截至2019年1月1日，《我在故宫修文物》总播放量为416.4万，收藏人数7.8万，《国家宝藏》第一季总播放量为1884.1万，总收藏人数33.1万，而且《国家宝藏》在更新期间一直高居“影视·纪录”榜首。而据B站财报报道，B站2020年第一季度的活跃用户已超过1.5亿，每天视频播放量超过1亿，75%的用户年龄在24岁以下。这意味着，契合青少年审美需求和文化心态，真正引发他们学习意愿的传统文化产品才能引起他们学习兴趣，达到良好的教育效果。

（二）培养专业传统文化教育师资

师资是传统文化教育的源头和基本保障条件，老师是传统文化知识与学生之间的一座桥梁，传统经典研习、传统文化讲座、博物馆展览、青少年研学等活动都离不开专业的师资。教师的传统文化功底、授课方法以及与青少年的交流方式等都会直接影响到青少年传统文化教育的效果。不仅线下活动要求有专业的文化师资，线上活动因其特殊性更需要优秀的工作人员。比如故宫博物院开设的“云游故宫”活动，在数小时直播过程中观众始终处于密集接受知识

---

① 金彩红：《喜闻孩子的变化》，载《学习经典：感动、成长、收获在浦江学堂（内部交流资料）》，第78页。

状态，他们不但没有产生视觉疲劳而退出直播，反而积极加入弹幕发送、互动讨论活动。据后台统计，“云游故宫”活动在人民网、快手等平台观看量突破了1100万人次，总浏览量超过4.3亿，话题讨论总量达2.4亿。这除了故宫本身蕴含的传统文化魅力之外，六名直播解说员的文化功底与解说艺术不无功劳，他们基于多年的研究与积累，讲解起来驾轻就熟、娓娓道来，对故宫里的文物知识、独特看点和典故渊源都如数家珍，讲解既有深度又有温度、既有专业性又有趣味性，能够吸引青少年积极参与。

目前培养传统文化教育专业师资，除了高校开设相关专业，书院等文化机构和传统文化微信群等线上组织也可以积极发挥作用，比如同济大学刘强老师创办的《论语》讲师群曾用三年四个月时间系统讲读《论语》，日常的“周末杏坛”活动延请国内学术大家进行传统文化讲座，其目的就是想通过这样长期共学的方式培养一批有学养、有情怀、有担当的传统文化师资力量。除此之外，还可以充分利用社会力量，吸收一些已退休专家学者、民间艺人，如非物质文化遗产传承人参与青少年传统文化教育工作。

（三）创新传统文化教育传播方式

青少年传统文化教育必须与青少年的需求相适应，才能真正使传统文化入脑入心，这就需要不断创新传统文化传播方式。比如微媒体平台不但实现了文字、图片和视频的有机结合，还实现了教育者和受教育者的双向互动，青少年可以通过发送弹幕及时参与其中，阐发自己观点或提出建议，在接受知识的同时又可以进行二次生产与传播。通过弹幕，青少年随时与信息发布者进行交流沟通，使青少年在信息接受者、传播者角色之外，又多了一个信息评判者角色。这种集接受者、传播者与评判者三种角色于一身的主体身份，势必激发青少年学习传统文化的热情，充分发挥他们在传统文化教育过程中的主体性。以B站为例，纪录片《我在故宫修文物》原始视频数量是3个，但弹幕数量却有9.2万个，比如弹幕“强烈安利（推荐）大家看一看玄色的《守藏》，与故宫国宝的南下有关”，就以二级文本的形式突破了《我在故宫修文物》的文本体量，使受众同时接受了双重文本，在互动中形成新的知识信息。

习近平总书记指出，“我们要善于把弘扬优秀传统文化和发展现实文化有机统一起来，紧密结合起来，在继承中发展，在发展中继承”。[①] 比如《国家宝藏》节目首创“纪录式综艺语态”，将演播室综艺、纪录片和戏剧等多种艺术形态相融合，通过传统文化的现代性表达使文物“活起来”，通过电视媒介展现国宝重器的深刻内涵，以其独特的文化品质影响观众的精神世界，使节目的历史价值、教育价值、科学价值、艺术价值和观赏价值都得以呈现。

（四）整合多方传统文化教育资源

这里首先指学校、家庭和社会之间要形成合力，社会机构对学校教育和家庭教育形成积极补充和完善。比如，茶文化是中国优秀传统文化的重要组成部分，但一般学校并不具备这方面的专业师资与设备。浙江大学附属中学开设茶文化选修课时就与中国茶叶博物馆积极联合，双方有效整合资源，从茶的历史延革、分类加工、保健功用等理论到茶树的四季栽培管理、茶叶的采摘炒制等现场教学，再到六大茶类冲泡技法的培训，全方位地让学生了解茶文化。学生们通过系统学习，不仅掌握了关于茶的专业知识，同时也领悟了茶的文化底蕴与内涵，了解了“清、静、和、寂”的中国茶德，促使他们以自然平和的态度面对生活。“通过对唱茶歌、跳茶舞、诵茶诗等茶文化课程的学习，继承和发扬中华传统文化，增强民族自信心和自豪感，增强学习和理解传统文化的兴趣。”[②] 其次，也指各社会机构之间要形成合力，避免出现内容重复、分工不明确等问题。比如西安唐少阳文化研究院在开展研学活动时与旅行社分工合作，孩子出行的相关事务性工作交给旅行社，但课程设计与开展由研究院围绕传统文化主题设计，双方在研学活动过程中始终保持沟通，不断调整完善方案。

（五）关注农村青少年传统文化教育

《中国农村教育发展报告 2017》[③] 显示，农村在校生占全国在校生总数的 2/3。同时，据相关资料显示，农村青少年尤其留守儿童群体，他们在学习习惯、学习能力、生活习惯等方面大多存在这样或那样的问题。因此，加强农村

---

① 新华社：《习近平：“实现传统文化创造性转化，不能一股脑儿拿到今天照套照用”》，2014 年 9 月 24 日，见 http: //news.xinhuanet.com/politics/2014–09/24/c_1112610547.htm。

② 周文劲：《东方有嘉木——传统文化推进青少年素质教育发展的研究》，《文化学刊》2017 年第 8 期。

③ 邬志辉：《中国农村教育发展报告 2017》，《中国教师报》2017 年 12 月 27 日。

青少年传统文化传承教育意义重大，不可忽视。在这方面，湖南归与书院做了很好的尝试与示范。归与书院坐落在湖南省隆回县海拔1300米左右雪峰山花瑶民族聚居区，由湖南大学黄勇军教授夫妇于2019年在自家老宅上改建而成。根据当地孩子们的实际情况，书院公益课堂既有常设的作业辅导和兴趣班，也有根据志愿者特长不定期开设的音乐、美术、体育等传统文化课程。2020年归与书院启动了“留守儿童放学后守望计划”，从幼儿园小朋友到高中生都可以到书院参加课程辅导、读书弹琴、画画手工、课后游戏等活动。书院还建立了“留守妈妈（村民）互助会”，由乡村留守妈妈来组织、管理、照顾留守儿童，这支“永不撤离”的乡村志愿者队伍将是留守儿童最好的陪伴者，也是乡村书院开展传统文化教育最亲近、最强有力的支持者。同时，城市的“社区妈妈”和“社区儿童”也来到书院和当地“留守妈妈”“留守儿童”一起参与活动，这就打通了长期以来的城乡壁垒，既使农村孩子知道了外面的精彩世界，也使城市孩子真正回归了大自然，接受了实实在在的乡土教育，最终将实现“铸魂乡村、治愈都市”这一远景目标。“挖掘和保护乡土文化资源和遗产，不断提升乡土文化内涵，推进新乡贤文化建设，形成良性乡村文化生态环境，美丽乡村的印象与记忆有助于子孙后代记得住乡愁，对本民族文化产生发自内心的认同和自豪，传统文化的传承、发展和创新才会更深入、深刻。”[①]基于此，归与书院提出了扶志计划、健康计划、作业计划、阅读+体育计划，希望乡村书院可以在这些方面助力青少年健康成长，同时也推动乡村振兴、教育扶贫真正落到实处。

近年来一些博物馆开展的“流动博物馆”活动对于农村青少年传统文化教育也发挥了重要作用，比如甘肃省瓜州县博物馆制作了简单易携带的“精品文物展”“陇右丝路寻珍录典——甘肃省第一次可移动文物普查成果展”等宣传展板，以流动博物馆的形式深入乡镇巡回展出。“每到一处，这些宣传展板都能吸引孩子们的目光，他们看、我们讲，他们问、我们答，展览给参观者带来了新奇，也点燃了他们对博物馆的渴望。”[②]通过流动展览很好地解决了文物宣传教育服务“最后一千米”问题，让高大上的文物展览实现与农村孩子们的“零距

① 赵秀丽等：《乡村振兴战略背景下加强农村青少年传统文化教育的路径研究》，《深圳职业技术学院学报》2019年第2期。

② 贾妮梅：《县级博物馆文物“活”起来之浅见——以瓜州县博物馆为例》，《文物鉴定与鉴赏》2020年第7期。

离”接触，从而弥补农村教育资源匮乏的弊端。

（六）加强青少年传统文化教育理论研究

青少年传统文化教育既需要一定机构开展实践，也需要专家学者加强理论研究，为具体实践提供学理支撑。比如传统文化课程设计需要教育学、课程论、心理学等专家，活动场地设计需要建筑学、美学、园林学专家，师资培训需要文字学、历史学、文献学、教育学专家，技术创新需要传播学、影像学、物理学、电子技术等专家。当然除了这些专业知识外，他们还必须有过硬的传统文化功底。网络直播作为传统文化传播的新途径深受孩子们欢迎，专家也需要在这方面进行研究，既发挥互联网、融媒体的优势，又要避免为了直播而直播，以至于出现内容低俗、反复“炒冷饭”等问题。对于传统文化研学旅行，专家学者要研究研学服务企业需要具备怎样的条件、研学旅行指导师要具备哪些能力、研学活动效果如何评价。除了产品设计之外，还应对研学旅行接待单位的落实、研学旅行产品需要的配套物件、突发事件的应对等进行研究。

青少年传统文化教育是一项系统工程，学校教育作为传统文化教育的主要渠道，不同学段之间要形成有效关联，以保证青少年传统文化教育的连贯性与系统性，“遵循学生认知规律和教育教学规律，按照一体化、分学段、有序推进的原则，把中华优秀传统文化……贯穿于启蒙教育、基础教育、职业教育、高等教育、继续教育各领域”。[①] 小学低年级，通过启蒙教育培养学生热爱中华优秀传统文化的感情；小学高年级，通过认知教育提高学生对中华优秀传统文化的感受力；初中阶段，以我国统一多民族国家的文化传统和基本国情为出发点，提高学生对中华优秀传统文化的认同度；高中阶段，引导学生感悟中华优秀传统文化的精神内涵，增强学生对中华优秀传统文化的自信心；大学阶段，以提高学生对中华优秀传统文化的自主学习和探究能力为重点，培养学生的文化创新意识，增强学生传承弘扬中华优秀传统文化的责任感和使命感。[②]

学校是青少年传统文化教育的主要阵地，家庭是青少年传统文化教育的第

---

① 新华社：《中共中央办公厅 国务院办公厅印发〈关于实施中华优秀传统文化传承发展工程的意见〉》，2017 年 1 月 25 日，见 http://www.gov.cn/zhengce/2017-01/25/content_5163472.htm。

② 参见新华社：《教育部关于印发〈完善中华优秀传统文化教育指导纲要〉的通知》，2014 年 4 月 1 日，见 http://www.gov.cn/xinwen/2014-04/01/content_2651154.htm。

一课堂，社会是青少年传统文化教育的有效延伸和重要实践场域。只有各方教育资源形成合力，才能实现青少年传统文化教育效果最优化。社会机构青少年传统文化教育应紧紧配合学校教育各学段具体目标，“加强内容、形式和组织的丰富性，倡导社会各界广泛参加，大力发展以中华优秀传统文化为基础的文化产业，扩大传统文化的覆盖面和影响力，提高传统文化在青少年群体中的认知程度和接受程度。”[①] 同时，顺应当今互联网融媒体技术发展趋势，积极利用融媒体讲好中国故事，将青少年传统文化教育推向一个全新高度。

① 刘春光、刘胡权：《青少年传统文化教育的国际比较及启示》，《文化创新教育》2018 年第 9 期。

第十章　青少年传统文化教育的融合机制

刘胡权 *

立德树人是教育的精髓所在，关乎人的成长与存在意义，是教育过程中教育性的集中体现。落实立德树人根本任务是党的十九大作出的最新部署。中华民族的优秀传统文化是立德树人之根本。完善青少年的优秀传统文化教育，发挥优秀传统文化在净化社会风气、提升全民道德方面的作用，除了将中华优秀传统文化教育纳入国民教育体系外，还应当重视家庭教育和社会教育，将家庭、学校、社会教育结合起来，充分发挥各自的功能，才能营造良好的优秀传统文化传承氛围。

一、教育路径融合：解决传统文化教育割裂的突破口

按照《现代汉语规范词典》的解释，“路径”主要指达到目的地必经的道路；比喻门道。路径有“路线、去路、轨道、方针”的意思，用于比喻“人生的道”或“行为的方针、方向”。教育路径，是指教育者和受教育者利用各种教育介体资源进行互动，不断推动受教育者朝着教育目标运动的方式和手段。教育者、受教育者、教育介体、教育环境和教育目标是其组成要素。教育者、受教育和教育介体以一定方式组成了路径内部结构，各种教育环境组成了路径外部结构，内外部之间存在着相对的稳定性。[①]

---

* 刘胡权，北京教育学院副研究员，教育学博士，主要研究领域为传统文化教育、教育政策、教师教育等。

① 高琪琪：《大学生的马克思主义信仰教育路径研究》，陕西科技大学硕士学位论文，2015 年，第 7 页。

（一）路径的基本要素

首先是教育目标。青少年传统文化教育的目标主要由三方面构成：其一是学生对传统文化知识的深入理解及全方位掌握；其二是优秀传统文化的精髓内化为坚定的价值信仰；其三是在学习传统文化过程中，不仅要把握文化知识，更要检验到传统文化实践的成果——是否达到道德践履，是否达到“育人”的宗旨和目标。

其次是教育主体，即教育者和受教育者。在传统文化教育路径中，教育者和受教育者共同组成了路径中的主体。教育主体是传统文化教育路径的核心要素。教育者是指在传统文化教育中对受教育者有目的、按计划地进行教育的个人和集体，主要由三部分人员构成：教育领导者、传统文化课程专职教师和相关辅导者。教育者一方面要加强传统文化系统知识的学习，强化教育衔接的理念；另一方面要把传统文化教育渗透到教育教学的全过程，同时，要做到知行合一，内化传统文化核心价值观，对于学生而言，起到表率作用。具体而言：一是在组织教学过程中设计出可以进行教育衔接的环节。二是在教学与管理中要引导并协调教育衔接的路径。三是激励、示范。教育者要不断地加强激励，促使受教育者保持热情和积极性。同时，教育者还要言教和身教并重，不仅要深化对传统文化知识的理解，更要以自身的传统礼仪、文雅交往以及高尚追求等行为做出示范，使受教育者心悦诚服地将传统文化教育内容入心入脑。四是转化。这既是传统文化教育的根本任务，也是中华优秀传统文化“化人”的终极目标。即教育者在教育过程中，要不失时机地促使受教育者在价值认同、身心合一、道德践履等方面转化，即把传统文化要求的价值观念转化为现实行为。

受教育者是指中华优秀传统文化教育的对象，本书中的受教育者主要指大、中、小、幼在校（园）的孩子。受教育者在传统文化教育过程中，通常是在教育者的引导下，完成“知、情、意、行”四个层面的协调统一。“知”就是完成对传统文化知识的学习和掌握；“情”是受教育者在学习过程中表现出来的情绪与态度；“意”是个体的行为动力、行为倾向和行为意志，在文化的传承系统中处于理性认知、感性认同和行为实践之间；“行”是把传统文化要求的诸如“格物致知”“克己复礼”“知己达人”“修齐治平”等个性修为、拼搏承担以及追求自由而全面的发展等行为外化的过程。

再次是教育介体。教育介体是指传递传统文化信息、能被教育者操作并与受教育者发生关联的方式。目前，“教育介体”这一概念更多出现在思想政治教育文献中，教育介体即教育内容和教育方法，但有别于环境因素。张耀灿认为“教育介体就是指教育者用来影响受教育者的一定社会所要求的思想品德规范以及把这些思想品德规范传授给受教育者的各种活动方式和手段”[①]。例如，课堂教学、校园文化活动、党团组织生活、社会实践等。

最后是教育环境。教育环境是指在教育过程中影响受教育者知识积累、理想培育、信念形成及发展的，并对教育效果产生直接影响的所有外部因素的总和。如自改革开放以来形成的新型价值观念、全球化对人思想观念的激荡、网络化生活和大众文化的激变等。本书的教育路径的环境主要探讨社会环境、校园环境和家庭环境。

就学校现有的传统文化教育路径而言，按照大中小学内在的“教学”“科研”“社会服务与文化传承”等功能逻辑，可以分为以下几种教育路径。[②]

一是课堂教学路径。课堂教学对于基础教育与高等教育而言，在内容方面包含不同的侧重点。在中小学，课堂是中小学生学习优秀传统文化的主渠道，班主任、老师甚至校长都要准确把握加强优秀传统文化教育的关键环节，在教育内容上要增加爱国忠诚、孝敬父母、尊敬师长、文明诚信、勤俭节约、吃苦耐劳等美德。而在大学，教学的具体形式则不必做统一要求，关键在于深入挖掘传统文化精髓，保障教学效果。在现阶段，要深化传统文化教育改革，在教材选编、课程设置甚至专业设置方面，都要做出调整，这包括大学语文教学以及其他传统文化选修课等。

二是校园文化路径。校园文化是一所学校在长期办学实践中逐渐形成的文化环境、学校传统、学校精神、校园制度和文化活动的统称，包括校园物质文化、校园精神文化、校园制度文化和校园活动文化。校园文化路径既包括富含传统文化元素的书法绘画展览比赛、诗教工作、古诗词演讲与吟诵、汉字听写、成语大会等，也包括传统戏剧展演、区域文化艺术诸多形式内容。校园文

① 张耀灿、陈万柏:《思想政治教育学原理》，高等教育出版社 2001 年版，第 88–89 页。

② 张乐农:《我国大中小学中华优秀传统文化教育衔接研究》，华中科技大学博士学位论文，2019 年，第 85–87 页。

化具有凝聚、导向、辐射等功能和作用，一方面，校园文化的凝聚作用能为推动中华优秀传统文化教育凝聚主流意识、统一价值观念；另一方面，校园文化的导向功能以及辐射作用能够推动传统文化教育积淀实践根基。

三是学术研究路径。关于学术，严复认为“学者考自然之理，立必然之例。术者据既知之理，求可成之功。学主知，术主行”；梁启超认为“学也者，观察事物而发明其真理者也术也者，取所发明之真理而致诸用者也”。严、梁对“学术”的界定，既肯定了“学术”在寻求真理、发现规律方面具有科学的品格，又确认“学术”在自然、社会和人生方面有着重要的价值，即其所具备的功用性的追求。因而，“学术”不仅具有形而上且具有形而下的内涵。学校尤其是大学作为知识传承与生产的场所，学术路径是其他组织无法比拟的特质与优势，是传统文化教育的重要特色路径。

四是社会（社团）组织路径。基于社会（社团）组织结构的特点，大学传统文化教育也具有组织建设的路径。一方面是指建立党团、社团组织，另一方面也包括特定时间特定场域的讲座、报告会等。换言之，组织建设路径就是把教育对象能动有效地组织起来，既对他们进行教育，也引导他们进行自我教育。组织建设及活动不仅是实施传统文化教育的有效形式，而且组织本身能够通过规范、约束等实现传统文化教育的功能。

（二）家校社的优势及融合

中华优秀传统文化教育能够顺利实施是同家庭、学校和社会等的影响联系在一起的。家庭、学校以及社会在中华优秀传统文化教育中都扮演着不同的角色并可以得到互补、融合。融合不同于融入，虽然两者都是两个以上的事物合到一块，这两个不同事物既有相异的内容和品质，又有某些相同或相通的内容和品质。“融入”与“融合”又具有许多不同点。其一，主体地位不同。在“融合”一词中，融合的不同事物的主体地位相同，两者并重；而“融入”的几个不同事物的主体地位不同，有主有次。其二，交融后所导致的结果不同。两个以上不同的事物，在相互融合之后，可能产生另外的新事物，具有区别于原来事物的新特征。

首先，家庭教育是优秀传统文化教育的起点，也是传统文化教育的行为系统。家庭教育是对学生进行中华优秀传统文化教育的先锋力量，孩子除了在学校里受教育的教师以外，还有一位教师便是他们的父母，中小学生除了在校的学习时间以外，大部分时间基本还是和父母以及家人在一起，而他们对学生的耳濡目染是高效的，如果父母对学生的中华优秀传统文化教育有更多的支持，那么对于学生以后在学校的教育活动大有裨益。家庭教育对人的影响是首要的，也是最深远的。我们常说，父母是孩子的第一任老师。其实，父母不仅是孩子的第一任老师，更是孩子终身的老师，家庭教育具有终身性。尤其是在传统文化教育中，家庭教育更是发挥着无可替代的作用。常说“言传身教”，“其身正，不令而行；其身不正，虽令不从”。家庭教育在传统文化教育中更加注重身教，即以家庭成员的行为去影响人。中国传统文化中关于“礼”“德”的部分很大程度上都是通过家庭成员的行为潜移默化地影响孩子的。所以，在传统文化家庭教育中，家长要转变观念，重视传统文化对孩子的塑造作用，系统地教授中华优秀传统文化中的礼仪和道德观念，注重待人接物、为人处事的生活习惯和人生哲理教育，并在日常生活与行为处事中起到垂范作用，并将知礼、守礼、有礼、有德上升到家庭或家族文化的高度，使家庭成为优秀传统文化传承与教育的重要场所。

其次，学校教育是优秀传统文化教育的中心，也是传统文化教育的知识系统。学校是进行中华优秀传统文化教育的主力力量，中小学生主要是在学校接受教育，因此，中华优秀传统文化教育也主要在学校展开，学校及教师对中华优秀传统文化教育的重视是其成果好坏的决定性因素。相比于家庭教育，学校教育在优秀传统文化教育过程中主要承担知识传播的功能。在传统文化教育中，学校传播的知识是最系统的，通过学校教育，要使学生体会到中华文化的独特魅力，培养学生对中华优秀传统文化的认同感，让学生树立民族文化自信，自觉地去传承与创新中华优秀传统文化。当然，学校教育在重知识传授的同时，教师的行为模范作用也不可或缺，传统文化教育重视德育，试想教授学生道德的教师德行不端，怎么可能教授好传统文化？所以，学校也应当重视教师的道德垂范作用。

最后，社会教育是中小学校中华优秀传统文化教育不可或缺的重要组成部分，也是传统文化教育的价值导向。中小学生们或多或少地会受到社会的影响，因此社会氛围也对中小学生产生一定的影响。因此，造就良好的、有益于中华优秀传统文化教育的社会氛围也会对学生们产生侧面的影响力和教育力。

在加强家庭教育、学校教育的同时，社会也应当加强优秀传统文化的宣传与倡导，起到良好的价值导向作用。比如通过报纸、电视、网络有意识地宣传中华优秀传统文化，通过各种类型的节目与活动普及传统文化知识。各种媒体和博物馆、文化馆等文化单位更是应该起到普及、宣传中华优秀传统文化的中坚作用。①

二、以学校教育为主的融合机制

学校开展传统文化教育与家庭教育、社会教育的结合情况不容乐观，半数以上的教师选择了很少结合，也有一小部分教师从来不结合家庭教育或社会教育。少年宫、博物馆、历史文化遗迹等都是文化传统教育的重要教育资源，但是在调查中发现，学校很少运用这些校外教育渠道的占 53.2%，从来不用的也占了 33.0%，能够较好地运用这些教育资源的只占很小一部分数量。在对学生的问卷中发现，家长对于文化传统教育很重视的只占 5.3%，偶尔关心的和不关心的占了绝大多数，真正反对的几乎没有，所以大部分家长没有认识到文化传统教育的价值所在，对孩子的文化传统教育是一种漠不关心的态度。②可见，学校在与社会、家庭教育结合的方面有待进一步改进，充分利用社会资源，促进家长对文化传统教育价值的认识，从而综合提高文化传统教育效果。

（一）学校教育内部的融合

从 2014 年教育部《指导纲要》可以看出，中华优秀传统文化教育在各个学制阶段都有所涉及，层次分明、内容充实。而且不同学制阶段的优秀传统文化教育是不间断的，即前一阶段为后一阶段的教育奠定基础，后一阶段的教育是前一阶段教育的深化和发展。这充分体现了优秀传统文化的连续性和统一性，也夯实了传统文化教育衔接的基础。《纲要》细化了层次与内容，夯实了中华优秀传统文化教育衔接的基础，为开展具体教育工作提供了行动指南。梳理目前学校开展的传统文化教育路径，主要如下：

① 于春海、杨昊：《中华优秀传统文化教育的主要内容与体系构建》，《重庆社会科学》2014 年第 10 期。

② 沈春芳：《小学文化传统教育的价值与路径研究》，苏州大学硕士学位论文，2014 年，第 43 页。

表 10–1 学校传统文化教育路径融合梳理

维度	解释				
目的	加强传统文化教育融合				
对象	课堂教学	学术研究	校园文化	党团组织	博物馆等教育基地
地点	学校课堂	学校	学校及社会	学校	学校及社会
时间	上课时间	工作时间	课余时间	特定党团活动时间	课余时间
人员	任课教师	科研人员及相关从业者	教师及学生	党团管理者	教师及学生
方法	教学	研究	文化活动	讲座、谈话等	文化活动
成本	中	中	高	低	高

一是通过开展校内主题活动、项目式学习等，加强跨学科的融合。中小学校可以通过开展文化活动月、举办中华优秀传统文化经典朗诵会、开设道德讲堂、中华优秀传统文化成果展演、中华优秀传统文化相关知识竞赛和书法比赛等各种活动，将其在师生之间深入并持久开展。同时也可以结合学校已经存在的物质文化，如学校图书馆、档案馆、校史馆、博物馆等，定期进行参观和学习，进行有关知识的整理、搜集和学习，将学校物质文化转换为精神文化，发挥它们的文化育人作用。另外，校园文化社团也是一种特殊的校园主题活动形式，学生通过有限且有效的课余时间参加与其相关的社团活动，一方面，使得学生的课余生活得到了丰富，他们的兴趣爱好得到了增强；另一方面，对于中小学校开展中华优秀传统文化教育也起着举足轻重的作用。中华民族历经长达五千多年的发展历程，流传下来的中华传统节日有很多，学校可以通过这个载体组织学生在中华传统节日到来之际进行参观、交流和学习，弘扬中华传统节日文化和习俗，进而激发学生的爱国情感。除此之外，学校还可以通过中华优秀传统文化专题宣传栏、黑板报、专题网页等形式丰富学生的课外生活。

二是加强参观体验和社会实践活动的开展。除了通过校内活动来开展传统文化教育之外，学校还可以将活动延伸到校外，通过校外实践活动来渗透传统文化内容，以“活动—体验—认知”的方式达成教育目标。但我国的传统文化教育还不太重视理论与实践的结合，目前的教育还处于重知识、轻实践的层面，学生可亲身参与实践的机会仍然较少。首先，学校较少组织参观体验活动。有研究显示，66% 的学生表示学校从未组织学生参观过当地博物馆、文化馆或革命纪念馆，20% 的学生表示学校只偶尔组织学生参观过当地博物馆、文化馆或革命纪念馆。其次，社会公益活动较少开展。社会公益活动是学生道德实践的一个有力途径，我国古代就倡导人们日行一善，就是鼓励人们坚持每天都做一件好事，积善成德。但是，65% 的学生表示学校只偶尔组织过学生去福利院、敬老院开展力所能及的公益性活动或其他志愿服务活动，23% 的学生表示学校从未组织组织过去福利院、敬老院开展力所能及的公益性活动或其他志愿服务活动。[①] 最后，校外实践活动没有和地域文化有效结合。校外实践活动要充分利用地域文化所提供的本土教育资源。一般来说，地域文化蕴含着丰富鲜活的传统文化特质，具有强大的本土亲缘性和地域独特性，能够成为当地中学生易于接受的传统文化教育素材。因此，校外实践活动要注意与乡土气息浓郁的地域文化相结合，涵养学生的故乡情怀，从而使中学生热爱本土文化，在本土文化的滋养下成长为一代有理想、有文化、有道德的社会主义新人。

三是建立传统文化教育基地。基地建设可以提高学生对本土优秀遗产的热爱，提高对中国传统文化的认识，同时逐步提高学生的审美能力，厚实学生的文化底蕴，提升学生的文化素养。基地建设可以包括我国的优秀传统文化以及结合当地文化特色，把历史遗韵、民俗风情也作为文化传统教育的内容。建立传统文化教育基地要善于利用各地的历史文化资源、乡土文化资源等，以文物古迹、民俗文化为依托，让学生充分了解历史传统文化，以现实的文化资源引导学生踏进文化传统的门槛，并且让学生对我国的传统文化有一个直接的体验，弥补了课堂所学知识与现实生活联系不够密切的不足。例如，以“国学、国粹、国策”为内容的国学启蒙馆和育德馆在北京东城区的创建为孩子们提供了一个特殊的课堂，在这里，孩子们可以学习和继承我们民族传统文化和传统美德。此外，北京有些地区还利用一些文物古迹来开展国学育德活动，以此来引起学生们的兴趣，弘扬美德和民族的精神。另外，积极引导广大青少年学生

---

① 盛亚丹：《中学中华优秀传统文化教育中存在的问题及对策研究》，华中师范大学硕士学位论文，2017 年，第 30 页。

参观学习传统文化教育基地，提高青少年的民族自尊心、自信心和自豪感。北京地区还充分地利用了当地丰厚的历史文化积淀和区域教育资源的优势，建立有国学启蒙馆、国学德育馆等传统文化的教育基地，很好地改变了本地学生学习传统文化的热情和积极性。

（二）校家的融合

一是充分发挥家长学校的引领作用。目前，大多数学校都已成立了家长学校，我们可以利用家长学校，采用多种形式，在家长学校学习内容中融入中华优秀传统文化，进行有效的家长学校学习教育，提升家长的传统文化素养，让学校教育与家庭教育相互融合，共同对孩子进行中华优秀传统文化教育的培育。例如，开展"中华优秀传统文化与家庭教育"等为主题的家庭教育讲座，指导家长将中华优秀传统文化与家庭教育相融合，为家长们处理孩子成长中的问题提供新方法、好思路；也可以每学期组织开展一次家长读书活动，共同阅读中华经典文化方面的书籍，如《中国传统文化经典丛书》《中华传统八德诠解丛书》等，用优秀的中华传统文化影响家长，提升家长个人修养，提高家长的育人能力；还可以组织开展家长座谈会，以交流研讨的方式，共同探讨传承中华家国情怀、人格修养、家训家风、家庭伦理观念等方面的一些行之有效的教育措施和方法。家长学校可以通过各种方式，增强家长的文化自信，切实实现真正的家校共育，为社会主义事业发展培养出优秀的人才。

二是通过开放课堂，充分利用家长开放日，邀请家长听课，学习育人的内容、方法、途径等；开展家长上讲台活动，学校或班级邀请有特长的家长给学生上文化专题课；邀请家长中具有中华传统美德和城镇化进程中有时代创新精神的道德模范、先进人物进校园，开展道德讲堂活动，为孩子树立学习的榜样，赋予中华优秀传统文化时代气息。

三是利用好信息技术，加强沟通交流。学校要充分利用现代城市文明如学校网站、班级交流群，通报传承和弘扬中华优秀传统文化教育情况。教师率先垂范，以语文教材内容、家乡文化遗产、家乡人情风俗等录制微课，同时家长也逐步学习如何引导孩子学习中华优秀传统文化和制作微课的方法，来自城市或农村的家长都可以发挥自己的特长，录制更多有趣的微课供学生学习。

四是通过实践活动共同参与，家校携手营造风清气正的环境。学校要发挥专业优势，发掘城镇化进程中的教育资源，指导家长带领孩子参加校外实践体验活动。家长带领孩子参加中华传统节日活动，如春节贴对联，清明节感恩祭祖、网上祭英烈，重阳节到敬老院参加志愿服务等。学校要指导家长带领孩子参观家乡周边的文化遗产，带领孩子调查家乡的变化、民情风俗、农艺种植，参加种植、陶艺、印染、雕刻等实践体验活动。通过家校、农村城市优势互补，可以大大拓宽传承中华优秀传统文化教育的渠道。

五是学校在注重“书香校园”创建的同时，更应该重视“书香家庭”的创建。通过召开家长会，向家长大力宣传读书的作用。通过家庭、祖辈、父母的言传身教，培育和传承好家风好家训，深化文明家庭、和谐家庭、最美家庭评选创建活动，组织开展“爱家讲堂”“父母学堂”“好家风好家训”等活动，并推动好家风、好家训在校内外得到更为普及的传颂与推广。

（三）校社的融合

学校是传统文化教育的主要阵地，但社会也应成为学校传统文化教育的必要支撑。当前，社会教育未能有效地推动学校的传统文化教育，整个社会并未形成共同参与、有机统一的教育合力。首先，大众传媒对传统文化的宣传力度不够。有研究表明，有51%的学生表示自己是通过电视、网络、广播、报刊等大众传播媒体的途径来了解传统文化的，但目前大众传媒上有关传统文化的宣传不是很多，导致中学生不能有效利用这些途径了解和学习传统文化。其次，社会道德滑坡现象的加重影响了良好社会风气的形成。现实生活中存在的道德滑坡现象，例如引起广泛讨论的“老人扶不扶”的问题，使学生在不良社会风气的影响下陷入两难的道德困境。有83%的学生认为当前的社会风气对传统文化教育产生了不良的影响。再次，一些教育基地未能充分发挥其服务教育的功能。一些文化设施如文化馆、博物馆、纪念馆、名人故居、名胜古迹等未能向中学生全面免费开放，这些文化教育基地未能有效发挥其在传统文化教育中的教育服务功能，致使大多数中学生对传统文化的感性认识不足。①

首先，多组织一些参观体验活动。要针对中学生身心发展的特点，充分利

---

① 盛亚丹:《中学中华优秀传统文化教育中存在的问题及对策研究》，华中师范大学硕士学位论文，2017年，第30页。

用青少年教育基地、社会公益机构、公共文化服务设施等丰富资源，组织学生参观歌颂共产党人的丰功伟绩的纪念馆、名人故居等，培育学生的国家意识和高尚廉洁的观念；要定期组织学生参观文化馆、博物馆、纪念馆、文化遗址等文化场所，在实地考察和现场教学中增强学生对中华民族文化的自信。

其次，多开展社会公益活动。带领中学生走出课堂，提供学生与社会联系的机会，让学生走向社会，提高学生的社会参与意识。公益活动中学生爱心的奉献彰显着学生的人性光辉，有助于学生社会价值的实现和社会责任感的培养。学校可以组织各种公益活动和义务服务活动等主题实践活动，增强学生的社会责任感，在学生自我体验式的学习和思考之后，获得对传统文化的深刻理解，形成良好的道德行为习惯。例如，学校可以精心组织青少年到学生福利院、敬老院、孤儿院等社会服务基地参加志愿服务活动，锻炼学生的意志品质和自主参与能力，培养现代公民的健全人格。因此，要鼓励青少年积极参与青少年志愿者服务队，开展志愿服务活动。

再次，社会实践活动要和地域文化有效结合。结合区域特色文化与文化保护传承等实际，积极组织开展传统文化体验、公益志愿服务、传统文化调研等社会实践活动，让历史、文化不仅局限于教科书、纪录片、计算机中，而是在活生生的现实社会中去体会、去思考、去践行，积极推动中华优秀传统文化内化为学生的价值体系、道德信念和自觉行动。例如，福州大学通过开展学科专业教育、家训文化教育、线上线下融合教育，构建协同推进的中华优秀传统文化教育格局。例如，在韩国的大城市，学校会组织学生在周末和假期到城市的艺术中心欣赏各种形式的传统艺术，包括传统舞蹈、演奏、剧目、绘画等，将中学生的实践活动与地域社会化结合起来。因此，学校可以组织学生开展富有地域特色的实践活动，如考察家乡的历史文化活动或加入当地的志愿服务队，这将会更加有效地调动学生的兴趣和热情。例如，在湖北，清明节可以组织学生赴红安革命老区的鄂豫皖苏区革命烈士陵园进行扫墓活动。在整个祭扫和寻访革命先烈足迹的活动中，在这些舍生取义的革命英雄人物和民族精神的指引下，引导中学生要立志成长为新一代的仁人志士和英雄才俊。在社会实践活动和地域文化的结合中，使学生的认知能力得到强化，情感受到激励，意志得到锻炼，最终促使道德品质的养成。[①]

最后，注重发挥报纸、杂志、电视、网络等宣传作用，并使中华优秀传统文化有效融入图书馆、博物馆、校史馆、纪念馆、美术馆、档案馆、文化宫、戏剧团、艺术园、音乐厅、名胜古迹、名人故居、文化遗产、大街小巷，使学生全面了解、深刻体验中华优秀传统文化的历史传承与表现形式。要加强网络社会管理，发挥优秀网络文化的导向作用，将传统文化放置微博、微信、博客、易班、微电影等网络媒介、现代技术等新时空语境下，用好传统思想智慧，讲好文化价值理念，破除网络文化的快餐化、碎片化、娱乐化等局限，从而提高中华优秀传统文化对大学生的吸引力。[②]

三、以家庭教育为主的融合机制

家庭教育中传统文化和传统价值观的教育举足轻重，比如培养孩子丰富的情感、明辨善恶的伦理观、社会的礼仪、对他人的关心、自制力和自尊心等。家庭教育在日韩受到高度重视，日本和韩国的家庭教育重视对长辈的恭敬和忠诚，以义理人情教育为重心，在价值取向上表现出“他人本位”的倾向。德国人格外重视对孩子善良品质的培养，许多德国儿童接受“善良教育”的第一课就是爱护小动物。

（一）家庭教育内部的融合

首先，传统文化教育以孝文化为依托。孝文化是家庭教育的传统优势资源。《孝经》写道：“身体发肤，受之父母，不敢毁伤，孝之始也。立身行道，扬名于后世，以显父母，孝之终也。”传统家庭教育重在进行做人教育，强调思想道德培育，而今天不少家庭重视知识教育、个性培养，忽视长幼有序、父慈子孝等基本人伦教育。因此，当前家庭教育中要特别重视孝道教育，使子女从小就意识到孝敬老人、赡养父母是人之常情，也是天然义务，引导子女形成讲求孝道、敬宗睦族的人伦观念。

---

① 盛亚丹：《中学中华优秀传统文化教育中存在的问题及对策研究》，华中师范大学硕士学位论文，2017年，第30页。

② 陈育芳、陈少平：《高校中华优秀传统文化教育的体系构建与实践探索》，《高校辅导员学刊》2015年第6期。

其次，重视父母对子女的言传身教。家庭是一个人健康成长的摇篮，家庭整体的文化素养影响着孩子的文化水平，家庭社会成员的言传身教对孩子能起到耳濡目染的教育作用。如果家长能够做到遵纪守法、讲求道德、关爱亲人、友好邻里，就会为子女营造弘扬传统文化的良好家庭氛围。相反，如果家长自身在思想修养、价值观念和生活方式等方面存在缺陷，就易诱导子女滋生不良的思想和行为。家长的率先垂范是非常重要的，只有家长自身的道德修养较高，才能够达到“其身正，不令而行”的良好效果。

家庭教育中，家长与孩子进行开放式对话分享交流，有助于孩子成为家长希望的、社会适宜的且孩子自身价值能够实现的新个体。疫情期间，家长通过与孩子一起看一看、读一读、说一说、议一议、辩一辩、写一写抗疫故事，能有效地引导他们感受中华优秀传统文化的魅力。家长要加强对优秀传统文化的学习。

家长要更有效地教育孩子，自己必须要有丰富的优秀传统文化知识储备。家长可通过查阅文献、参加交流讨论会等方式加强对优秀传统文化的学习。家长要克服传统的“唯分数论”“唯考试论”等错误思想，把培养孩子良好的道德品行作为教育导向，通过“团结统一”“爱好和平”“勤劳勇敢”“自强不息”等中华优秀传统文化精神来指引孩子前行。

最后，传统文化教育要融入日常生活。在日常生活中，让青少年接触和了解日常生活中的各种理念、习俗、规制、礼仪等，有利于青少年由浅入深地认识和把握传统文化。传统节日和生活礼仪就是家庭教育的良好载体和重要方面。传统节日蕴含着积极的教育因素，凝结着美好的伦理关系和良好的伦理道德规范。例如清明节缅怀先人、感恩思源；重阳节尊老敬老、爱老助老。在生活礼仪教育方面，家长要向子女强调礼仪礼节在为人处世中的重要性，并通过多种方式对子女进行以礼待人、友好他人的传统礼仪礼节知识教育。总之，当前我国家庭教育需要培养孩子的独立生活能力和责任意识，同时以传统文化中礼貌诚恳等美德为重点加以熏陶，以珍视亲情、勤俭持家、邻里和睦的良好家风，营造弘扬优秀传统文化的良好家庭教育氛围。

（二）家校融合

苏霍姆林斯基说：“没有家庭教育的学校教育和没有学校教育的家庭教

育，都不可能完成培养人这样一个极其细微的任务。”习近平总书记提出要“注重家庭、注重家教、注重家风”。家庭是社会的细胞，家庭和睦是影响孩子成长的重要因素。然而，长期以来，家校合作更多是学校主导的“校家合作”。究其原因，家长群体的心理素质、文化素质、思想品德素质整体不高，教育观念相对落后，对协同育人的意识不强，对孩子教育的方法不多，参与协同育人的能力有待提高。

山东德州经济开发区抬头寺镇大韩完小探索建设乡村家庭教育学校，协同学校培养家长与学生，[①]形成家校学习型共同体。家庭教育学校依托学校平台进行独立的校本教学，内设校长、教务主任、年级组长、家庭教师[②]等不同岗位，制定了教学常规制度、教研制度、考试制度、“5+1”校本课程研发及结业双证发放制度、[③]“优秀家庭教师”和“学习型家庭”评选制度、家校互通制度等内部规章制度，并成立了乡村家庭教育学校委员会，协调学校、村委实现共同育人。由此可见，家庭教育学校是按照“学校”机构进行制度化、规范化构建的一种尝试，以协同家庭和村委，实现对家长、学生的共同教育。

乡村家庭教育学校通过常规教学、教研、考试、课程开发、评价等内部制度的建设，扭转了传统意义上的“校家沟通”，真正实现并密切了“家校沟通”，提升了家长的育人能力，也让家长有了“教师”的意识，积极参与到学校教育教学中；“5+1”校本课程的研发及“双证”评价制度的建立，连接了乡村文化与学生，深化了乡村学生对乡土文化的情感，激发了他们的想象力、创造力。

乡村家庭教育学校的建设是一种理想的探索，在现实中遇到了诸多困境，在家长教师培训、课程开发、课程实施、教育评价等实施层面存在诸多困难，未来的发展任重而道远。究其原因，与组织建设、家长理念、村民素质、乡村环境等密切相关。尽管如此，乡村家庭教育学校的建设还是要回归到“以乡村学生为中心”，把握好协同育人的节奏与时机，真正实现协同育人。

---

① 姜振国：《乡村家庭教育学校协同育人品牌化建设》，《现代教育》2020年第2期。

② 这里的家庭教师是指让家长承担起教师的职责，投身到课堂教学中，补充乡村学校师资不足的短板，让家长逐渐成为学校教育的重要力量。家长作为教师既能够开阔学生的视野，丰富校园生活，让孩子深入了解乡村文化，同时又能提升家长自身的教育能力，更好了解和认同学校的教育理念。当然，家长作为教师进入课堂教学是需要培训的，需要学习教育教学的相关规律。

③ “5+1”课程即熟识一种植物、一种动物，了解一种民俗，掌握一种技能，养成一种习惯，会一项文体专长。这个课程体系中除文体专长由学校专业老师开设外，其他课程都由家长讲授。“双证”即小学生毕业会得到小学毕业证和“5+1”毕业证双证。

作为家长，还是要提升传统文化的教育能力，要分学段进行传统文化教育。小学生的心理和生理发展处于低级阶段，家长对孩子的优秀传统文化教育应当以讲述故事、参观古迹等感性认识为主；中学生的心理和生理相比小学生更加成熟，应当以鼓励他们阅读经典名著、自主利用网络资源查阅相关知识等为主。

（三）家社融合

俗话说“耳闻之不如目见之，目见之不如足践之”，家庭开展优秀传统文化教育不应只停留在说理层面。家长应多带孩子参观优秀传统文化遗址，鼓励孩子参加社区或政府组织的宣扬优秀传统文化的活动，增强孩子对优秀传统文化的感性认识。

第一，家长要充分利用社会教育资源，包括各种类型的传统文化场馆和各种类型的传统文化体验活动。比如在天坛开展祭天活动，既可以让青少年了解传统祭天的礼仪习俗，更可以让青少年理解传统文化中的敬畏天道、感恩自然的尊天思想，理解爱国重民、奉天爱民的治政理念。家长要特别注意的是这种类型的文化活动最怕“看到了，但没看懂”，因此要特别注意避免走过场“到此一游”式的拍照和“打卡”，避免走马观花地只看建筑和活动形式。家长也可以让孩子参加一些传统文化教育的研学活动，在研学过程中将知识、思考、感悟和实践统一起来，让青少年真正地能够参与进去。家长也可以让孩子参与一些传统文化教育的志愿或讲解活动，让其对博物馆、艺术馆、民俗馆进行文化讲解，既可以让参观者看懂文化内涵，也能形成同伴间的文化示范效应。

第二，家长要充分利用好传统媒体资源和新媒体资源。首先，要利用好传统媒体资源为家庭文化知识的补充和文化活动的开展提供支持，比如纪录片《我在故宫修文物》《如果文物会说话》《本草中国》《航拍中国》，综艺节目《中国诗词大会》《朗读者》《中国汉字听写大会》，这些资源不但可以补足家庭文化资源，而且在全家共同观看和讨论的过程中可以将家人聚在一起，提高家庭凝聚力和文化共场感。其次，要利用好新媒体资源为传统文化家庭教育开拓新思路。新媒体文化语境丰富而多元，又有很强的青年气息和时代气息，用好这些资源可以直接用青少年的话语体系打破时空阻隔，建立“传统”与“现代”的对比沟通，比如，传统时代岳家军的保家卫国与新媒体时代“饭圈女孩”的网络出征、传统时代陶渊明的田园情怀与新媒体时代李子柒的乡村生活、传统文人的吟诗作赋与当代青少年的诗词大会、传统手工匠人的精益求精与当代“舌尖上的中国”的美食寻根，这些传统与现代的对比能够让青少年更直接地理解传统文化的生命力，思考如何将传统文化“古为今用”。再次，要用现代科技和媒体方式来表达传统文化，比如故宫在元宵节举办的“上元灯会”很好地利用科技和新媒体的快速发展来助力文化表达；网络游戏《梦幻西游》将传统文化运用在各个游戏环节中，如科举考试环节贯穿了传统的天文地理、文学艺术等各项知识。这些新媒体方式让中国传统文化以一种新颖的姿态走进青少年的文化生活，让传统文化的家庭教育资源能够不断得以创新和补充。

四、以社会教育为主的融合机制

中华优秀传统文化是我们民族的精神支柱，它包含的思想观念、人文精神和道德规范对当代社会具有重要的启发意义与借鉴价值。而继承、传播和弘扬中华优秀传统文化的关键在于青少年，优秀传统文化未来的命运掌握在青少年手中。在某种意义上说，青少年的优秀传统文化素养不仅直接决定社区的风气，而且关系到整个社会风气。当青少年的学习热情被激发之后，家庭自然会给予他们热情的鼓励与支持；一旦青少年都具备了深厚的优秀传统文化素养，就会改善自身言行，给周围人带来潜移默化的影响。

（一）传统文化进社区：以社区教育为例

近年来，传统文化教育在基础教育领域备受推崇，越来越多的优秀传统文化被列入教材之中。随着社区教育的发展，社区课程种类日益丰富，并注入了大量的传统文化元素。通过社区教育平台促进传统文化传承，是新形势下建设文化自觉、坚定文化自信的要求，也是丰富社区教育内涵、建设和谐社会的必然要求。首先，通过社区教育平台，将传统文化带进社区，立足于广大居民，融入社区教育课程和各类活动，营造传统文化学习氛围，培养文化学习团队，可以让文化传承更有深度和广度，而不是仅仅停留在传统文化宣传普及的浅层学习。其次，传统文化与社区教育的结合，让社区教育的内涵更加丰富，主要体现在以下三个方面：一是在社区教育功能上，教育是社区教育的核心功能，旨在提升社会居民的素养和技能，基于地域文化的社区教育能最大限度地发挥自身优势；二是在社区教育的内容上，通过打造一系列丰富的课程与活动来满足居民的精神文化需求，促进了社区教育的可持续发展；三是在社区教育的参与度上，社区和各类文化单位的合作，吸引了各类社会力量加入文化学习项目，不仅提高了学习活动的影响力和辐射力，更扩大了居民及其他社会主体的参与度。最后，将中国优秀传统文化融入社区教育之中，不仅让居民了解了传统文化知识，更能对居民产生潜移默化的影响，增强居民的民族文化认同感。①

学习型社会的建设和终身教育体系的构建是上海发展现代教育的重点。为了提高市民的终身学习能力，充分发挥社区的教育功能，2013 年上海市教委整合高校、公益组织等各类社会公共文化教育资源，创建了 8 个终身学习体验基地。截至 2017 年，体验基地下设 129 个体验站点，开设体验项目达到 677 项，其中，5 个体验基地都是以传统文化艺术为主题，让广大居民通过体验式学习，感受传统文化的魅力，在获取知识的同时，也扩大了传统文化的影响力。② 体验基地的建设整合了社会各类文化资源，与博物馆、艺术馆、文化纪念馆等单位联合，注重实践项目，增强了学习的趣味性，推动了公众参与，彰显了传统文化学习体验项目的社会影响和品牌价值。

从个体学习到合作学习，再到团队学习是社区教育学习形式的创新，居民学习团队的培育也成了社区教育的重要一环。根据上海市社区教育统计数据显示，2017 年，全市共有 30893 个学习团队，其中，很多学习团队都与传统文化相关。民间团队在文化传承上发挥着很大的作用，是一支不容小觑的队伍。以上海市宝山区为例，截至 2012 年年底，宝山区共有登记在册社区民间团队 1000 余支，人员达 3 万余人。大场镇的非遗传习所团队在街道的扶持下，面向居民开设了江南面塑、结艺灯彩艺术、绒绣等 9 个项目，举办各类成果展和创意大赛，吸引了更多居民的参与，提高了老百姓的手工艺水平和文化生活水平。淞南社区的“梦丹青”书法团队，邀请书法协会的专业人员给居民授课和

---

① 黄苏萍：《社区教育促进传统文化传承的实践研究——以上海市为例》，《职教通讯》2018 年第 13 期。

② 2016 年，《上海市教育委员会等七部门关于进一步推进本市学习型社会建设的若干意见》明确提出，要大力发展社区教育，发挥好社区教育发挥弘扬优秀传统文化的阵地作用。据统计，自 2008 年起，上海市评选的优秀社区教育课程和优秀社区教育资源中，有 183 门课程都与传承优秀传统文化紧密相关。上海市社区教育充分挖掘地域历史文化资源，开发各类学习项目，培育学习团队，有效推动了传统文化传承的建设工作。

点评，每月举办活动日，增加居民互动，每逢春节送给居民手写春联，端午节期间开展“大手牵小手”的书法创作活动，邀请小朋友和书画家以弘扬传统文化精神，纪念爱国诗人屈原为主题一起创作，活动参与效果甚至辐射到了上海市其他地区。民间学习团队成果依托社区教育平台，以兴趣爱好为基础会集在一起，带头人凭着自身的技能与专长、个人魅力和奉献精神，将团队从三五人群逐步发展到一个学习型组织，向广大社区居民输送团队的文化成果和资源，同时，壮大了队伍力量；街道社区充分利用民间学习团队的积极性，扶持他们为社区服务，丰富了社区教育的形式和内涵。[①]

目前全国各地的社区都按照政府的要求建有标准的居民学校，是典型的社区学习、活动中心，完全可以作为中华传统文化进社区的平台。从目前各地社区居民学校运转情况来看，其并没有真正发挥出应有的作用。主要原因是，一方面，社区必须将维稳工作放在第一位，其他工作都必须服从服务于稳定工作；另一方面，社区工作是“上面千条线，下面一根针”，头绪多、事情杂、任务重，每一个人都有大大小小十多项工作，常常处于“头痛医头，脚痛医脚”忙得不可开交的境况，居民学校只能由社区指定负责人兼职管理，因为兼职管理人员无暇顾及，导致大多数社区居民学校处于“自由发挥”甚至无人管理的局面。目前国内的社区工作基本处于低水平运转，要借助中华传统文化进社区工作的开展，加强意识形态引导，并将之作为一项重要的政治任务，让居民学校发挥出应有的功能和作用，成为中华传统文化复兴的基层机构。[②]有条件的还可以与资质优良的民办教育机构合作，将居民学校建成社区书院，成为社区公共文化、生活、艺术、教育、学习活动中心。以社区书院为纽带，普及传承传统文化。[③]

中华传统文化进社区，离不开一支优良的教师队伍，要重视培养一支致力于传统文化传承的教师队伍，发挥他们的引领、示范、辐射作用，为传统文化进社区注入新的活力。一定要立足社区实际寻找教师，如可以就民俗文化、书画文化、戏曲文化、工艺文化、古琴文化、中医文化、孝德文化、茶文化等优秀

① 黄苏萍：《社区教育促进传统文化传承的实践研究——以上海市为例》，《职教通讯》2018年第13期。

② 王少华：《试论中华传统文化进社区的价值》，《当代继续教育》2020年第6期。

③ 赵君：《论传统文化在社区教育中的传播》，《传播与版权》2015年第6期。

的传统文化教育资源寻找社区内有这方面特长的居民，聘请他们为居民学校的兼职教师或顾问，以人文行走、专题讲座、主题展示、实践体验、设立站点、发放宣传读本等方式让本土的优秀传统文化进社区、进校园（社区内的）、进家庭，提升居民对中华优秀传统文化的认知度和参与度。同时还要重视发现和培养中华传统文化热心支持者，将这部分居民重点进行培养，并委以重任，让其参与组织活动，通过这些骨干人员的言传身教，不断壮大队伍，使中华传统文化得到更好的传承。①

春节、清明、端午、中秋、重阳等是我国人民的传统节日，更是弘扬中华优秀传统文化的重要载体。社区要抓住契机，在宣传普及中华传统文化的活动中，一定要紧紧围绕我国传统节日的主题，突出体现传统文化的内涵，充分展现和传承中华传统文化的路径，并注重在活动中提升文化品位。要突出体现我国传统节日的元素，开办各类培训班，培养活动积极分子。在节日期间，要通过举办具有浓郁的带有地方特色的民间艺术展示和民俗文化表演等丰富多彩、形式多样的活动，让居民在参与中亲身体验传统节日的习俗，感受传统文化产生的独特魅力。社区可以多渠道提供展示交流平台，通过文字或图像等多种方式记录中华传统文化进社区活动的点点滴滴，并在居民学校橱窗进行展示，拍成视频在小区巡回播放。通过多种路径促进中华传统文化进社区的规范化发展。②

培育居民传统文化素养还要重视浓厚文化氛围的营造。可在社区居民学校附近开辟文化走廊、学习园地、专栏等宣传阵地，在社区的每一面墙壁上精心合理布置有关中华传统文化的画图、警句、诗词歌赋等，做到让每一面墙壁都在诉说着中华传统文化。要充分发挥社区教育志愿者队伍的作用，在居民中宣传中华优秀传统文化，引导人们自觉践行社会主义核心价值观。通过广泛、深入的宣传教育，使更多的居民了解传统文化，喜爱传统文化，成为传统文化的承载者、传播者。还要通过报纸、杂志、简报、学习在线等平台，宣传报道社区典型活动的情况及取得的成果，提升美誉度。③

① 鲍海丽：《社区教育：民族文化传承的有效途径》，《中国民族教育》2011年第9期。
② 黄苏萍：《社区教育促进传统文化传承的实践研究》，《职教通讯》2018年第13期。
③ 王萌：《服务学习理念下中国优秀传统文化教育路径探析》，《高教学刊》2016年第15期。

（二）公共文化机构开展青少年传统文化教育：以博物馆为例

2011 年，教育部印发《关于联合相关部委利用社会资源开展中小学社会实践的通知》，要求充分利用社会资源，搭建中小学生社会实践平台，共同建立起包括各类主题博物馆在内的 483 家中小学社会实践基地。中小学社会实践活动推动社会资源单位制定和实施“学生教育计划书”，推出更多结合课程、适合学生的教育活动，推动中小学校开放办学，引导教师常态化利用社会资源开展教育教学，引导更多的中小学生主动走进相关公共文化机构进行体验学习。2015 年年初，中共中央办公厅、国务院办公厅印发了《关于加快构建现代公共文化服务体系的意见》，提出要“将中小学生定期参观博物馆、美术馆、纪念馆、科技馆纳入中小学教育教学活动计划”。这些文件的出台，显然从政策导向上肯定了以博物馆为代表的社会资源在未来的国家教育事业中扮演不可或缺的重要角色。

博物馆蕴藏着如此丰富的历史文化、社会人文资源，在对青少年进行素质教育方面有着得天独厚的便利条件，如何将博物馆蕴藏的文化资源有机地纳入社会青少年教育体系中，是需要文博工作者和社会教育者深度思考和丰富实践的问题。2015 年，由国家文物局、教育部联合印发的《关于加强文教结合、完善博物馆青少年教育功能的指导意见》，对于整合文博系统、教育系统文化教育资源提出了明确的意见指导。该《意见》指出，要“把博物馆资源与中小学课堂教学、综合实践活动的实施有机结合，增强博物馆青少年教育的针对性”，要坚持“机制创新”原则，“以构建中小学生利用博物馆学习的长效机制为目标，使利用博物馆学习成为中小学校日常教学的有机组成部分”。《意见》还提出了包括“开发教育项目”“建设教育资源库和项目库”“加强课程教材中博物馆教育有关内容”“实施远程教育和网络教育”“加强博物馆教育资源统筹”“建立中小学生利用博物馆学习的长效机制”等可行性任务目标。

目前博物馆大多采用组织学生走进博物馆丰富青少年社会实践活动、利用数字化新媒体手段与青少年进行有效互动、博物馆举办主题宣教活动、博物馆设计教育项目并编写传统文化读本、博物馆培训中小学教师这五种主要形式来开展青少年教育活动。[①] 以北京地区为例，作为拥有全国最丰富博物馆资源的地区，2008 年启动了“中小学生社会大课堂”活动，将众多博物馆纳入社会大课堂教育基地，组织青少年参观学习，发挥博物馆青少年教育功能。除北京外，陕西全省文物系统的 104 座博物馆、纪念馆与教育部门实现文化资源共享；上海市整合各类优质资源单位 2000 余家，开展爱国主义教育、民族文化教育、公民道德教育、科普教育等主题实践活动；内蒙古博物院推出针对不同年龄青少年学习需求的“博物院综合实践课”；四川博物院、新疆博物馆等通过“流动博物馆”，服务远郊区县和周边城市的中小学生；福建博物院和福州 108 个社区、102 所学校签约，将博物馆与学校教育、社区建设融为一体。[②]

截至 2016 年年底，我国共有博物馆 4873 座，年举办展览超过 3 万个，参观人数约 9 亿人次，开展约 11 万次专题教育活动。博物馆是公共文化的重要载体，也是传播历史文化和科技知识的重要场所。然而就发挥博物馆独有的教育功能而言，博物馆的利用程度，尤其是中小博物馆的开放利用程度，普遍存在“休闲半僵”状态，是不争的事实。各个博物馆、学校各自为政，没有形成有系统的统筹教育关系，缺乏对整个文博系统“教育资源库和项目库”的资源整合与有效利用，“博物馆教育资源统筹”还有待加强，目前对“馆校联合”“建立中小学生利用博物馆学习的长效机制”的探索还有待继续完善。博物馆教育与校内教育尚未形成固定有效和常规的模式，参观活动由于准备不足容易流于形式。博物馆怎样亲近青少年，博物馆资源如何更好地利用，是一个值得深思的问题。

一是各博物馆能够利用自有教育资源与学校搭建良好平台，推动各馆间在博物馆教育领域的合作，共同促进馆校之间的联动。2014 年，北京市政府颁布文件要求全市中小学生，尤其是小学高年级和初一、初二年级学生，将 10% 的课时用于学校课堂以外的社会资源单位，博物馆就是重点场所。2016 年 5 月，由陕西省官方发起组建的陕西省博物馆教育联盟正式成立，成为中国成立的第一家博物馆教育联盟，陕西全省的国有博物馆、民办博物馆、行业博物馆以

---

① 张小博：《我国博物馆青少年教育现状、存在问题及对策思考》，《中国文物科学研究》2019 年第 2 期。

② 马海燕：教育部要求中小学利用博物馆开展社会实践，2013 年 12 月 20 日，见 http://www.chinanews.com/edu/2013/12-20/5646884.shtml。

及大、中、小学校成为联盟单位。2017 年“5·18”国际博物馆日，上海市博物馆教育联盟正式成立。该联盟由上海博物馆牵头，全市 11 家博物馆加盟，涵盖艺术、科技、自然等各个领域。在博物馆的社会教育功能越来越受重视的当下，上海市博物馆教育联盟的出现似乎正好顺应了这一需求。故宫博物院在 2016 年在院内成立了面积约 800 平方米的“故宫教育中心”，开展针对不同年龄观众的教育或研修活动，尤其为常年面向中小学生及家庭观众提供各类具有故宫特色、内容丰富、形式多样的专题教育项目；中国国家博物馆和史家小学合作，2016 年设计开发了“中华传统文化——博物馆综合实践课程”，其公共教育课程从内容上划分形成了“稚趣”系列、“认知”系列、“博悟”系列和“养成”系列四大体系，正在陆续出版相应读本；上海博物馆的公众教育包括学生活动和体验工坊，还有专题讲座、文化考察、艺术欣赏、纪录片欣赏等多种活动形式。

二是博物馆正在尝试利用新型数字化媒体方式突破传统展示技术和传播手段。在博物馆内，观众可以通过馆内的数字化新媒体设备进行人机互动，加强参观人员的代入感，通过近距离的人机互动拉近参观人员与博物馆之间的空间距离。新媒体[①]的形式在不断多样化，尤其是微博、微信等技术逐渐成为青少年的一种生活方式，实现博物馆资源信息和活动信息等教育内容与受众之间的及时传递、实时查询和参与。以故宫博物院为例，作为“数字故宫”建设成果的系列 App、系列 VR 节目、端门数字馆，以及官方网站、微博、微信、微店平台的推广内容，大量创意十足的数字作品走出紫禁城来到公众身边。此外，基于新技术、信息化的“互联网 +”与博物馆教育的融合，既是博物馆自身与时俱进发展的需要，也是顺应公共文化发展大势所趋的需要。随着“教育”跃升为博物馆第一职能，“互联网 + 博物馆教育”在未来将被置于博物馆的优先发展方向。“互联网 +”在博物馆教育工作中已成为“信息推送的基础平台、特色项目的展示平台、线上线下的互动平台、与社会媒体互动发展的融合平台、内外交流的联络平台”。例如，为进一步打造具有“互联网 +”特质的博物馆教育品牌，河南博物院于 2016 年 8 月启动了“历史教室数字课堂建设”项目。该项

---

① 维基百科对于新媒体细分为：门户网站，搜索引擎，虚拟社区，RSS，电子邮件 / 即时通信，博客 / 播客，维客，网络文学，网络动画，网络游戏，电子书，网络杂志 / 电子杂志，网络广播，网络电视，手机短信 / 彩信，手机报纸 / 出版，手机电视 / 广播，数字电视，IPTV，移动电视，楼宇电视等。

目以基础环境、云数据中心、数字化应用为三大模块，以“历史教室”现有课程设置及教育部规定的“新的国家课程标准”为核心内容，以近场感应和智慧终端为技术基础，制定出近期基础平台、中期进阶平台和远期云端平台的发展规划。在此基础之上，将建设成一个拥有一定覆盖面的在线历史文化教育平台，使全国范围内博物馆优质的教育资源突破地理与时空的限制，实现高度的资源共享与流通。博物馆教育轻松跳出固有的实体体验空间，随时可以以最小的代价，“移动”到全国乃至世界上任何一个有人群的地方，开展博物馆教育体验互动活动。

三是博物馆也依托“教育体验区”展开相关的教育项目。如内蒙古博物院的“欢乐大课堂”知识竞赛项目、西安半坡博物馆的“原始部落快乐行”项目、南京博物院的“古乐悠悠、汉舞轻扬”项目、首都博物馆的“创意课堂”项目、山东博物馆的“孔子学堂”项目、湖南省博物馆的“教师沙龙”项目、故宫博物院的“霓裳彩绘、手绘龙袍”项目、广东省博物馆的“海帆留踪”系列教育活动、香港历史博物馆的“一统天下：秦始皇帝的永恒国度”展览教育系列项目等。

四是博物馆利用自身的教育平台和互动窗口，充分发挥各方面优势，举办针对各年龄段公众的文化和教育活动，根据合作学校校内课程深度开发与实施。举行讲座、举办培训、利用丰富的教育资源，博物馆能够提供灵活便利的场地空间，有别于学科内的知识结构，创作体验课程，以传统课的模式结合手动活动体验，对博物馆知识能有直观而深刻的感受和有趣而新颖的体验。同时锻炼动手能力、鼓励推陈出新，加强自主性探究学习，从而面向青少年开展全方位立体的特色教育课程，丰富青少年的课余生活，感受中国传统文化。例如，“故宫知识课堂”自 2006 年正式推出以来，已连续举办 12 年，截至 2018 年年初已有上万名学生上“故宫知识课堂”。此外，博物馆还充分整合现有文教资源，开展针对不同年龄段观众的教育或研修活动，尤其面向中小学生及家庭观众进行的各类专题教育项目，向青少年和学校提供有别于教学大纲多种形式的读本和课程。如中国国家博物馆的“说文解字”教育项目历时三年打造完成，该项目由国家博物馆和北京史家小学组成开发团队，立足国家博物馆的教育资源，面向小学三年级到六年级，从认知自然入手，对人类社会生存发展的规律进行梳理总结，先后完成内容包括“说文解字”“美食美器”“服饰礼仪”“音乐辞戏”四大主题，共计32组教学内容。该项目得到了国家文物局、中国博物馆协会、北京市教委等政府主管部门及行业组织充分肯定，成为博物馆教育与学校教育科学、长效对接的一个示范工程。

要想加强博物馆系统与教育系统的整合联动，建立中小学生利用博物馆学习的长效机制，需要双方加强沟通、加深了解。博物馆的优势在于有着丰富文物馆藏资源与传统文化资源，有资深的历史及文物鉴定方面的研究人员，有横跨博物馆领域与教学活动组织的博物馆教辅人员。而学校的优势在于师资、生源，在于对青少年教育系统性、全面性、发展性的教育教学把握。二者有机结合，将对青少年养成格物致知的学习品德，形成爱国敬业的高尚品格，提升青少年的综合素质，增强国家、民族和文化认同感、自豪感的教育等方面发挥不可估量的积极作用，也是我国文化教育事业未来发展的大势所趋。

针对目前博物馆教育与校内教育尚未形成固定有效和常规的模式这一问题，建议应当由博物馆系统与教育系统联合，大力促进博物馆青少年教育的制度化和规范化体系建立，并以国家级博物馆为青少年教育功能试点单位，研究开展博物馆青少年教育资源项目，探索实现博物馆教育资源利用最大化的有效途径和手段，并在全国推广。在策划的过程中，根据我国学校教育的主要课程分为语文、数学、英语、历史、自然、政治、物理、化学、音乐、美术、体育、科技等，根据不同教育阶段课程名称和数量不尽相同的特点，要有明确的目标人群，在青少年不同年龄和受教阶段形成鲜明的针对教学，各个博物馆在多学科综合运用能力、学龄上应该明确本馆的培养目标，有别于大而全的模式。

（三）村校一体开展传统文化教育：以农村文化礼堂为例

浙江金华婺城区在政府的主导下大力建设农村文化礼堂，[①]并以文化礼堂为依托，实施村校融合结对，学校学生走进礼堂开展立德树人活动，农村文化

① 2013年5月10日，中共浙江省委、省人民政府出台《关于推进农村文化礼堂建设的意见》，提出“以有场所、有展示、有活动、有队伍、有机制等为基本标准，通过5年努力，在全省行政村建成一大批集学教型、礼仪型、娱乐型于一体的农村文化礼堂”。农村文化礼堂的建设思路就是资源整合，将过去乡村自发、零散的教育传统和行为进行融合与更新，让文化礼堂成为集教育教化、乡风乡愁、礼节礼仪、家德家风、文化文艺等多重功能的综合体。到2019年8月，文化礼堂数达到1.24万家，覆盖了80%以上的农村人口。详见李艺莉：《乡村学校以“文化礼堂”为载体的协同育人路径研究》，《丽水学院学报》2020年第3期。

礼堂活动走进中小学课堂，通过“双堂双进”，实现村校协同育人的目标。

通过挖掘各农村文化礼堂文化内涵、特色背景、历史名人等，编辑成《传统的呼唤》《礼敬我们的传统》等多种农村礼堂文化精品读物，用当地的事、当地的人进一步强化德育宣讲，并挑选本土草根文化人和具有影响力的乡贤代表进学校进课堂开展德育宣讲活动。

农村文化礼堂充分整合、深入挖掘地方资源，拓宽其文化内涵及教育功能，[①]将其转化为学校的德育资源，构建了贴近学生生活实际、鲜活生动学校的德育实践育人体系，并以传统文化节日为抓手，以各种文化、研学活动等为载体，通过乡贤代表宣讲等形式，有效解决了学校德育工作中重理论、轻实践的“短板”问题，将立德树人根本任务落到实处。

农村文化礼堂作为协同育人的中介，既是学生的爱国主义教育、德育教育、思想政治教育实践基地，也是村民的文化生活、精神生活基地，它集聚了多重功能，拓宽了文化、教育内涵，使农村生活有了乡土气，既传承了优秀的乡土文化，又创新了新时代的德育实践体系，赢得了村民、学校的一致欢迎。

婺城区全面落实习近平总书记“立德树人”是教育根本任务的重要讲话精神，全力推进“双堂双进”德育共建工程，这一工程被称为独树一帜的立德树人“金华婺城模式”。它以农村文化礼堂建设为依托，坚持问题导向，在全面盘活文化礼堂闲置资源和深入挖掘优秀传统文化的基础上，立足现有资源，探索“文化礼堂＋德育”的新途径，使农村文化礼堂成为青少年德育实践的第二课堂，着力解决了学校德育工作中重理论、轻实践的“短板”问题，将习近平总书记“立德树人”的教育根本任务落到实处，变成一个个具体、生动的实践，提升育人实效。目前，婺城区已建成98家农村文化礼堂。这些如繁星般点缀在婺城农村的文化礼堂，正以燎原之势在传承乡土文化的同时弘扬着现代文明，逐渐成为婺城农村群众的精神向往和心灵依托。

---

① 婺城区挖掘和打造了沙畈银坑村“红色文化”、蒋堂开化村“廉政文化”、竹马姜衙村“忠义文化”、蒋堂泽口村婺剧文化、竹马下张家村茶花文化等一大批本土德育实践教材，编辑成《传统的呼唤》《礼敬我们的传统》《杜顺华说白沙》《国学国风》《郑义门观后感》等农村礼堂文化精品读物，全区已有90%以上的学校在各结对农村文化礼堂，举行了婺剧、花卉、手工制作、非遗知识等研学主题活动及开蒙礼、尊师礼、成人礼、敬老礼等，并将此类活动列入校本德育课程。

（四）营造良好的社会风气，创设传统文化教育的良好氛围

为了应对外来文化对我国优秀传统文化的冲击，防止流行文化带来的粗俗文化恶性蔓延，转变当前不良的社会风气，我们必须净化社会风气，积极引导中国优秀传统文化回归到社会主流文化。

首先，用社会主义核心价值观引领社会风气。习近平总书记说，中华文明绵延数千年，有着独特的价值体系，我们必须从中汲取丰富营养。在当今价值观念多元、消费主义盛行、娱乐文化泛滥的社会转型期，要以核心价值观为导向，引导青少年做出正确的价值判断和价值选择。

其次，大众传媒行业要积极创作优秀的文艺作品。报纸、杂志、广播、电视等大众传媒行业要积极传播传统文化。报社、杂志、广播可以开辟传统文化宣传专栏，为加强中华优秀传统文化教育提供丰富、生动的教育资源。电视媒体应制作播出一些传统文化节目，如像《中国汉字听写大会》《汉字英雄》《朗读者》《中华诗词大会》等文化类节目，让广大观众重温了中华汉字之美和古代诗词的魅力之余，也加深了观众对传统文化的认知。在目前的电视生态环境中，真人秀节目发展迅速，深受广大青少年观众的追捧，但是大多数真人秀节目缺乏文化内涵。为此，广电总局要求各级广电部门，要大力制作具有中国风格和中国气派的电视节目，充分利用中华文化元素和传统美学观念，打造富有中华独特文化底蕴的电视节目，让青少年在散发着沁人心脾的传统文化中感悟中华文化的幽香，在文化陶冶中学会做人做事。

再次，建设传统文化网络教育平台。政府部门可以联手网站建设公司共同打造传统文化特色网站，如中国传统文化网、中华传统文化教育网、中华传统文化教育学习网等一些传统文化教育的网站，将优秀传统文化与网络等现代传播方式相结合。另外，要利用好新媒体传播传统文化。通过互联网、手机等新媒体推动优秀传统文化的网络传播，通过微信、微博、QQ 等自媒体平台传播传统文化教育精品，让学生在业余时间学习到传统文化知识。

最后，要善于动员社会组织和社会成员的力量。如英国学校的传统文化教育就倡导社会各界的广泛参与，政府部门、非政府部门、文化组织、志愿者组织、慈善组织、文化遗产保护组织、文化创意产业、商业组织等都可以参与进来。社会上的文化名流，包括文学家、历史学家、画家、表演艺术家、舞蹈家、

音乐家、建筑家、博物馆人员、图书馆人员等都会走进校园，配合学校进行传统文化教育。因此，我们要积极动员社会组织和社会成员的广泛参与，拓宽传统文化教育的渠道。

五、完善青少年传统文化教育融合机制的建议

完善青少年传统文化教育的融合机制，实现家、校、社的协同育人，实现立德树人的根本任务，需要在以下几个方面保障传统文化教育路径衔接的长效机制。

（一）要构建强有力的领导、组织与协调机制

要办好青少年中华优秀传统文化教育，关键在于组织与领导。所谓“重视”，就是要落实传统文化教育政策、积极探索传统文化教育规律，结合本校本地区本家实际，建构出凸显教育实效的领导协调机制。区域或学校主要领导要亲力亲为，把相关部门组织起来，成立“中华传统文化教育领导小组”之类的专门组织，有条件的院校，还可以设立办公室，专门开展相关工作。最主要的是要形成传统文化教育教学的制度和机制，使传统文化教育与科研工作成为常态工作、持续性工作。

（二）构建全方位的传统文化教育教学机制

一是突出传统文化课堂的主渠道作用。以课堂为主渠道开展中华优秀传统文化教育，课程设置成为重中之重：一方面要设置好中华优秀传统文化专业课程设置；另一方面，还要设置好与其他专业课程互相渗透、交融的非专业课程。专业性传统文化课程在内容承载方面比较系统、全面、精深，因而能够具有较强的稳定性。这种课程既可以成为专业课，也可以作为选修课，但不宜作为必修的公共课。另一层面的渗透在其他课程中的中华优秀传统文化教育课程则可以成为公共课。这种公共课可以面向各专业的学生，讲授各专业都应了解的基本内容。当然，这种公共课所阐释的中华优秀传统文化的“基本内容”，并不是指一些肤浅、简单的知识，而是在中华优秀传统文化中具有代表性的、有一定知识广度和思想深度的内容。在广度上，这种公共课应该覆盖文史哲等诸多领域；在深度上，这种公共课更应该侧重于中华优秀传统文化中具有

本质性的、规律性的内容，这样才能让青少年掌握中华文明的核心思想与精神意蕴。

二是依靠党团组织优势拓展传统文化教育路径。在课程之外，在党团组织的领导协调下，举办讲座报告等是实施中华优秀传统文化教育的常用途径。学校的许多部门，如中小学的党支部、团委、教导处甚至年级部等组织，大学的党委宣传部、工会、教务处、学生处、团委、学生会等，都可以定期或不定期地组织开展以中华优秀传统文化为内容的主题活动。

三是促进学生以丰富的传统文化社团活动实现自我教育。青少年对参与各级各类社团活动通常都有较大热情。社团活动是开展中华优秀传统文化教育的有效平台。在社团活动中，学生具有相当大的主导性，依托社团开展中华优秀传统文化教育，不仅能够拓展文化传播的广度，还可以通过调动学生自身的积极性，促进学生实现自我教育。以学生社团开展中华优秀传统文化教育，一方面，可以充分挖掘青年学生对传统文化知识的专业需求，进而以最适当的方式和途径满足这种需求，从而使中华优秀传统文化知识的传播达到边际效益最大化；另一方面，以学生为主体组织开展社团活动，能够充分调动参与者的主动性、积极性。在活动过程中，不仅仅传播、应用了中华优秀传统文化的知识，更为关键的是，这些活动能够促进广大青少年“知行合一”“道德践履”。当然，学校要对这样的社团活动进行积极引导、鼎力支持，要配备教师，尽量提供场地、设备及活动经费等，以资鼓励。

四是调配资源营造传统文化教育全域环境。一方面，这种全域环境要从校园文化环境做起。事实证明，校园文化环境能够陶冶青少年的人格塑造。学校是典型的文化教育的组织，校园内部的各类建筑应有民族特色、文化特色。建筑可以装饰代表中华优秀传统文化的书法和国画作品。还有，校园道路、雕塑等其他景观可以成为传统文化的载体；另一方面，以校内传媒拓展传统文化建设路径。如校园网、校报、宣传栏等也是进行中华优秀传统文化教育的重要媒介。特别是在校园网上，还可以建设中华优秀传统文化的网络教学平台。这种平台具有四大优势：一是可以作为资料库形成文化资源共享。二是可以作为讨论平台进行学术研究。三是可以作为直播课堂及时答疑解惑。四是可以作为网络展厅进行学习成果展示甚至比赛。

（三）构建科学有效的管理激励机制

一是建立经费保障机制。建议依据国家文件尽快设立中华优秀传统文化教育专项资金，纳入相关机构的财政预算，由“中华优秀传统文化教育领导小组”支配使用；由相关企事业单位、学校校友或其他社会力量提供的赞助经费要妥善使用，如对学校举办的传统文化类比赛给予冠名赞助或者针对某些传统文化教育项目设立奖学金等。无论以何种渠道筹措的经费，一定要按照学校开展中华优秀传统文化教育的专项需要使用，严格遵守制度机制，严防巧立名目、挪作他用。二是设立专项奖励机制。这种专项奖励可以分为不同类别，以促进奖励的针对性、实效性。如，针对专业传统文化的学术专业课程为一类，而针对其他专业而渗透传统文化教育因素的公共课程为另一类；而举办传统文化学术讲座、承办中华优秀传统文化社团活动，以及开展传统文化主题的校园环境项目和校内传媒项目等都各自设为一类，不能混为一谈进行评选、奖励。三是健全综合评价机制。评价机制是奖励机制的前提。首先要建立较客观公正、科学恰当的评价标准，其次要增加评价指标、评价体系，如同行评价、专家督导评价等，最后要恰当使用评价结果。四是建立教学科研并重的激励机制。中华优秀传统文化教育主要属于“教学”的范畴，科研是基于教学基础上的科研。在评价制度、奖励机制建设中，可以考虑设置教学、科研等多个系列，保证教学系列的待遇不低于科研等其他系列。至少在职称评聘和岗位晋级时，要把教学系列与科研系列等同看待，学校教师就会专心于教学。唯其如此，教育才能真正落到实处。[①]

---

① 张乐农：《我国大中小学中华优秀传统文化教育衔接研究》，华中科技大学博士学位论文，2019年，第91–94页。

附录 1：教育部《完善中华优秀传统文化教育指导纲要》（2014 年）

完善中华优秀传统文化教育指导纲要

为贯彻落实党的十八届三中全会关于完善中华优秀传统文化教育的精神，落实立德树人根本任务，进一步加强新形势下中华优秀传统文化教育，制定本指导纲要。

一、加强中华优秀传统文化教育的重要性和紧迫性

1. 加强中华优秀传统文化教育，是深化中国特色社会主义教育和中国梦宣传教育的重要组成部分。中国特色社会主义道路是在对中华民族 5000 多年悠久文明的传承中走出来的，具有深厚的历史渊源和广泛的现实基础。加强中华优秀传统文化教育，对于引导青少年学生更加全面准确地认识中华民族的历史传统、文化积淀、基本国情，认清中国特色社会主义的历史必然性，坚定走中国特色社会主义道路、实现中华民族伟大复兴中国梦的理想信念，具有重大而深远的历史意义。

2. 加强中华优秀传统文化教育，是构建中华优秀传统文化传承体系，推动文化传承创新的重要途径。当今世界，文化在综合国力竞争中的地位和作用更加凸显，越来越成为民族凝聚力和创造力的重要源泉，博大精深的中华优秀传统文化是我们在世界文化激荡中站稳脚跟的根基。青少年学生是祖国的未来，民族的希望，加强对青少年学生的中华优秀传统文化教育，对于培养中华优秀传统文化的继承者和弘扬者，推动文化传承创新，建设社会主义先进文化具有基础作用。

3. 加强中华优秀传统文化教育，是培育和践行社会主义核心价值观，落

实立德树人根本任务的重要基础。世界多极化、经济全球化深入发展，国内经济社会转轨转型，深刻变革，现代传播技术迅猛发展，世界范围内各种思想文化的交流交融交锋更加频繁，社会思想观念日益活跃。青少年学生思想意识更加自主，价值追求更加多样，个性特点更加鲜明，社会上一些不良思想倾向和道德行为，对青少年学生健康成长产生了不容忽视的影响。加强中华优秀传统文化教育，对于引导青少年学生增强民族文化自信和价值观自信，自觉践行社会主义核心价值观具有重要作用。

4. 加强中华优秀传统文化教育，必须正视面临的一系列困难和挑战。改革开放以来特别是新世纪以来，中华优秀传统文化教育不断加强，取得了显著成效，对于培养学生良好思想品德和行为习惯，培育和弘扬爱国主义精神，增强文化自觉自信等方面发挥了积极作用。但是，面对新形势、新要求，中华优秀传统文化教育还存在不少突出问题，对中华优秀传统文化教育重要性的认识有待进一步提高，教育内容的系统性、整体性还明显不足，重知识讲授、轻精神内涵阐释的现象还比较普遍，课程和教材体系有待完善，教师队伍整体素质有待提升，全社会共同参与的教育合力有待加强等，有效解决这些问题，迫切需要进一步完善中华优秀传统文化教育。

二、加强中华优秀传统文化教育的指导思想、基本原则和主要内容

5. 加强中华优秀传统文化教育的指导思想。坚持以邓小平理论、"三个代表"重要思想、科学发展观为指导，深入贯彻落实党的十八大、十八届三中全会精神和习近平总书记系列重要讲话精神，全面贯彻党的教育方针，积极培育和践行社会主义核心价值观，围绕立德树人根本任务，以弘扬爱国主义为核心的团结统一、爱好和平、勤劳勇敢、自强不息的民族精神为主线，以推进大中小学中华优秀传统文化教育一体化为重点，整体规划、分层设计、有机衔接、系统推进，促进青少年学生全面发展，培养富有民族自信心和爱国主义精神的社会主义事业建设者和接班人。

6. 加强中华优秀传统文化教育的基本原则。

——坚持中华优秀传统文化教育与培育和践行社会主义核心价值观相结合。要坚持历史唯物主义和辩证唯物主义的立场、观点和方法，深入挖掘和阐发中华优秀传统文化讲仁爱、重民本、守诚信、崇正义、尚和合、求大同的时代

价值。要处理好继承和创新的关系，重点做好创造性转化和创新性发展。

——坚持中华优秀传统文化教育与时代精神教育和革命传统教育相结合。既要大力弘扬以爱国主义为核心的民族精神，又要积极弘扬以改革创新为核心的时代精神，继承和弘扬革命传统文化。

——坚持弘扬中华优秀传统文化与学习借鉴国外优秀文化成果相结合。既要高度重视培育学生的民族自信心、自豪感，又要注重引导学生树立世界眼光，博采众长。

——坚持课堂教育与实践教育相结合。既要充分发挥课堂教学的主渠道作用，又要注重发挥课外活动和社会实践的重要作用。

——坚持学校教育、家庭教育、社会教育相结合。既要发挥学校主阵地作用，又要加强家庭、社会与学校之间的配合，形成教育合力。

——坚持针对性与系统性相结合。既要根据不同学段学生身心发展特点，区分层次，突出重点，又要加强各学段的有机衔接，逐步推进。

7. 开展中华优秀传统文化教育的主要内容。中华优秀传统文化是中华民族语言习惯、文化传统、思想观念、情感认同的集中体现，凝聚着中华民族普遍认同和广泛接受的道德规范、思想品格和价值取向，具有极为丰富的思想内涵。加强对青少年学生的中华优秀传统文化教育，要以弘扬爱国主义精神为核心，以家国情怀教育、社会关爱教育和人格修养教育为重点，着力完善青少年学生的道德品质，培育理想人格，提升政治素养。

——开展以天下兴亡、匹夫有责为重点的家国情怀教育。着力引导青少年学生深刻认识中国梦是每个人的梦，以祖国的繁荣为最大的光荣，以国家的衰落为最大的耻辱，增强国家认同，培养爱国情感，树立民族自信，形成为实现中华民族伟大复兴的中国梦而不懈努力的共同理想追求，培养青少年学生做有自信、懂自尊、能自强的中国人。

——开展以仁爱共济、立己达人为重点的社会关爱教育。着力引导青少年学生正确处理个人与他人、个人与社会、个人与自然的关系，学会心存善念、理解他人、尊老爱幼、扶残济困、关心社会、尊重自然，培育集体主义精神和生态文明意识，形成乐于奉献、热心公益慈善的良好风尚，培养青少年学生做高素养、讲文明、有爱心的中国人。

——开展以正心笃志、崇德弘毅为重点的人格修养教育。着力引导青少年学生明辨是非、遵纪守法、坚韧豁达、奋发向上，自觉弘扬中华民族优秀道德思想，形成良好的道德品质和行为习惯，培养青少年学生做知荣辱、守诚信、敢创新的中国人。

三、分学段有序推进中华优秀传统文化教育

8. 小学低年级，以培育学生对中华优秀传统文化的亲切感为重点，开展启蒙教育，培养学生热爱中华优秀传统文化的感情。认识常用汉字，学习独立识字，初步感受汉字的形体美；诵读浅近的古诗，获得初步的情感体验，感受语言的优美；了解一些爱国志士的故事，知道中华民族重要传统节日，了解家乡的生活习俗，明白自己是中华民族的一员；初步了解传统礼仪，学会待人接物的基本礼节；初步感受经典的民间艺术。引导学生孝敬父母、尊敬师长、友爱同学、礼貌待人，养成勤俭节约、吃苦耐劳、言行一致的生活习惯和行为规范，培育热爱家乡、热爱生活、亲近自然的情感。

9. 小学高年级，以提高学生对中华优秀传统文化的感受力为重点，开展认知教育，了解中华优秀传统文化的丰富多彩。熟练书写正楷字，理解汉字的文化含义，体会汉字优美的结构艺术；诵读古代诗文经典篇目，理解作品大意，体会其意境和情感；了解中华民族历代仁人志士为国家富强、民族团结作出的牺牲和贡献；知道重要传统节日的文化内涵和家乡生活习俗变迁；感受各民族艺术的丰富表现形式和特点，尝试运用喜爱的艺术形式表达情感；培养学生对传统体育活动的兴趣爱好。引导学生学会理解他人，懂得感恩，逐步提高辨别是非、善恶、美丑的能力，开始树立人生理想和远大志向，热爱祖国河山、悠久历史和宝贵文化。

10. 初中阶段，以增强学生对中华优秀传统文化的理解力为重点，提高对中华优秀传统文化的认同度，引导学生认识我国统一多民族国家的文化传统和基本国情。临摹名家书法，体会书法的美感与意境；诵读古代诗词，初步了解古诗词格律，阅读浅易文言文，注重积累、感悟和运用，提高欣赏品位；知道中国历史的重要史实和发展的基本线索，理解国家统一和民族团结的重要性，认识中华文明的历史价值和现实意义；欣赏传统音乐、戏剧、美术等艺术作品，感受其中表达的情感和思想；参加传统礼仪和节庆活动，了解传统习俗的文化内涵。引导学生尊重各民族传统文化习俗，珍视各民族共同创造的中华优秀文

明成果，培养作为中华民族一员的归属感和自豪感。

11．高中阶段，以增强学生对中华优秀传统文化的理性认识为重点，引导学生感悟中华优秀传统文化的精神内涵，增强学生对中华优秀传统文化的自信心。阅读篇幅较长的传统文化经典作品，提高古典文学和传统艺术鉴赏能力；认识中华文明形成的悠久历史进程，感悟中华文明在世界历史中的重要地位；认识人民群众创造历史的决定作用和杰出人物的贡献，吸取前人经验和智慧，培养豁达乐观的人生态度和抵抗困难挫折的能力；感悟传统美德与时俱进的品质，自觉以中华传统美德律己修身；了解传统艺术的丰富表现形式和特点，感受不同时代、地域、民族特色的艺术风格，接触和体验祖国各地的风土人情、民俗风尚，了解中华民族丰富的文化遗产。引导学生深入理解中华民族最深沉的精神追求，更加全面客观地认识当代中国，看待外部世界，认识国家前途命运与个人价值实现的统一关系，自觉维护国家的尊严、安全和利益。

12．大学阶段，以提高学生对中华优秀传统文化的自主学习和探究能力为重点，培养学生的文化创新意识，增强学生传承弘扬中华优秀传统文化的责任感和使命感。深入学习中国古代思想文化的重要典籍，理解中华优秀传统文化的精髓，强化学生文化主体意识和文化创新意识；深刻认识中华优秀传统文化是中国特色社会主义植根的沃土，辩证看待中华优秀传统文化的当代价值，正确把握中华优秀传统文化与中国化马克思主义、社会主义核心价值观的关系。引导学生完善人格修养，关心国家命运，自觉把个人理想和国家梦想、个人价值与国家发展结合起来，坚定为实现中华民族伟大复兴的中国梦不懈奋斗的理想信念。

四、把中华优秀传统文化教育系统融入课程和教材体系

13．在课程建设和课程标准修订中强化中华优秀传统文化内容。围绕中华优秀传统文化教育的主要任务，适时启动课程标准修订和课程开发的研究论证、试点探索和推广评估工作。在中小学德育、语文、历史、艺术、体育等课程标准修订中，增加中华优秀传统文化内容比重。地理、数学、物理、化学、生物等课程，应结合教学环节渗透中华优秀传统文化相关内容。鼓励各地各学校充分挖掘和利用本地中华优秀传统文化教育资源，开设专题的地方课程和校本课程。开展职业院校民族文化传承与创新示范专业点建设。鼓励有条件的高

等学校统一开设中华优秀传统文化必修课，拓宽中华优秀传统文化选修课覆盖面。面向各级各类学校重点建设一批中华优秀传统文化精品视频公开课。加强中华优秀传统文化相关学科建设。

14. 修订相关教材和组织编写中华优秀传统文化普及读物。根据修订后的中小学课程标准，修订相关教材。制作内容精、形式活、受欢迎的数字化课件。在高等学校统一推广使用马克思主义理论研究和建设工程重点教材《中国文化概论》。鼓励有条件的地方结合地方课程需要编写具有地域特色的中华优秀传统文化读本。组织知名专家编写多层次、成系列的普及读物。

15. 充分发挥中小学德育课和高校思想政治理论课的重要作用。促进思想政治教育与中华优秀传统文化教育的紧密结合，以爱国主义教育为核心，深入挖掘中华优秀传统文化中蕴含的丰富思想政治教育资源，进一步丰富中小学德育课和高校思想政治理论课的教学内容，创新教学方法和手段，提升教学效果。

五、全面提升中华优秀传统文化教育的师资队伍水平

16. 打造一支中华优秀传统文化教育骨干队伍。在中小学教师资格考试内容中增加中华优秀传统文化的比重。在师范院校开设中华优秀传统文化课程。鼓励民间艺人、技艺大师、非物质文化遗产传承人参与职业教育教学。建立非物质文化遗产传承人“双向进入”机制，设立技艺指导大师特设岗位，鼓励有条件的职业院校成立大师工作室。在长江学者奖励计划、新世纪优秀人才支持计划、高等学校青年教师培养计划等各类人才计划，以及“万人计划”教学名师评选中，增加传统文化教学和研究人才比重，培养和造就一批中华优秀传统文化教学名师和学科领军人才。

17. 加强面向全体教师的中华优秀传统文化教育培训。在哲学社会科学教学科研骨干研修、高校思想政治理论课骨干教师研修、高校辅导员骨干培训中加大中华优秀传统文化内容比重。在中小学教师国家级培训计划、义务教育学校校长和农村幼儿园园长研修培训计划、职业学校教师和校长素质提高计划中增加中华优秀传统文化培训内容，提高各级各类学校教师开展中华优秀传统文化教育的能力。

六、着力增强中华优秀传统文化教育的多元支撑

18. 建设不断适应时代需要的中华优秀传统文化网络教育平台。利用好现有全国文化资源共享工程、公共电子阅览室建设工程、数字图书馆推广计划等数字文化惠民工程的数据资源成果，推动优秀传统文化网络传播，制作适合互联网、手机等新兴媒体传播的传统文化精品佳作。重点打造一批有广泛影响的传统文化特色网站，支持和鼓励学校网站开设传统文化专栏。加强校园网络建设，依托高校网络文化示范中心、大学生网络文化工作室等，拓宽适合青少年学生学习特点的线上教育平台。选取一批有代表性的中华优秀传统文化经典诗文，建设“中华经典资源库”。在中国大学生在线、易班网等设立中华优秀传统文化教育专栏，进行形式活泼、内容丰富的在线学习。

19. 加强中华优秀传统文化校园教育活动。利用学校博物馆、校史馆、图书馆、档案馆等，结合校史、院史、学科史和人物史的挖掘、整理和研究，发挥其独特的文化育人作用。深入开展创建中华优秀传统文化艺术传承学校活动，邀请传统文化名家、非物质文化遗产传承人等进校园、进课堂。依托少先队、共青团、学生党支部、学生会、学生社团等，开展主题教育、理论研讨、社会实践、志愿服务、文艺体育等形式多样、丰富多彩的活动。

20. 构建互为补充、相互协作的中华优秀传统文化教育格局。充分利用博物馆、纪念馆、文化馆（站）、图书馆、美术馆、音乐厅、剧院、故居旧址、名胜古迹、文化遗产、具有历史文化风貌的街区等，组织学生进行实地考察和现场教学，建立中小学生定期参观博物馆、纪念馆、遗址等公共文化机构的长效机制。积极配合文化、新闻出版广电等部门，提倡和扶持弘扬中华优秀传统文化的各类文艺作品创作，在评奖、宣传等方面加强引导，办好青少年电视频道，做好图书出版规划，创作、出版一批青少年喜爱的影视片、音像制品和文学艺术作品，为加强中华优秀传统文化教育提供丰富、生动的教育资源。

21. 充分发挥家庭在中华传统文化教育中的重要作用。要重视发挥中小学家长委员会以及各级各类家长学校、家庭教育指导机构、校外活动场所的作用，把学校教育与家庭教育紧密结合起来，积极组织开展学生和家长共同参与的传统文化体验、主题教育实践活动、志愿者服务和公益性活动，践行中华优秀传统美德，弘扬中华优秀传统文化。倡导家长通过言传身教，形成爱国守

法、遵守公德、珍视亲情、勤俭持家、邻里和睦的良好家风，营造弘扬中华优秀传统文化的家庭教育氛围。

七、加强中华优秀传统文化教育的组织实施和条件保障

22. 加强对中华优秀传统文化教育的组织领导。各级党委教育工作部门和教育行政部门要把加强对青少年学生中华优秀传统文化教育作为一项战略任务，与宣传、文化、新闻出版广电等部门以及工会、共青团、妇联等群团组织密切配合，建立健全党委统一领导、党政群齐抓共管、有关部门各负其责、全社会共同参与的工作机制，形成中华优秀传统文化教育合力。教育部统筹规划和推进中华优秀传统文化教育课程、教材、师资等建设，明确具体任务和政策措施。充分发挥专家咨询作用，为开展中华优秀传统文化教育提供智力支持。要不断完善社会力量和市场力量参与的传统文化教育投入机制，鼓励和引导多途径增加传统文化教育投入。

23. 完善中华优秀传统文化教育的评价和督导机制。研究制定中华优秀传统文化教育的评价标准，将中华优秀传统文化教育作为教育现代化监测评价指标体系的重要内容。增加中华优秀传统文化内容在中考、高考升学考试中的比重。将中华优秀传统文化教育纳入课程实施和教材使用的督导范围，定期开展评估和督导工作。

24. 加强中华优秀传统文化教育教学研究。充分利用传统文化优势学科、重点研究基地和相关科研力量，深入开展中华优秀传统文化教育教学研究，为中华优秀传统文化教育教学提供理论基础和学理支撑。鼓励各地各校组织专门力量，加强中华优秀传统文化研究机构建设，为学校和教师提供专业服务和指导。

附录 2：中共中央办公厅、国务院办公厅《关于实施中华优秀传统文化传承发展工程的意见》（2017 年）

关于实施中华优秀传统文化传承发展工程的意见

文化是民族的血脉，是人民的精神家园。文化自信是更基本、更深层、更持久的力量。中华文化独一无二的理念、智慧、气度、神韵，增添了中国人民和中华民族内心深处的自信和自豪。为建设社会主义文化强国，增强国家文化软实力，实现中华民族伟大复兴的中国梦，现就实施中华优秀传统文化传承发展工程提出如下意见。

一、重要意义和总体要求

1. 重要意义。中华文化源远流长、灿烂辉煌。在 5000 多年文明发展中孕育的中华优秀传统文化，积淀着中华民族最深沉的精神追求，代表着中华民族独特的精神标识，是中华民族生生不息、发展壮大的丰厚滋养，是中国特色社会主义植根的文化沃土，是当代中国发展的突出优势，对延续和发展中华文明、促进人类文明进步，发挥着重要作用。

中国共产党在领导人民进行革命、建设、改革伟大实践中，自觉肩负起传承发展中华优秀传统文化的历史责任，是中华优秀传统文化的忠实继承者、弘扬者和建设者。党的十八大以来，在以习近平同志为核心的党中央领导下，各级党委和政府更加自觉、更加主动推动中华优秀传统文化的传承与发展，开展了一系列富有创新、富有成效的工作，有力增强了中华优秀传统文化的凝聚力、影响力、创造力。同时要看到，随着我国经济社会深刻变革、对外开放日益扩大、互联网技术和新媒体快速发展，各种思想文化交流交融交锋更加频繁，迫切需要深化对中华优秀传统文化重要性的认识，进一步增强文化自觉和文化自信；迫切需要深入挖掘中华优秀传统文化价值内涵，进一步激发中华优秀传统文化的生机与活力；迫切需要加强政策支持，着力构建中华优秀传统文化传承发展体系。实施中华优秀传统文化传承发展工程，是建设社会主义文化强国的重大战略任务，对于传承中华文脉、全面提升人民群众文化素养、维护国家文化安全、增强国家文化软实力、推进国家治理体系和治理能力现代化，具有重要意义。

2. 指导思想。高举中国特色社会主义伟大旗帜，全面贯彻党的十八大和十八届三中、四中、五中、六中全会精神，坚持以马克思列宁主义、毛泽东思想、邓小平理论、“三个代表”重要思想、科学发展观为指导，深入贯彻习近平总书记系列重要讲话精神和治国理政新理念新思想新战略，紧紧围绕实现中华民族伟大复兴的中国梦，深入贯彻新发展理念，坚持以人民为中心的工作导向，坚持以社会主义核心价值观为引领，坚持创造性转化、创新性发展，坚守中华文化立场、传承中华文化基因，不忘本来、吸收外来、面向未来，汲取中国智慧、弘扬中国精神、传播中国价值，不断增强中华优秀传统文化的生命力和影响力，创造中华文化新辉煌。

3. 基本原则

——牢牢把握社会主义先进文化前进方向。坚持中国特色社会主义文化发展道路，立足于巩固马克思主义在意识形态领域的指导地位、巩固全党全国人民团结奋斗的共同思想基础，弘扬社会主义核心价值观，培育民族精神和时代精神，解决现实问题、助推社会发展。

——坚持以人民为中心的工作导向。坚持为了人民、依靠人民、共建共享，注重文化熏陶和实践养成，把跨越时空的思想理念、价值标准、审美风范转化为人们的精神追求和行为习惯，不断增强人民群众的文化参与感、获得感和认同感，形成向上向善的社会风尚。

——坚持创造性转化和创新性发展。坚持辩证唯物主义和历史唯物主义，秉持客观、科学、礼敬的态度，取其精华、去其糟粕，扬弃继承、转化创新，不复古泥古，不简单否定，不断赋予新的时代内涵和现代表达形式，不断补充、拓展、完善，使中华民族最基本的文化基因与当代文化相适应、与现代社会相协调。

——坚持交流互鉴、开放包容。以我为主、为我所用，取长补短、择善而从，既不简单拿来，也不盲目排外，吸收借鉴国外优秀文明成果，积极参与世界文化的对话交流，不断丰富和发展中华文化。

——坚持统筹协调、形成合力。加强党的领导，充分发挥政府主导作用和市场积极作用，鼓励和引导社会力量广泛参与，推动形成有利于传承发展中华优秀传统文化的体制机制和社会环境。

4. 总体目标。到2025年，中华优秀传统文化传承发展体系基本形成，研究阐发、教育普及、保护传承、创新发展、传播交流等方面协同推进并取得重要成果，具有中国特色、中国风格、中国气派的文化产品更加丰富，文化自觉和文化自信显著增强，国家文化软实力的根基更为坚实，中华文化的国际影响力明显提升。

二、主要内容

5. 核心思想理念。中华民族和中国人民在修齐治平、尊时守位、知常达变、开物成务、建功立业过程中培育和形成的基本思想理念，如革故鼎新、与时俱进的思想，脚踏实地、实事求是的思想，惠民利民、安民富民的思想，道法自然、天人合一的思想等，可以为人们认识和改造世界提供有益启迪，可以为治国理政提供有益借鉴。传承发展中华优秀传统文化，就要大力弘扬讲仁爱、重民本、守诚信、崇正义、尚和合、求大同等核心思想理念。

6. 中华传统美德。中华优秀传统文化蕴含着丰富的道德理念和规范，如天下兴亡、匹夫有责的担当意识，精忠报国、振兴中华的爱国情怀，崇德向善、见贤思齐的社会风尚，孝悌忠信、礼义廉耻的荣辱观念，体现着评判是非曲直的价值标准，潜移默化地影响着中国人的行为方式。传承发展中华优秀传统文化，就要大力弘扬自强不息、敬业乐群、扶危济困、见义勇为、孝老爱亲等中华传统美德。

7. 中华人文精神。中华优秀传统文化积淀着多样、珍贵的精神财富，如求同存异、和而不同的处世方法，文以载道、以文化人的教化思想，形神兼备、情景交融的美学追求，俭约自守、中和泰和的生活理念等，是中国人民思想观念、风俗习惯、生活方式、情感样式的集中表达，滋养了独特丰富的文学艺术、科学技术、人文学术，至今仍然具有深刻影响。传承发展中华优秀传统文化，就要大力弘扬有利于促进社会和谐、鼓励人们向上向善的思想文化内容。

三、重点任务

8．深入阐发文化精髓。加强中华文化研究阐释工作，深入研究阐释中华文化的历史渊源、发展脉络、基本走向，深刻阐明中华优秀传统文化是发展当代中国马克思主义的丰厚滋养，深刻阐明传承发展中华优秀传统文化是建设中国特色社会主义事业的实践之需，深刻阐明丰富多彩的多民族文化是中华文化的基本构成，深刻阐明中华文明是在与其他文明不断交流互鉴中丰富发展的，着力构建有中国底蕴、中国特色的思想体系、学术体系和话语体系。加强党史国史及相关档案编修，做好地方史志编纂工作，巩固中华文明探源成果，正确反映中华民族文明史，推出一批研究成果。实施中华文化资源普查工程，构建准确权威、开放共享的中华文化资源公共数据平台。建立国家文物登录制度。建设国家文献战略储备库、革命文物资源目录和大数据库。实施国家古籍保护工程，完善国家珍贵古籍名录和全国古籍重点保护单位评定制度，加强中华文化典籍整理编纂出版工作。完善非物质文化遗产、馆藏革命文物普查建档制度。

9．贯穿国民教育始终。围绕立德树人根本任务，遵循学生认知规律和教育教学规律，按照一体化、分学段、有序推进的原则，把中华优秀传统文化全方位融入思想道德教育、文化知识教育、艺术体育教育、社会实践教育各环节，贯穿于启蒙教育、基础教育、职业教育、高等教育、继续教育各领域。以幼儿、小学、中学教材为重点，构建中华文化课程和教材体系。编写中华文化幼儿读物，开展“少年传承中华传统美德”系列教育活动，创作系列绘本、童谣、儿歌、动画等。修订中小学道德与法治、语文、历史等课程教材。推动高校开设中华优秀传统文化必修课，在哲学社会科学及相关学科专业和课程中增加中华优秀传统文化的内容。加强中华优秀传统文化相关学科建设，重视保护和发展具有重要文化价值和传承意义的“绝学”、冷门学科。推进职业院校民族文化传承与创新示范专业点建设。丰富拓展校园文化，推进戏曲、书法、高雅艺术、传统体育等进校园，实施中华经典诵读工程，开设中华文化公开课，抓好传统文化教育成果展示活动。研究制定国民语言教育大纲，开展好国民语言教育。加强面向全体教师的中华文化教育培训，全面提升师资队伍水平。

10．保护传承文化遗产。坚持保护为主、抢救第一、合理利用、加强管理的方针，做好文物保护工作，抢救保护濒危文物，实施馆藏文物修复计划，加强新型城镇化和新农村建设中的文物保护。加强历史文化名城名镇名村、历史文化街区、名人故居保护和城市特色风貌管理，实施中国传统村落保护工程，做好传统民居、历史建筑、革命文化纪念地、农业遗产、工业遗产保护工作。规划建设一批国家文化公园，成为中华文化重要标识。推进地名文化遗产保护。实施非物质文化遗产传承发展工程，进一步完善非物质文化遗产保护制度。实施传统工艺振兴计划。大力推广和规范使用国家通用语言文字，保护传承方言文化。开展少数民族特色文化保护工作，加强少数民族语言文字和经典文献的保护和传播，做好少数民族经典文献和汉族经典文献互译出版工作。实施中华民族音乐传承出版工程、中国民间文学大系出版工程。推动民族传统体育项目的整理研究和保护传承。

11. 滋养文艺创作。善于从中华文化资源宝库中提炼题材、获取灵感、汲取养分，把中华优秀传统文化的有益思想、艺术价值与时代特点和要求相结合，运用丰富多样的艺术形式进行当代表达，推出一大批底蕴深厚、涵育人心的优秀文艺作品。科学编制重大革命和历史题材、现实题材、爱国主义题材、青少年题材等专项创作规划，提高创作生产组织化程度，彰显中华文化的精神内涵和审美风范。加强对中华诗词、音乐舞蹈、书法绘画、曲艺杂技和历史文化纪录片、动画片、出版物等的扶持。实施戏曲振兴工程，做好戏曲“像音像”工作，挖掘整理优秀传统剧目，推进数字化保存和传播。实施网络文艺创作传播计划，推动网络文学、网络音乐、网络剧、微电影等传承发展中华优秀传统文化。实施中国经典民间故事动漫创作工程、中华文化电视传播工程，组织创作生产一批传承中华文化基因、具有大众亲和力的动画片、纪录片和节目栏目。大力加强文艺评论，改革完善文艺评奖，建立有中国特色的文艺研究评论体系，倡导中华美学精神，推动美学、美德、美文相结合。

12. 融入生产生活。注重实践与养成、需求与供给、形式与内容相结合，把中华优秀传统文化内涵更好更多地融入生产生活各方面。深入挖掘城市历史文化价值，提炼精选一批凸显文化特色的经典性元素和标志性符号，纳入城镇化建设、城市规划设计，合理应用于城市雕塑、广场园林等公共空间，避免千篇一律、千城一面。挖掘整理传统建筑文化，鼓励建筑设计继承创新，推进城市修补、生态修复工作，延续城市文脉。加强“美丽乡村”文化建设，发掘和保护一批处处有历史、步步有文化的小镇和村庄。用中华优秀传统文化的精髓涵养企业精神，培育现代企业文化。实施中华老字号保护发展工程，支持一批文化特色浓、品牌信誉高、有市场竞争力的中华老字号做精做强。深入开展“我们的节日”主题活动，实施中国传统节日振兴工程，丰富春节、元宵、清明、端午、七夕、中秋、重阳等传统节日文化内涵，形成新的节日习俗。加强对传统历法、节气、生肖和饮食、医药等的研究阐释、活态利用，使其有益的文化价值深度嵌入百姓生活。实施中华节庆礼仪服装服饰计划，设计制作展现中华民族独特文化魅力的系列服装服饰。大力发展文化旅游，充分利用历史文化资源优势，规划设计推出一批专题研学旅游线路，引导游客在文化旅游中感知中华文化。推动休闲生活与传统文化融合发展，培育符合现代人需求的传统休闲文化。发展传统体育，抢救濒危传统体育项目，把传统体育项目纳入全民健身工程。

13．加大宣传教育力度。综合运用报纸、书刊、电台、电视台、互联网等各类载体，融通多媒体资源，统筹宣传、文化、文物等各方力量，创新表达方式，大力彰显中华文化魅力。实施中华文化新媒体传播工程。充分发挥图书馆、文化馆、博物馆、群艺馆、美术馆等公共文化机构在传承发展中华优秀传统文化中的作用。编纂出版系列文化经典。加强革命文物工作，实施革命文物保护利用工程，做好革命遗址、遗迹、烈士纪念设施的保护和利用。推动红色旅游持续健康发展。深入开展“爱我中华”主题教育活动，充分利用重大历史事件和中华历史名人纪念活动、国家公祭仪式、烈士纪念日，充分利用各类爱国主义教育基地、历史遗迹等，展示爱国主义深刻内涵，培育爱国主义精神。加强国民礼仪教育。加大对国家重要礼仪的普及教育与宣传力度，在国家重大节庆活动中体现仪式感、庄重感、荣誉感，彰显中华传统礼仪文化的时代价值，树立文明古国、礼仪之邦的良好形象。研究提出承接传统习俗、符合现代文明要求的社会礼仪、服装服饰、文明用语规范，建立健全各类公共场所和网络公共空间的礼仪、礼节、礼貌规范，推动形成良好的言行举止和礼让宽容的社会风尚。把优秀传统文化思想理念体现在社会规范中，与制定市民公约、乡规民约、学生守则、行业规章、团体章程相结合。弘扬孝敬文化、慈善文化、诚信文化等，开展节俭养德全民行动和学雷锋志愿服务。广泛开展文明家庭创建活动，挖掘和整理家训、家书文化，用优良的家风家教培育青少年。挖掘和保护乡土文化资源，建设新乡贤文化，培育和扶持乡村文化骨干，提升乡土文化内涵，形成良性乡村文化生态，让子孙后代记得住乡愁。加强港澳台地区中华文化普及和交流，积极举办以中华文化为主题的青少年夏令营、冬令营以及诵读和书写中华经典等交流活动，鼓励港澳台艺术家参与国家在海外举办的感知中国、中国文化年（节）、欢乐春节等品牌活动，增强国家认同、民族认同、文化认同。

14. 推动中外文化交流互鉴。加强对外文化交流合作，创新人文交流方式，丰富文化交流内容，不断提高文化交流水平。充分运用海外中国文化中心、孔子学院，文化节展、文物展览、博览会、书展、电影节、体育活动、旅游推介和各类品牌活动，助推中华优秀传统文化的国际传播。支持中华医药、中华烹饪、中华武术、中华典籍、中国文物、中国园林、中国节日等中华传统文化代表性项目走出去。积极宣传推介戏曲、民乐、书法、国画等我国优秀传统文化艺术，让国外民众在审美过程中获得愉悦、感受魅力。加强“一带一路”沿线国家文化交流合作。鼓励发展对外文化贸易，让更多体现中华文化特色、具有较强竞争力的文化产品走向国际市场。探索中华文化国际传播与交流新模式，综合运用大众传播、群体传播、人际传播等方式，构建全方位、多层次、宽领域的中华文化传播格局。推进国际汉学交流和中外智库合作，加强中国出版物国际推广与传播，扶持汉学家和海外出版机构翻译出版中国图书，通过华侨华人、文化体育名人、各方面出境人员，依托我国驻外机构、中资企业、与我友好合作机构和世界各地的中餐馆等，讲好中国故事、传播好中国声音、阐释好中国特色、展示好中国形象。

四、组织实施和保障措施

15. 加强组织领导。各级党委和政府要从坚定文化自信、坚持和发展中国特色社会主义、实现中华民族伟大复兴的高度，切实把中华优秀传统文化传承发展工作摆上重要日程，加强宏观指导，提高组织化程度，纳入经济社会发展总体规划，纳入考核评价体系，纳入各级党校、行政学院教学的重要内容。各级党委宣传部门要发挥综合协调作用，整合各类资源，调动各方力量，推动形成党委统一领导、党政群协同推进、有关部门各负其责、全社会共同参与的中华优秀传统文化传承发展工作新格局。各有关部门和群团组织要按照责任分工，制定实施方案，完善工作机制，把各项任务落到实处。

16. 加强政策保障。加强中华优秀传统文化传承发展相关扶持政策的制定与实施，注重政策措施的系统性协同性操作性。加大中央和地方各级财政支持力度，同时统筹整合现有相关资金，支持中华优秀传统文化传承发展重点项目。制定和完善惠及中华优秀传统文化传承发展工程项目的金融支持政策。加大对国家重要文化和自然遗产、国家级非物质文化遗产等珍贵遗产资源保护利用设施建设的支持力度。建立中华优秀传统文化传承发展相关领域和部门合作共建机制。制定文物保护和非物质文化遗产保护专项规划。制定和完善历史文化名城名镇名村和历史文化街区保护的相关政策。完善相关奖励、补贴政策，落实税收优惠政策，引导和鼓励企业、社会组织及个人捐赠或共建相关文化项目。建立健全中华优秀传统文化传承发展重大项目首席专家制度，培养造就一批人民喜爱、有国际影响的中华文化代表人物。完善中华优秀传统文化传承发展的激励表彰制度，对为中华优秀传统文化传承发展和传播交流作出贡献、建立功勋、享有声誉的杰出海内外人士按规定授予功勋荣誉或进行表彰奖励。有关部门要研究出台入学、住房保障等方面的倾斜政策和措施，用以倡导和鼓励自强不息、敬业乐群、扶正扬善、扶危济困、见义勇为、孝老爱亲等传统美德。

17. 加强文化法治环境建设。修订文物保护法。制定文化产业促进法、公共图书馆法等相关法律，对中华优秀传统文化传承发展有关工作作出制度性安排。在教育、科技、卫生、体育、城乡建设、互联网、交通、旅游、语言文字等领域相关法律法规的制定修订中，增加中华优秀传统文化传承发展内容。加大涉及保护传承弘扬中华优秀传统文化法律法规施行力度，加强对法律法规实施情况的监督检查。充分发挥各行政主管部门在传承发展中华优秀传统文化中的重要作用，建立完善联动机制，严厉打击违法经营行为。加强法治宣传教育，增强全社会依法传承发展中华优秀传统文化的自觉意识，形成礼敬守护和传承发展中华优秀传统文化的良好法治环境。各地要根据本地传统文化传承保护的现状，制定完善地方性法规和政府规章。

18. 充分调动全社会积极性创造性。传承发展中华优秀传统文化是全体中华儿女的共同责任。坚持全党动手、全社会参与，把中华优秀传统文化传承发展的各项任务落实到农村、企业、社区、机关、学校等城乡基层。各类文化单位机构、各级文化阵地平台，都要担负起守护、传播和弘扬中华优秀传统文化的职责。各类企业和社会组织要积极参与文化资源的开发、保护与利用，生产丰富多样、社会价值和市场价值相统一、人民喜闻乐见的优质文化产品，扩大中高端文化产品和服务的供给。充分尊重工人、农民、知识分子的主体地位，发挥领导干部的带头作用，发挥公众人物的示范作用，发挥青少年的生力军作用，发挥先进模范的表率作用，发挥非公有制经济组织和社会组织从业人员的积极作用，发挥文化志愿者、文化辅导员、文艺骨干、文化经营者的重要作用，形成人人传承发展中华优秀传统文化的生动局面。

附录 3：教育部《中华优秀传统文化进中小学课程教材指南》（2021 年）

中华优秀传统文化进中小学课程教材指南

为贯彻习近平新时代中国特色社会主义思想和党的十九大精神，落实全国教育大会精神和中共中央办公厅、国务院办公厅《关于实施中华优秀传统文化传承发展工程的意见》，充分发挥中小学课程教材承载的中华优秀传统文化教育功能，制定本指南。

一、重要意义

开展中小学中华优秀传统文化教育，对于永续中华民族的根与魂，坚守中华民族的共同理想信念，筑牢民族文化自信、价值自信的根基，维护国家文化安全，增强国家文化软实力，培养青少年做堂堂正正的中国人，具有重要意义。

中华优秀传统文化进中小学课程教材，是强化中华优秀传统文化铸魂育人功能，落实以中华优秀传统文化涵养社会主义核心价值观，实现中华优秀传统文化传承发展系统化、长效化、制度化的重要举措。

二、基本原则

（一）坚持正确价值导向，强化经典意识。遵循辩证唯物主义和历史唯物主义，秉持客观、科学、礼敬的态度，对传统文化取其精华、去其糟粕，有鉴别地加以对待、有扬弃地予以继承，突出传统文化素材的经典性。结合时代要求，衔接古今，赋予中华优秀传统文化新的时代内涵和现代表达形式，促进创造性转化和创新性发展，使其成为涵养社会主义核心价值观的重要源泉。

（二）遵循学生认知规律，贴近学生实际。充分考虑学生随着年龄增长由浅入深、从感性到理性的认知发展特点，努力贴近学生生活、学习、思想实际，确定不同学段的教育目标以及具体学习内容、载体形式，区分层次、突出重点，体现学习进阶，内容和形式适宜，容量适中。

（三）结合学科特点，注重有机融入。基于中华优秀传统文化与学科的内在联系，结合学科具体主题、单元、模块等，融入相应的中华优秀传统文化内容和载体形式。

（四）坚持整体设计，科学合理布局。贯通中小学各学段，使核心思想理念、中华人文精神、中华传统美德等贯穿教育过程始终。统筹各学科，确保中华优秀传统文化内容全覆盖，形成纵向有机衔接、横向协同配合的格局。

三、总体目标

中华优秀传统文化在中小学课程教材中的育人立意更加精准鲜明，布局安排更加系统完整，内容更加科学合理，呈现方式更加丰富生动。课程教材在厚植中华文化底蕴、涵养家国情怀、增强社会关爱、提升人格修养、铸牢中华民族共同体意识等方面的育人功能显著增强，学生文化自信更加坚定。

四、主题内容

中小学课程教材主要围绕核心思想理念、中华人文精神、中华传统美德三大主题，遴选中华优秀传统文化教育内容。

（一）核心思想理念。中华民族和中国人民在修齐治平、尊时守位、知常达变、开物成务、建功立业过程中培育和形成的基本思想理念，如革故鼎新、与时俱进的思想，脚踏实地、实事求是的思想，惠民利民、安民富民的思想，道法自然、天人合一的思想等。传承发展中华优秀传统文化，就要大力弘扬讲仁爱、重民本、守诚信、崇正义、尚和合、求大同等核心思想理念。

（二）中华人文精神。中华优秀传统文化积淀着多样、珍贵的精神财富，如求同存异、和而不同的处世方法，文以载道、以文化人的教化思想，形神兼备、情景交融的美学追求，俭约自守、中和泰和的生活理念等。传承发展中华优秀传统文化，就要大力弘扬有利于促进社会和谐、鼓励人们向上向善的思想文化内容。

（三）中华传统美德。中华优秀传统文化蕴含着丰富的道德理念和规范，如天下兴亡、匹夫有责的担当意识，精忠报国、振兴中华的爱国情怀，崇德向善、见贤思齐的社会风尚，孝悌忠信、礼义廉耻的荣辱观念等。传承发展中华优秀传统文化，就要大力弘扬自强不息、敬业乐群、扶危济困、见义勇为、孝老爱亲等中华传统美德。

五、载体形式

中小学课程教材反映中华优秀传统文化的主要载体形式包括以下几个方面。

（一）经典篇目。主要指以文献方式存在的传世作品。如文学、历史的名著名篇，科学典籍，作为欣赏对象的经典艺术作品等。

（二）人文典故。主要指经过历史检验、被人们公认、有特定内涵的人、事、言。如历史人物和故事，神话、传说，寓言、名言名句等。

（三）基本常识。主要指在传统社会形成的且构成中华民族文化基因的基本知识，如时令节气、称谓礼仪、传统节日、风俗习惯等。

（四）科技成就。主要指古代人民在科学探索、技术发明方面的突出贡献，如四大发明、都江堰工程、传统医药等。

（五）艺术与特色技能。主要指民族性、地域性特征非常鲜明的技能、技巧与艺术。包括以满足精神生活需要为主的技能、技艺，如书法、音乐、舞蹈、戏曲等；以手工劳动为主的技能、技巧，如烹饪、刺绣、剪纸、雕刻等；以身体运动能力为主的技能、技巧，如传统体育、武术、杂技、游艺等。

（六）其他文化遗产。主要指前述五种形式以外的传统文化遗存，如古文化遗址、古墓葬、古建筑、石窟寺、石刻、壁画等不可移动文物和艺术品、文献、手稿、服饰等可移动文物。

六、学段要求

（一）小学阶段。以培育学生对中华优秀传统文化的亲切感和感受力为重点，由启蒙教育入手，介绍中华民族重要历史人物、传统节日、节气与风俗、发明发现、特色技艺等，使学生初步了解中华优秀传统文化的源远流长、丰富多彩，培养学习兴趣。通过识字写字、诵读诗文、听闻典故、亲近先贤、关注习俗等学习活动设计，引导学生在日常生活中增进对中华文化的认识，养成孝老敬亲、礼貌待人，勤俭节约、吃苦耐劳、言行一致等传统美德，体认中华优秀传统文化，培养对国家、民族的感情。

（二）初中阶段。以增强学生对中华优秀传统文化的理解力为重点，比较系统地介绍我国各族人民创造灿烂文化的历史及伟大成就，引导学生进一步认识中华优秀传统文化的博大精深、悠久历史及其对世界的意义，提高对中华优秀传统文化的认同度。通过临摹名家书法、阅读经典文献、了解历史线索、欣赏传统艺术、参与礼仪活动等学习活动设计，引导学生践行中华传统美德，初步体会道法自然、天人合一、修齐治平、革故鼎新、实事求是等中华核心思想理念和人文精神，尊重各民族传统习俗，珍视各民族共同创造的中华优秀文明成果，进一步增强中华民族归属感和自豪感。

（三）高中阶段。以增强学生对中华优秀传统文化的理性认识和践行能力为重点，讲述中华民族多元一体的历史渊源及重要学术、艺术流派等，使学生在与世界文化的比较中，更加客观全面地认识中华文化，领悟民族独特智慧，更加理性地看待外部世界，坚定文化自信。在文化传承的同时，进行文化创新。通过阅读观看经典作品、文化考察与专题研究等学习活动设计，培养学生严于律己、自强不息、豁达乐观的人生态度，使学生自觉践行中华传统美德，形成天下兴亡、匹夫有责的担当意识和精忠报国、振兴中华的爱国情怀。

七、学科安排

以语文、历史、道德与法治（思想政治）三科为主，艺术（音乐、美术等）、体育与健康学科有重点地纳入，其他学科有机渗透，“3+2+N”全科覆盖。

（一）语文

语文是落实中华优秀传统文化教育的核心课程，要全面体现中华优秀传统文化蕴含的核心思想理念、人文精神和传统美德，引导学生理解和热爱国家通用语言文字，体悟中华优秀传统文化中蕴含的爱国情怀、中华精神、荣辱观念，提高审美情趣，厚植中华文化底蕴，坚定文化自信。主要载体为汉字、书法、成语、古诗词、古代散文、古典小说、神话传说、民间故事、历史故事、寓言故事、格言警句、风俗习惯、传统节日等。

（二）历史

历史是落实中华优秀传统文化教育的核心课程，在传承人类文明的共同遗产方面起着不可替代的作用，有助于学生系统、深刻地理解中华优秀传统文化的历史渊源、形成发展过程及其在人类文明进程中的重要地位，理解中华文化的博大精深、源远流长，领悟中华民族的独特智慧。主要载体为遗迹文物、神话传说、事件人物、典章制度、文学艺术和科技成就等。

（三）道德与法治（思想政治）

道德与法治（思想政治）是落实中华优秀传统文化教育的核心课程，要注重传承崇德向善的传统美德，帮助学生了解中华优秀传统文化中蕴含的社会伦理和风尚，养成恪守诚信、严于律己、敢于担当等优秀品质，培养关心社会、关爱他人、奉献社会的思想意识，形成正确的世界观、人生观和价值观，坚定理想信念，增强国家认同感和民族自豪感。主要载体为相关格言、人物、故事、民俗、文物图片等。

（四）艺术

艺术是落实中华优秀传统文化教育的重要课程，对提高学生艺术修养、弘扬中华美育精神具有不可替代的重要作用，要注重引导学生体会中华优秀传统艺术中反映出来的中华民族独特的表现方式、艺术特征、风格特点和文化内涵，形成系统认识，感悟中华优秀传统文化的魅力，提高审美与人文素养，坚定中华文化立场，提升文化艺术传承能力与创新能力，增强民族自豪感。主要载体包括两个方面：一是经典艺术作品，具体包括民族民间音乐、民族民间舞蹈、戏剧（戏曲）、曲艺、美术、书法，以及有关中华优秀传统文化的动画、影视作品等；二是特色技艺，具体包括年画、剪纸、泥人、刺绣、皮影戏、木偶戏、服饰等适合进入学校教育的非物质文化遗产项目。

（五）体育与健康

体育与健康是落实中华优秀传统文化教育的重要课程，对于帮助学生强身健体、涵养情趣，促进健康行为习惯养成和身心和谐发展，传承和弘扬中华优秀传统文化有着重要作用。主要载体形式为民族民间传统体育活动（如抽陀螺、跳房子、踢毽子、滚铁环、抖空竹、舞龙、舞狮、荡秋千、踩高跷、竹竿舞等）、武术、中国式摔跤、跳绳、毽球、珍珠球、赛龙舟、传统健身功法（如五禽戏、八段锦、易筋经等）和我国传统体育文化知识等。

（六）其他

数学、地理、物理、化学、生物学等是中华优秀传统文化教育的载体，也要结合学科特点，选择有关学科领域典籍、人物故事、基本常识、成就、文化遗存等，引导学生体会其中蕴含的思想方法，感悟中华民族智慧与创造，培养学生勇于探索、自强不息的精神，坚定文化自信，增强民族自豪感。

八、组织实施

（一）加强专业指导。组建以从事中华优秀传统文化研究与教育的专家为主的指导组，加强统筹、指导，确保中华优秀传统文化进课程教材的合理性、准确性与系统性。

（二）研制实施细则。分学科制定中华优秀传统文化进国家课程教材实施细则，从本学科育人定位出发，明确本学科各学段具体内容、载体形式等，充分发挥各学科在传承中华优秀传统文化中的独特作用。持续开展体验活动、主题活动，强化学生实践体认。建立评价标准和评价机制，确保中华优秀传统文化教育效果。各地结合实际，制定中华优秀传统文化进地方课程教材实施细则，突出中华民族共同体意识的培育。

（三）加强培训把关。组织开展编写、审查团队专题培训，加强对各学科课程教材中华优秀传统文化落实情况的审查把关，确保总体工作目标的达成。加强面向全体教师中华优秀传统文化教育培训，全面提升师资队伍水平。

附件：各科具体要求

一、语文

语言文字既是文化的载体，又是文化的重要组成部分，能够全面体现中华优秀传统文化蕴含的核心思想理念、人文精神和传统美德。语文学习的过程就是文化获得的过程。语文课程以理解和热爱国家通用语言文字为基础，以涵养高尚审美情趣、厚植中华文化底蕴、坚定文化自信为重点，以全面提高语言文字综合应用能力为目标，在传承和弘扬中华优秀传统文化中发挥着不可替代的重要作用。

（一）主要载体形式

选取汉字、书法、成语、古诗词、古代散文、古典小说、神话传说、民间故事、历史故事、寓言故事、格言警句等方面的具体内容在课程教材中呈现。

（二）学段要求

1. 小学低年级

（1）从识字入手，帮助学生建立对中华优秀传统文化的认知基础。启发学生初步认识汉字形义音关系，意识到书写工整的重要性，引领学生感受汉字的形体美，初步认识汉字与中华文化的联系。

（2）围绕积累成语和格言警句、诵读古诗词等活动，帮助学生感受国家通用语言文字的音韵美与节律美，学会待人接物基本礼节，体会其中的思想情感，体悟其中的爱国情怀。

（3）选取神话故事、寓言故事、人物典故等阅读材料，启发学生理解蕴含其中的做人道理，帮助学生形成孝敬父母、尊敬师长、友爱同学、礼貌待人的意识，养成勤俭节约、吃苦耐劳、言行一致的品质。

（4）围绕中华优秀传统文化主题，组织开展语文实践活动，帮助学生了解中华民族重要传统节日、节气与风俗，认识中华优秀传统文化在日常生活中的表现及重要价值。

2. 小学中年级

（1）围绕汉字的文化内涵，引导学生熟悉笔、墨、纸、砚等常用传统书写用具，理解并实践基本的书写要求，形成认真的书写态度。指导学生用毛笔临摹楷书字帖，引导学生接触楷书经典碑帖，认识到汉字是中华优秀传统文化的重要载体。

（2）通过分主题整理成语、格言警句等语言材料，诵读古诗文经典篇目等活动，帮助学生体验国家通用语言文字的结构美与意境美；引导学生查阅相关语言材料和经典篇目背景资料，感受历史文化的魅力，初步认识中华优秀传统文化蕴含的思想和智慧。

（3）选取名人传记、表现中华优秀传统文化思想的经典篇目，开展寻找历史文化中的榜样、探究爱国情怀等读写活动，引导学生感受先贤志士的人格魅力，启发学生体悟其中的爱国情怀、中华精神、荣辱观念。

（4）组织口语交际活动，讲历史人物故事、爱国故事、传统美德故事；开展语文实践活动，探寻中华精神、荣辱观念在当代社会的体现，帮助学生从不同侧面认识中华优秀传统文化的传承方式。

3. 小学高年级

（1）从文化的角度解释汉字，联系汉字知识帮助学生形成自觉增加识字量和追求写字美观的意识，引导学生逐步做到汉字书写端正美观；引导学生通过临摹和欣赏书法作品感受汉字的独特之美，增进对汉字的美感体验。

（2）通过分主题积累人文典故、文化常识，诵读古诗文经典篇目等活动，引导学生从思想观念、社会风尚、美学追求、生活理念等方面认识国家通用语言文字的博大精深，增强提升自身中华优秀传统文化修养水平的意识和能力。

（3）选取成语故事、历史故事、民间故事、名人传记等阅读材料，开展对联欣赏、撰写等传统语言实践活动，帮助学生初步了解中华优秀传统文化的发展历程，感受中华优秀传统文化弘扬的精神品质与人格力量，增强学生爱国情感。

（4）组织开展综合性学习，围绕字形的演变、传统节日的现代庆祝方式、先贤志士的成长经历、文化遗址的历史变迁、民族艺术的影响力等主题，帮助学生了解中华优秀传统文化的丰富多彩与发展变化。

4. 初中

（1）立足汉字与文化的联系，帮助学生把握汉字的书写艺术，逐步提高写字美观要求。引导学生关注最具代表性的书法家和作品，学习多角度欣赏书法作品，感受书法之美，体悟汉字魅力。

（2）通过诵读帮助学生学习古诗词格律知识，感受其节奏美、意境美和意蕴美的融合。围绕文学、文化经典篇目的诵读，启发学生体悟祖国语言文字独特的表达方式，初步学会欣赏、品味中国文学作品，理解仁爱孝悌、谦和好礼、诚信知报、精忠报国、克己奉公、修己慎独、见利思义、勤俭谦正、笃实宽厚、勇毅力行等中华优秀传统文化的核心思想理念。

（3）帮助学生在写作过程中熟练使用成语、格言警句、人文典故等语言形式，引用古诗文辅助表情达意，感悟并实践国家通用语言文字独特的表达方式。

（4）引导学生参加并记录传统节日的庆祝活动，探究传统习俗的文化内涵和当代价值，了解各民族的传统文化习俗，珍视各民族共同创造的中华优秀文明成果，逐步形成作为中华民族一员的归属感和自豪感。开展探究性学习活动，启发学生认识中华优秀传统文化的历史价值和现实意义。

5. 高中

（1）引导学生正确认识汉字的时代性，自觉维护汉字书写规范，在实际语言运用中努力促进国家通用语言文字健康发展，坚定文化自信。结合历史、艺术等相关学科的学习，通过欣赏、临摹名家书法作品等活动，帮助学生认识中国书法的丰富内涵和文化价值，形成书法鉴赏和书法作品创作的初步经验。

（2）通过诵读并分类积累古诗词等活动，帮助学生理解国家通用语言文字的意境美与哲理美。引导学生选读并研习中国古代经典作品，提高审美品位，把握思想内涵，了解中华优秀传统文化的辩证思维特点，理解知荣明耻、见贤思齐、自强不息、和而不同、美美与共、文以载道、以文化人、俭约自守等人文精神，认识中国文学、文化以及传统思维方式对世界的影响。

（3）引导学生积累、梳理、探究富有文化意蕴的语言材料，在表达与交流过程中有意识地引用古典诗文和文化典籍，自觉体现国家通用语言文字表达方式的特点，提升自身的文化品位，初步形成文化自觉的意识。

（4）开展专题性的梳理探究活动，围绕国家通用语言文字、中华学术论著、跨文化等专题，引导学生比较、分析古今中外各类作品中的文化现象和文化观念，初步形成探究文化问题的意识，多角度分析文化现象和观念，形成文化批判和反思的意识。

（5）组织学生研究中华优秀传统文化的相关问题，通过撰写调查报告或研究报告、组织讨论会、辩论会、演讲会等活动，引导学生注意用历史眼光和现代观念，初步形成对中华传统文化的理性认识，对中华优秀传统文化的创造性转化和创新性发展提出自己的见解。帮助学生领悟传统美德在新时代的意义价值，自觉以中华传统美德律己修身；形成民族文化自豪感，坚定文化自信，厚植家国情怀，提升人格修养。

二、历史

历史是人类文化的重要组成部分，在传承人类文明的共同遗产方面起着不可替代的作用。中国历史记录保存了我国各族人民创造的灿烂文化，是中华优秀传统文化的宝藏。中学历史是中华优秀传统文化教育的核心课程，有助于学生系统、深刻地理解中华优秀传统文化的历史渊源、形成发展过程及其在人类文明进程中的重要地位，领悟中华民族的独特智慧，坚定文化自信，厚植家国情怀。

（一）主要载体形式

选取遗迹文物、神话传说、事件人物、典章制度、文学艺术和科技成就等方面的具体内容在课程教材中呈现。

（二）学段要求

1. 初中

（1）介绍史前时期中国境内典型文化遗迹，使学生感受中华文明源远流长，激发民族自豪感。讲述代表性神话传说，使学生树立自强不息、艰苦奋斗等民族精神。

（2）选取老子、孔子和诸子百家作品中的名言名句，使学生初步理解其中蕴含的道法自然、讲仁爱重民本、和而不同等中华优秀传统文化的核心思想理念和人文精神，养成尊老爱幼、诚实守信、好学深思等美德。

（3）讲述商鞅变法，使学生认识改革推动社会的发展。介绍秦汉巩固统一的措施，使学生认识其在中华文化共同体形成中的奠基作用。讲述“贞观之治”“开元盛世”，使学生认识讲仁爱、重民本、惠民利民等思想观念，感受唐朝开放包容的社会风气，领会中华优秀传统文化尚和合、求大同等思想理念。讲述中国古代英雄人物精忠报国的故事，激发学生爱国主义精神。

（4）介绍古代著名史学家及其作品，引导学生学习自强不息的精神和责任担当意识，认识中国古代以史为鉴的治理传统、以文化人的教化思想。介绍古代诗歌、小说、戏曲、书法、绘画等文学艺术成就，使学生认识其独特文化价值，坚定文化自信。介绍古代科技成就，使学生感受我国古人的独特智慧，激发民族自豪感。

（5）介绍中医的代表人物和成就，使学生认识中医在救死扶伤、强身健体方面的作用，学习医者的仁爱之心。介绍武术流派的形成，使学生认识武术在强身健体和培养自强不息、见义勇为等传统美德方面的作用。

（6）介绍中国传统节日的由来和文化内涵，引导学生继承和发扬传统节日中积极、健康的内容，懂得感恩，志存高远，促进社会的和谐、进步。

2. 高中

（1）介绍史前时期中国境内文化遗存的分布特点，使学生认识中华民族多元一体的基础。列举我国历史上民族交融的表现，使学生感受中华民族多元一体的发展趋势，认识中华优秀传统文化是我国古代各族人民智慧的结晶，是保障统一多民族国家永续的精神内核。

（2）介绍《道德经》《论语》《孙子兵法》以及战国时期儒家、道家、阴阳家、墨家、法家、兵家代表性作品及主要观点，使学生深入理解其中蕴含的中华优秀传统文化的核心思想理念，强化尊重自然规律、尊师重教、遵纪守法、勤俭节约、勇敢坚韧、热爱和平等意识。介绍理学的主要思想，使学生认识其注重气节和德操，注重社会责任与历史使命的理念，形成天下兴亡、匹夫有责的担当意识。

（3）介绍科举制的形成过程及其对中国和世界的影响，坚定学生文化自信。介绍唐朝的民族政策和对外政策，使学生感受中华文化尚和合、求大同的思想理念，以及促进社会和谐、世界和平、鼓励人们向上向善的文化价值追求。

（4）介绍中国古代史学名著体例结构的创新和发展，使学生认识其对传承中华文化的重要贡献。介绍诗歌、小说、戏曲、书法、绘画等文学艺术的产生和发展。引导学生培养一种爱好，具备一项特长，自觉弘扬中华优秀传统文化。

（5）介绍中医经典名著的主要内容，使学生理解中医的基本理论和诊断方法，认识中医蕴含的整体系统思维、天人和谐等思想。介绍传统武术理论体系的初步形成，使学生了解武术的功理功法和武德，树立习武强身、保家卫国的国防意识，养成自强不息、见义勇为等传统美德。

三、道德与法治（思想政治）

道德与法治（思想政治）是开展中华优秀传统文化教育的核心课程，丰富和充实中华优秀传统文化内容，有助于学生弘扬传统美德，坚定文化自信，厚植家国情怀。

（一）主要载体形式

选择相关格言、人物、故事、民俗、文物图片等具体内容在课程教材中呈现。

（二）学段要求

1. 小学

（1）围绕行为习惯养成，选取反映中华传统美德的经典故事、人物事件、格言和经典篇目中的名句，如“敏而好学，不耻下问”等，帮助学生感悟中华优秀传统文化中蕴含的做人道理。

（2）围绕认识理解社会，选取反映中华民族生产生活、社会交往的经典故事、人物事件、格言和经典篇目中的名句，如“徙木立信”“由俭入奢易，由奢入俭难”等，帮助学生初步了解中华优秀传统文化中蕴含的社会伦理和风尚。

（3）围绕认识国情，选取历史上有代表性的科技成就、文物建筑和民俗风情，如四大发明、紫禁城、长城、春节习俗、少数民族节日习俗等，增强学生国家认同感和民族自豪感。

2. 初中

（1）围绕个人品德修养，选取反映优秀道德品质的格言、典故、人物事件，如“季布重诺”“吾日三省吾身”等，促进学生养成恪守诚信、严于律己、敢于担当等优秀品质，传承崇德向善的传统美德。

（2）围绕认识理解社会，选取体现社会和谐、社会发展和责任担当的格言、典故、人物事件和经典篇目中的名句，如“老吾老以及人之老，幼吾幼以及人之幼”“风声雨声读书声声声入耳，家事国事天下事事事关心”等，帮助学生深化对人与社会关系的认识，形成关心社会、关爱他人、奉献社会的思想意识。

（3）围绕认识理解国情，选取历史上有代表性的科技成就、文物建筑和民俗风情，以及格言、典故、人物事件和经典篇目中的名句，如“天下兴亡，匹夫有责”等，增强学生的国家认同感和爱国情怀。

3. 高中

（1）围绕认识社会历史发展过程，选取中国历史演变中的经典故事、重要事件和格言、名句，如“启伐有扈氏”“人事有代谢，往来成古今”等，帮助学生理解社会发展变化的规律，坚定理想信念。

（2）围绕理解经济与社会发展，选取历史上具有代表性的思想观点、格言、典故、人物事件和经典篇目中的名句，如孔子“富民”思想、“仓廪实而知礼节，衣食足而知荣辱”等，帮助学生理解经济发展、社会保障等的重要价值，体会惠民利民、富民安民的思想观念。

（3）围绕理解国家和社会治理，选取历史上具有代表性的思想观点、格言、典故、人物事件和经典篇目中的名句，如“肝胆相照”“法者，治之端也”等，帮助学生理解我国古人治国安邦的智慧，体悟讲仁爱、重民本、崇正义、尚和合的思想理念，厚植家国情怀。

（4）围绕理解文化发展与文化成就，选取历史上具有代表性的文化作品、思想观点、格言、典故、人物事件和文物建筑，如“文化”词源、敦煌石窟等，帮助学生理解中华文化的博大精深、源远流长，坚定文化自信。

（5）围绕理解认识世界，选取历史上具有代表性的思想观点、格言、典故、人物事件和经典篇目中的名句，如“物无孤立之理”“君子和而不同，小人同而不和”等，帮助学生把握理解世界本质，形成正确的世界观、人生观和价值观，增强对中华传统智慧的认同感。

四、艺术

我国优秀传统艺术成就是中华优秀传统文化的重要组成部分，也是世界艺术宝库中的瑰宝，闪耀着举世瞩目、璀璨独特的光芒。中小学艺术课程丰富、充实中华优秀传统艺术内容，对提高学生艺术修养、弘扬中华美育精神具有不可替代的重要作用。

（一）主要载体形式

中华传统艺术主要载体形式包括两个方面：一是经典艺术作品，具体包括民族民间音乐、民族民间舞蹈、戏曲、曲艺、美术、书法，以及有关中华优秀传统文化的动画、影视作品等；二是特色技艺，具体包括年画、剪纸、泥人、刺绣、皮影戏、木偶戏、服饰等适合进入学校教育的非物质文化遗产项目。中小学艺术课程要从中选择适当的载体形式，呈现有关中华优秀传统艺术内容，强化中华优秀传统文化教育内容要求。

（二）学段要求

1. 小学

（1）小学低年级。基于艺术与游戏相结合的原则，结合活动主题，选择儿歌、童谣、寓言故事、神话故事、民间故事、古代诗词等简单明快、朗朗上口的语言艺术作品，如《咏鹅》；选择主题简明、技法简洁的歌曲、舞蹈、戏曲、绘画等综合性艺术作品，如《十二生肖歌》；选择情节简短、形象生动的动画片、故事片、纪录片、专题片等影视艺术作品，如《大闹天宫》（动画片）。学生通过接触、体验、表现这些作品或作品的片段，感知中华优秀传统文化的魅力，激发内心喜爱之情，增强中华文化认同感。

（2）小学中高年级。在音乐部分，选择主题思想鲜明、音乐表现技法上有初步要求的民歌民乐、民族民间舞蹈、经典戏曲的片段以及近现代作曲家雅俗共赏的作品等，如《阳关三叠》（古琴曲）、《千手观音》（舞蹈）；在美术部分，选择主题突出、有代表性的作品，类别包括中国画、书法、雕塑、建筑、民间美术（如剪纸、泥人、刺绣、皮影、木偶、陶艺、服饰等）等，如《步辇图》（中国画）、《兰亭集序》（书法）；在戏曲影视部分，选择情节丰富、角色鲜明的作品，如《宝莲灯》(动画片)、《铡美案》(京剧)。使学生初步掌握与传统艺术相关的基本知识、技能和技法，体会中华民族独特的情感表达方式以及形神兼备、情景交融的美学追求，具有学习中华优秀传统艺术的愿望，增强保护与传承非物质文化遗产的意识。

2. 初中

初中艺术课程包括音乐、美术、舞蹈、戏曲、影视艺术(含数字媒体艺术)等。在音乐部分，选择比较完整的戏曲唱段，具有历史文化内涵的民歌民乐，以及近现代的经典创作，如《春江花月夜》(民族器乐)；在美术部分，选择人文底蕴丰厚的标志性作品，如中国画《千里江山图》、古典园林中的颐和园和拙政园、书法中的《曹全碑》《张迁碑》，此外还有篆刻、雕塑、民间美术等；在舞蹈部分，选择寓意深刻、情感丰富、审美体验较深的民族民间舞蹈，如《云南映象》《丝路花雨》；在戏曲部分，选择情节饱满、人物多样的作品，如《赵氏孤儿》(京剧)、《包公赔情》(吉剧、秦腔)；在影视艺术部分，选择层次分明、技术丰富的作品，如《三国演义》(电视剧)、《千古唐诗》(纪录片)；在数字媒体艺术方面，选择结构明确、技术简单的作品，如《清明上河图》(2.0版，2010年)。使学生基本了解中国艺术史上的优秀作品，在艺术体验与创作中熟悉中华优秀传统艺术独特的表现方式、艺术特征、风格特点和文化内涵，培养文化艺术传承能力与创新能力，激发爱国情怀，陶冶道德情操。

3. 高中

高中阶段艺术课程进一步加强艺术与生活、艺术与科学、艺术与文化的融合性，涵盖音乐、美术、舞蹈、戏剧(戏曲)、影视与数字媒体艺术等方面内容。

在音乐部分，选择民族精神气质浓郁的民歌民乐，以及对传统经典音乐再创造、再诠释的现当代作品，如《炎黄风情》(中国民歌主题管弦乐作品)；在美术部分，选择系统性和专业性强、综合度高，文化意蕴深厚的作品，如中国画《韩熙载夜宴图》《富春山居图》；在舞蹈部分，选择具有气质高雅、动作元素质感强、艺术意蕴多样化的作品，如《春江花月夜》《红楼梦》；在戏剧(戏曲)、曲艺部分，选择结构立体、主题深刻的作品，如《屈原》(话剧)、《穆桂英挂帅》(京剧)；在影视艺术部分，选择意蕴生动、技术复杂的作品，如《侠女》(电影)、《复活的军团》(纪录片)；在数字媒体艺术部分，选择元素多元、方法多样的作品，如《清明上河图》(3.0版，2018年)。使学生逐步拓展艺术视野，形成关于中华优秀传统艺术的系统认识，自觉接受中华优秀传统文化熏陶，提升对中华优秀传统文化的感悟能力和表达能力，提高审美情趣与人文素养，坚定中华文化立场，增强民族自豪感。

五、体育与健康

中华传统体育具有悠久的历史，曾创造出很多具有中国特色和世界影响的体育运动形式和养生保健方法，不仅为中华民族的体魄强健和文化发展作出了贡献，也为整个人类体育文化的丰富和发展作出了积极贡献。在体育与健康课程中纳入中华传统体育内容，对于帮助学生强身健体、涵养情趣，促进健康行为习惯养成和身心和谐发展，传承和弘扬中华优秀传统文化有着重要作用。

（一）主要载体形式

选择民族民间传统体育活动（如抽陀螺、跳房子、踢毽子、滚铁环、抖空竹、舞龙、舞狮、荡秋千、踩高跷、竹竿舞等）、武术、中国式摔跤、跳绳、毽球、珍珠球、赛龙舟、传统健身功法（如五禽戏、八段锦、易筋经等）和我国传统体育文化知识，在课程教材中呈现。

（二）学段要求

1. 小学

（1）引导学生主动参与民族民间传统体育活动、游戏、武术、跳绳、传统健身功法等，体验运动乐趣；发展体能，掌握基本的运动技能、健身方法和健康养护知识；促进健康行为养成，热爱中华传统体育文化，增强继承中华优秀传统体育文化的意识。

（2）运用游戏、比赛等形式，引导学生理解并遵守相关规则，尊重和关心他人；能辨别体育和健康行为的优劣；具有团队合作意识；继承中华传统体育美德。

2. 初中

（1）精选适合初中学生学习和参与的民族民间传统体育活动、武术、摔跤、跳绳、传统健身功法和有关理论知识，引导学生通过学习与锻炼，感受中华优秀传统体育文化魅力，享受运动乐趣；初步掌握 1–2 项民族民间传统体育运动技能和养生保健基本知识，自觉维护健康，养成锻炼习惯和健康的生活方式，增强传承中华优秀传统体育文化的意识和能力。

（2）运用游戏、比赛和健身练习等形式涵养学生心性，促进学生人格健全，发展体育品德；继承中华传统体育美德，发扬中华体育精神。

3. 高中

（1）将中华优秀传统体育文化和养生保健知识纳入健康教育模块和体育理论知识教学之中，引导学生学习和理解其在预防疾病、增进健康、陶冶情操等方面的科学性和独特价值，弘扬中华优秀传统体育文化。

（2）引导学生从武术与民族民间体育必修选学模块中选择自己喜爱和适合学习的 1–2 项运动进行学习，较为熟练地掌握其运动技能，培养运动兴趣，强健体魄，形成 1–2 项运动专长，增强传承中华优秀传统体育文化的能力。

（3）通过综合性的运动练习方法、运动比赛等复杂体育学习情境，鼓励学生学以致用，深刻体验运动和健身乐趣，促进其运动能力和体育品德的发展，完善人格，发扬中华体育精神。

六、地理

我国古人在地理探索与发现方面形成的成果，为中华民族乃至整个人类进步和文明发展作出了重要贡献，是中华优秀传统文化的组成部分。在地理课程教材中纳入我国古人在探索自然与人文环境方面积累的知识与成就，对于帮助学生理解中华优秀传统文化的形成、发展与地理环境的密切关系，领悟道法自然、天人合一思想，感受人地和谐之美，树立生态文明意识，厚植家国情怀具有重要作用。

（一）主要载体形式

选取科学典籍、民俗、科学发明、古代工程、耕作技术、遗址、特色建筑及传统聚落等方面的具体内容在课程教材中呈现。

（二）学段要求

1. 初中

（1）通过具体生动的典型事例，介绍我国古人在适应自然、利用自然、改造自然等各个方面的创举，使学生理解人地协调、天人合一的思想和现实意义，初步建立人地协调观，认同中华优秀传统文化。

（2）呈现我国在传统聚落、耕作技术、古代工程、文化遗址、建筑园林等方面的成就，多种事实材料（文献资料、图片、图表、实物、遗址、影像等），让学生了解我国古人在适应自然、利用自然、改造自然方面的成就与贡献，初步形成理性、客观的认识，进而尊重和热爱中华优秀传统文化，激发爱国情感。

2. 高中

（1）精选我国各个区域代表性的文化遗产（如传统聚落、耕作技术、历法、古代工程、文化遗址、建筑园林、科技成就、人物事件、科学典籍等），通过对各类文化遗产的展示、分析，深入理解其精髓和实质，充分认识其现实意义。分析文化遗产中体现的人地协调思想，全面树立人地协调观念，进而指导自己的行为。

（2）广泛采用我国不同区域代表性的文化遗产作为地理情境素材，设计各种水平的情境材料，引导学生探索其中的地理学思想，体会中华民族独特智慧。

（3）为学生提供我国各个区域、各种类型的典型事实材料，多方面反映我国古人创造的优秀文化遗产，介绍我国古人根据不同区域条件因地制宜的建设成就，引导学生通过阅读、观察和思考，形成对中华优秀传统文化的客观、理性认知，厚植爱国情怀。

七、数学

我国古代数学成就是中华优秀传统文化的有机组成部分，它具有悠久的历史，创造出很多具有中国特色和世界影响的成果，不仅为中华民族的发展作出了杰出贡献，也为整个人类文明作出了积极贡献。在中小学数学课程教材中纳入我国传统数学内容，对于学生感悟中华民族智慧与创造、增强民族自豪感、坚定文化自信具有重要作用。

（一）主要载体形式

选取我国数学典籍、数学家的发现发明创造及人物传记等具体内容在课程教材中呈现。

（二）学段要求

1. 小学

（1）数学与代数领域。在数的认识部分，介绍列入世界非物质文化遗产的中国算盘（相关运算口诀）及其广泛传播；在记数法学习部分，介绍我国古代算筹记数法等，帮助学生初步感悟蕴含其中的中国数学思维和表达方式，体会我国古人智慧与创造及其对人类文明的贡献。

（2）图形与几何领域。在认识图形部分，引入我国古人发明的“唐图”（七巧板、益智图）、传统建筑，丰富学生对我国古代数学思想的认识，了解我国古人智慧。

（3）综合与实践领域。将具有中国特色的建筑园林、文化遗址、民间艺术，以及古代数学成就等作为综合与实践活动设计的背景材料，引导学生探究其中的数学问题，感受到中华数学文化的源远流长。

（4）数学文化等领域。设置数学拓展、数学文化等栏目，介绍我国古代卓越的数学成就和丰富的数学故事。如：《九章算术》等典籍的相关内容、我国古代数学中的分数及其四则运算在世界数学发展史上的领先地位；在圆周率部分，介绍祖冲之和刘徽的成就；在三角形面积部分，介绍刘徽、杨辉及其求解三角形面积的数学思想与方法。使学生初步了解我国数学家在数学发展史上的突出贡献，增强民族自豪感。

2. 初中

（1）代数与几何领域。在正负数概念、勾股定理的发现和各种证明方法部分，介绍我国数学家关于几何证明的“出入相补”思想方法等。在与西方数学的比较中，让学生体会中国数学思想方法的特点及其价值，感悟中国的创造性智慧。

（2）综合与实践领域。以具有中国特色的建筑园林、文化遗址、民间艺术等作为背景材料，创设数学探究情境，设计综合实践主题，使学生在数学综合实践中感悟中华优秀传统文化魅力。

（3）数学文化等领域。设置数学拓展、数学文化、数学探究等栏目，为学生提供线索，让学生通过查阅资料，收集整理我国古代数学成就的相关题材，并进行探究学习。如在方程部分，介绍《张邱建算经》中的“百鸡问题”、《九章算术》中的“五家共井”问题等；在几何部分，介绍勾股定理的赵爽、刘徽和梅文鼎等著名数学家的证明方法，结合相似三角形部分，介绍刘徽《海岛算经》中测高问题等。通过以上内容，丰富学生对中华数学文化的认识，增强民族自豪感，坚定文化自信。

3. 高中

（1）几何与代数主题。结合相关知识介绍相应的我国数学家，如结合二项式定理的学习，介绍贾宪－杨辉三角。在立体几何部分，介绍“祖暅原理”、数列（或级数）介绍《九章算术》和《张邱建算经》中的数列问题、杨辉的垛积术等。使学生进一步了解我国数学家在数学发展史上的创新与独特贡献，感悟中国的创造性智慧。

（2）数学文化主题。进一步将具有中国特色的建筑园林、文化遗址、民间艺术等作为背景材料和学习素材，引导学生在探索数学原理的同时，感悟其中的生活智慧与美学追求。

（3）建模与数学探究主题。介绍或让学生通过小组合作、课题学习、展示报告等多种方式，研习我国古代数学成就与思想方法，了解我国古代的算法化数学思想方法及其在计算机、人工智能时代的重要地位和作用，使学生进一步坚定文化自信。

八、物理

我国古人在认识物质、制造技术等方面的探索成果，为中华民族乃至整个人类的科技进步和文明发展作出了重要贡献，是中华优秀传统文化的组成部分。在物理课程教材中纳入我国古人在探索自然方面积累的知识与成就，对帮助学生感悟中华民族独特的智慧与创造，增强民族自豪感，坚定文化自信，培养勇于探索、自强不息的精神具有重要作用。

（一）主要载体形式

选取我国相关科学典籍、历史故事、古诗词、技术发明、传统建筑等具体内容在课程教材中呈现。

（二）学段要求

1. 初中

在物质的属性部分，介绍铸钟、冶铁及铁器的应用等中华传统技术发明；在物质的结构与物体的尺度部分，介绍鲁班木工尺等中华传统技术发明；在机械运动和力部分，介绍如沈括的《梦溪笔谈》等科学典籍，赵州桥等传统建筑；在声和光部分，介绍天坛回音壁、传统乐器等中华传统特色技艺，介绍日晷、铜镜等中华传统技术发明和《墨子》等中华传统科学典籍内容；在电与磁部分，介绍司南等中华传统技术发明；在能量部分，介绍中华传统科技成就，如水力磨坊、舂等技术发明。在与西方物理学的比较中，使学生了解中华民族探索自然、认识自然、改造和利用自然的悠久历史，体会中华民族智慧及探索精神的特点及其价值，感受中华民族创造的伟大，领会中华民族惠民利民的思想，增强民族自豪感，强化文化认同。

2. 高中

在机械运动与物理模型部分，介绍古代度量衡、传统桥梁建筑等；在相互作用与运动定律部分，介绍《考工记》、水运仪象台等中华传统科学典籍、科学发明；在机械振动与机械波部分，介绍鱼洗等特色技艺；在液体和气体部分，介绍都江堰水利工程等。使学生进一步了解中华民族改造和运用自然的独特智慧与创造，领悟中华民族革故鼎新、惠民利民的思想，进一步增强民族自豪感，坚定文化自信。

九、化学

我国古人在认识与分离物质、合成物质、制造材料等方面的探索成果，为中华民族乃至整个人类的科技进步和文明发展作出了重要贡献，是中华优秀传统文化的组成部分。在化学课程教材中纳入我国古人在化学方面的探索成果和事迹，对增强民族自豪感，坚定文化自信，培养勇于探索、自强不息的精神具有重要作用。

（一）主要载体形式

选取我国古代化学探索过程中相关的技术发明、材料加工、食品加工等具体内容在课程教材中呈现。

（二）学段要求

1. 初中

在金属与金属矿物部分，介绍青铜器和铁器中使用的金属材料，使学生认识新材料的制造对于推动社会生产力进步和改变生活方式所发挥的重要作用；在生活中常见的化合物部分，介绍制盐技术和醋的酿造技术，使学生认识基于自然界中的物质分离提取某些成分或者制造新物质，对于提升生活质量的重要作用；在碳和碳的氧化物部分，介绍文房四宝之“墨”的主要成分、加工制造、性质特点和应用等，使学生认识我国古人通过材料加工促进文化传承与发展。引导学生认识我国古人对于人类文明进步所作出的贡献，感受我国古人的科技成就、特色技艺和独特智慧，增强民族自豪感。

2. 高中

在化学科学与实验探究部分，介绍“炼丹术”中的化学实践探索；在化学与社会发展部分，介绍陶瓷等我国古代灿烂的技术发明，以及《天工开物》等收录古代化学实践技术的科技著作；在无机物及其应用部分，介绍湿法冶铜、冶铁技术等金属冶炼技术，以及火药等技术发明；在有机化合物及其应用部分，介绍茶叶、豆腐等加工制作以及酒、酱油等酿造技术中的化学原理。使学生认识这些成就为推动社会进步、提升人民福祉、促进人类文明所发挥的作用，增强民族自豪感。

十、生物学

我国古人在生物学方面的探索成果，是中华优秀传统文化的组成部分，为中华民族乃至整个人类的科技进步和文明发展作出了重要贡献。将我国古人在生物学方面的探究方法与实践成果纳入生物学课程教材，对于厚植学生文化底蕴、感悟中华民族智慧、增强民族自豪感有着重要意义。

（一）主要载体形式

选取自然认识、技术发明、科学发现、文物遗址等方面的具体内容在课程教材中呈现。

（二）学段要求

1. 初中

在生物的生殖、发育与遗传部分，介绍北京猿人、孔子鸟等化石及遗址；在生物的多样性部分，介绍《本草纲目》分类，以及古人的金鱼品种培育过程；在生物技术部分，介绍我国古人利用发酵原理制作腐乳、酸菜等食品的内容，以及农学的水稻、粟、大豆、茶树等作物栽培技术；在健康地生活部分，介绍我国古代医学领域的主要成就（如针灸等），以及我国古代传染病的预防与治疗方面的科技成就（如用人痘预防天花、利用艾叶预防治疗瘟疫等）。帮助学生分析其中的生物学概念和思想方法，了解我国古人的智慧，感受我国古人坚持不懈的探索精神，增强民族自豪感和文化认同。

2. 高中

在遗传与进化部分，介绍严复翻译《天演论》过程中融入的我国古人的进化思想；在稳态与调节部分，介绍我国古代麻醉技术方面的探索和成果；在生物与环境部分，介绍我国古代“桑基鱼塘”传统生态农业以及“四大家鱼”混合养殖技术；在生物技术与工程部分，介绍我国古代利用传统发酵技术制作腐乳等食品的原理，以及扦插繁殖等传统农业技术实践成果。引导学生感悟我国古人在认识、利用自然方面的智慧和探索精神，进一步坚定文化自信，增强民族自豪感。

十一、科学

我国古代科学探索历史悠久，丰硕的成果是中华优秀传统文化的重要组成部分，为人类文明进步作出了巨大贡献。

将我国古代科学发展成就纳入中小学科学课程教材，对于帮助学生感悟中华智慧和探索精神，坚定文化自信，增强民族自豪感具有重要意义。

（一）主要载体形式

选取科学故事、时令节气、古代工程、技术发明、传统医药、遗址和文物等方面的具体内容在课程教材中呈现。

（二）学段要求

1. 小学

（1）生命世界领域。介绍我国古代的科技发明、特色技艺，如在农业选种、茶叶、豆腐、养蚕及微生物酿酒、制醋等方面的探索，帮助学生理解我国古人对自然的利用，体悟其智慧与创造。

（2）物质世界领域。在材料部分，介绍我国古代在青铜制品、铁制工具、陶瓷、丝绸纺织等方面的技术成就；在运动与力部分，介绍我国古代农具、杆秤、反冲式火箭等工具的发明与实践；在能量形式部分，介绍我国古人在磁学、热学方面的成果，如孔明灯等，使学生感悟古人对自然的探索精神和创造智慧，体悟我国古代科学文化源远流长。

（3）地球和宇宙空间领域。在天文观测方面，介绍我国古代宇宙观、二十四节气、日晷和圭表等；在地震测量方面，介绍相关科技成果，丰富学生对我国古代道法自然、天人合一思想的认识。

（4）技术与工程领域。在技术方面，介绍我国古代造纸术、活字印刷术、火药、造船等重要成就；在工程方面，介绍紫禁城、大运河等著名工程，帮助学生感悟我国古人智慧和古代科技对人类文明的推动作用，增强民族自豪感，坚定文化自信。

2. 初中

（1）生命科学领域。在生物与环境部分，介绍我国古人在认识自然环境与生物关系时所展示出的智慧，如“橘生淮南则为橘，橘生淮北则为枳”；在人的健康部分，介绍我国古代医学领域的主要成就（如针灸等），介绍我国古代传染病的预防与治疗方面的科技成就，如用人痘预防天花、利用艾叶预防治疗瘟疫等，帮助学生分析其中的生物学概念和思想方法，了解我国古人的智慧，感受我国古人坚持不懈的探索精神，增强民族自豪感和文化认同感。

（2）物质科学领域。在物质的分离与变化部分，介绍我国古代火药、制盐等技术原理；在电与磁部分，介绍指南针的工作原理，帮助学生体悟我国古代科技成就中蕴含的思想方法，培养实事求是、脚踏实地的精神品质。

（3）地球和宇宙空间领域。在星系部分，介绍我国古人对二十八星宿以及彗星的记载；在气候部分，介绍我国古人对自然气候的观察和经验认识，如“瑞雪兆丰年”；在地球部分，介绍地动仪及其原理，帮助学生体会我国古人天人合一的思想与智慧，增强民族自豪感。

十二、技术

中国古代技术发明成就是中华优秀传统文化的重要组成部分，为中华民族乃至整个人类社会的进步与发展作出了杰出贡献。将我国古代技术发明、传统技艺等内容纳入高中技术课程教材，对于学生感悟中华民族的智慧与创造力、增强民族自豪感具有重要作用。

（一）主要载体形式

选取技术发明、文化遗址（工程、建筑）、历史人物、经典著作、经典器具、传统工艺、生活技艺等具体内容在课程教材中呈现。

（二）高中阶段要求

1. 在技术知识方面，介绍我国古代技术发明的典型案例，如泥活字、长城砖墙黏合物质等，让学生理解我国古代科学技术发明的原理、思想，体会我国古人的创造性智慧，培养革故鼎新、与时俱进的精神。

2. 在技术实践方面，介绍我国传统工艺、生活技艺等，让学生亲历襦裙套装、旗袍、狮子头、东坡肉、糍粑、龙舟、埙、笛子、箫、云梯、鱼洗铜盆等制作活动，学会中国服装缝纫、食品烹制、乐器制作等传统手工技艺，培养精益求精、追求卓越的工匠精神，以及勤劳肯干、吃苦耐劳的传统美德。

3. 在技术文化方面，介绍我国古代文献中含技术专题的经典篇目，如《考工记》中的“金有六齐”篇目、《梦溪笔谈》中泥活字制作篇目等，原文呈现我国古代的技术发明成就，引导学生增强中华文明认同，坚定文化自信。

责任编辑:贺　畅
文字编辑:周文婷

图书在版编目(CIP)数据

青少年传统文化教育创新研究/张良驯,刘胡权 主编. —北京:人民出版社,
2022.3
ISBN 978-7-01-023787-9

Ⅰ.①青… Ⅱ.①张…②刘… Ⅲ.①中华文化-青少年教育-研究
Ⅳ.①K203

中国版本图书馆 CIP 数据核字(2021)第 191879 号

青少年传统文化教育创新研究

QINGSHAONIAN CHUANTONG WENHUA JIAOYU CHUANGXIN YANJIU

张良驯　刘胡权 主编

人民出版社 出版发行
(100706　北京市东城区隆福寺街 99 号)

北京九州迅驰传媒文化有限公司印刷　新华书店经销

2022 年 3 月第 1 版　2022 年 3 月北京第 1 次印刷
开本:710 毫米×1000 毫米 1/16　印张:17.5
字数:284 千字

ISBN 978-7-01-023787-9　定价:67.00 元

邮购地址 100706　北京市东城区隆福寺街 99 号
人民东方图书销售中心　电话 (010)65250042　65289539